法藏知津

中國佛教研究集成

初 編

杜潔祥 主編

第 12 冊

費長房《歷代三寶紀》研究

黃碧姬 著

花木蘭文化出版社

國家圖書館出版品預行編目資料

費長房《歷代三寶紀》研究／黃碧姬 著 — 初版 — 台北縣永
和市：花木蘭文化出版社，2010〔民99〕
目 2+220 面；19×26 公分
（法藏知津——中國佛教研究集成 初編：第 12 冊）
ISBN：978-986-6528-47-7（精裝）
1. 佛教傳記　2. 研究考訂
229.3　　　　　　　　　　　　　　　　　　98000090

ISBN - 978-986-6528-47-7

9 789866 528477

法藏知津——中國佛教研究集成
初　編　第十二冊　　　　　　ISBN：978-986-6528-47-7

費長房《歷代三寶紀》研究

作　　者　黃碧姬
主　　編　杜潔祥
總 編 輯　杜潔祥
印　　刷　普羅文化出版廣告事業
出　　版　花木蘭文化出版社
發 行 所　花木蘭文化出版社
發 行 人　高小娟
聯絡地址　台北縣永和市中正路五九五號七樓之三
　　　　　電話：02-2923-1455／傳眞：02-2923-1452
電子信箱　sut81518@ms59.hinet.net
初　　版　2009 年 3 月（一刷）　2010 年 8 月（二刷）
定　　價　初編 36 冊（精裝）新台幣 55,000 元

費長房《歷代三寶紀》研究

黃碧姬　著

作者簡介

黃碧姬，台灣宜蘭人，1964 年生，華梵大學東方人文思想研究所碩士，榮獲華梵大學頒發第 15 屆畢業生傑出表現獎。專業領域為出土文獻與佛典目錄學研究。
著有《費長房歷代三寶紀研究》
〈郭店、上博竹簡〈緇衣〉第十八章與今本《禮記‧緇衣》合校淺釋〉(《儒家思想與儒學文獻研究專刊》2008 年 9 月)

提　　要

　　中國佛經目錄之發展，至隋朝無論於體例、分類、組織等各方面，已臻成熟完備階段。《歷代三寶紀》一書即是當時翻經學士費長房所著，清初釋智旭撰《閱藏知津》時，首將本書列入傳記類，而陳垣先生則認為不合，應改入目錄類，然據阮忠仁先生之研究，知本書乃一部具史學特質之作，故智旭將其列入傳記類並無不可。何以費長房著經錄卻偏重譯經之歷史？此於佛教史學及佛典目錄學上創造出何種價值與意義？本論文擬以文獻學為基礎，輔以目錄學與史學之雙角度來探討這部具獨特性之佛家經錄，並據以確定其於佛教經錄史上之學術地位。

　　本研究共分六章，除緒論及結論兩章外，其餘四章乃是本論文之主體部分，略述各章內容如下：

　　第一章旨在說明本論文之研究動機與研究方法等。

　　第二章以論述《歷代三寶紀》之撰述背景為主。概述作者費長房生平及其成書背景，兼述佛經目錄至隋代之開展歷程，除可知其所本，並可作為本論文後述之基礎。

　　第三章考釋本書傳世版本之異同。

　　第四章進入《歷代三寶紀》之主題。首先分析此書之體制，並以書名命定原由為起始，其次從目錄學角度切入，詳細解說本書之體例、組織結構等，以揭示其完整之輪廓。復次，對內容及取材範圍等項作細部之研究分析。

　　第五章乃以客觀之態度探討歷來學者對《歷代三寶紀》之評價，兼述本書對後世經錄所產生之影響。

　　第六章結論，旨在重申本文各章研究成績，並論述及考察結果，且作扼要之總結，以述及其他有待延伸之課題。

目

次

第一章　緒　論

　　經錄之興，蓋伴譯經而來；譯經之始，則隨佛教東入。佛教始於天竺，東傳至中國，典籍可徵者，見於《後漢書》〈楚王英傳〉載「爲浮屠齋戒祭祀」，漢明帝永平八年（西元 65 年）詔令天下死罪者「奉送縑帛，以贖愆罪」、「還贖，以助伊蒲塞、桑門之盛饌」，〔註1〕其時祀佛齋僧、禮拜懺悔儀式已有之。至後漢桓、靈二帝時，有安清、支讖兩僧人，相繼來華，從事翻譯，佛經之全譯本，始陸續而出。厥後，譯經紛出不絕，至西晉武帝（西元 266 年）時，竺法護隨師至西域，攜大量梵本佛經還抵長安，先後譯出一百五十四部佛經，〔註2〕殆自佛經漢譯以來，迄當時爲止，稱譯經數量第一者。又於譯經年間（約西元 284～313 年）編撰《眾經錄》一卷，以記錄其所譯之經典，遂成中國佛教之第一部經錄。〔註3〕此後，經錄歷代亦有所出，及至費長房《歷代三寶紀》，已是隋朝開皇十七年（西元 597 年）之作矣。

　　由上已略知佛教經錄形成之梗概，繼之，本章將分研究動機與目的、研究方法與步驟及前人研究成果述要等三節，以爲本論文撰作之前導。

〔註1〕《後漢書》卷七十二〈楚王英傳〉云：英少時好游俠，交通賓客，晚節更喜黃老，學爲浮屠齋戒祭祀。（袁宏《漢記》浮屠，佛也，西域天竺國有佛道焉。佛者，漢言覺也，將以覺悟羣生也。其教以修善慈心爲主，不殺生，專務清靜其精者。）爲八年，詔令天下死罪皆入縑贖。英遣郎中令奉黃縑、白紈三十匹，詣國相曰：「託在蕃輔，過惡累積，歡喜大恩，奉送縑、帛，以贖愆罪。」國相以聞。詔報曰：「楚王誦黃老之微言，尚浮圖之仁祠，潔齋三月，與神爲誓，何嫌何疑，當有悔吝？其還贖，以助伊蒲塞、桑門之盛饌。」
〔註2〕據《出三藏記集》卷二，第 9 頁中記載，凡一百五十四部，合三百九卷。
〔註3〕陳士強撰《佛典精解》，上海：上海古籍出版社，1992 年 11 月第一版，頁 4。

第一節　研究動機與目的

　　經錄，全稱「佛經目錄」，又稱「眾經目錄」、「一切經目錄」或「藏經目錄」。〔註4〕經錄於目錄學中，則屬專科目錄，其著錄之方式，除能完整、準確地記錄所收佛教典籍各個方面之特徵外，也會因佛經目錄之著錄對象與讀者對象兩者所具之不同特殊性，而呈現出異於一般專科目錄之特徵。其所注重之譯者時代、生平、譯經部數、譯經時間、譯經地點與版本之著錄等項目，乃為諸經錄重要之內容及基本特色。再者，經錄對疑偽經之考訂、提要、注釋、有關經序之輯錄及經由此產生準確揭示典籍內容特點之功能等，皆值得關注與研究。〔註5〕此為引發本論文研究之一因。

　　另，中國經錄之著作，自魏晉南北朝以來，總數約在一百三十部左右，惜多散佚。今傳世者，如南齊·僧祐《出三藏記集》十五卷、隋·費長房《歷代三寶紀》十五卷、唐·道宣《大唐內典錄》十卷、唐·智昇《開元釋教錄》二十卷，唐·圓照《貞元新定釋教目錄》三十卷、宋·王古《大藏聖教法寶標目》十卷、元·慶吉祥《至元法寶勘同總錄》十卷等均甚著名，不惟內容宏富，著錄方法尤見優勝，故於中國目錄學史上應具有特殊之地位。近人梁啟超〈佛家經錄在中國目錄學之位置〉一文中曾論及佛典目錄優勝之處云：

　　　　啟超於近代圖書館學既無所知，於中國舊目錄學所涉亦至淺，不敢
　　　　輕易有言也。顧夙好治佛學史，輒取材於諸家經錄，屢事繙檢，覺
　　　　其所用方法，有優勝於普通目錄之書者數事：一曰歷史觀念甚發
　　　　達。凡一書之傳譯淵源、譯人小傳、譯時、譯地、靡不詳敘。二曰
　　　　辨別真偽極嚴。凡可疑之書皆詳審考證，別存其目。三曰比較甚審。
　　　　凡一書而同時或先後異譯者，輒詳為序列，勘其異同得失，在一叢
　　　　書中抽譯一二種或在一書中抽擇一二篇而別題書名者，皆一一求其
　　　　出處，分別注明，使學者毋惑。四曰蒐采遺逸甚勤。雖已佚之書，
　　　　亦必存其目以俟采訪，令學者得按照某時代之錄而知其書佚之何
　　　　時。五曰分類極複雜而周備，或以著譯時代分，或以書之性質分。

〔註4〕同上註，頁3。原書釋「經錄」無「藏經目錄」之說，此乃據《佛光大辭典》，第900頁「大藏經目錄」條曰：「即歷來各種《漢文大藏經》之書目，又稱眾經目錄、一切經目錄、藏經目錄、經錄。」而加增之。

〔註5〕徐建華〈中國古代佛教目錄著錄特徵分析〉，《佛教圖書館館訊》第30期，2002年6月，頁58～63。

性質之中，或以書之函義內容分，如既分經律論，又分大小乘；或
以書之形式分，如一譯多譯、一卷多卷等等。同一錄中，各種分類
並用，一書而依其類別之不同交錯互見動至十數，予學者以種種檢
查之便。吾儕一試讀僧佑、法經、長房、道宣諸作，不能不歎劉《略》、
班《志》、荀《簿》、阮《錄》之太簡單、太素樸，且痛惜於後此踵
作者之無進步也。〔註6〕

　　梁任公之論，清楚道明佛經目錄優於普通目錄凡五，且深歎劉歆《七略》、
班固《漢書·藝文志》、荀勗《中經新簿》、阮孝緒《七錄》較僧佑《出三藏
記集》、法經《隋眾經目錄》、費長房《歷代三寶紀》、道宣《大唐內典錄》為
簡單、素樸。信如其言，中國經錄之價值及目錄學史之地位，殆覘之矣！而
梁任公所點出之經錄，應值得深入研究。其中，非以僧侶身分撰作者，僅費
長房一人，故其《歷代三寶紀》想必有獨特之處，因而引發筆者欲探其究竟。

　　費長房於何背景下撰就《歷代三寶紀》？此經錄之內容與體例為何？其
與他錄殊異處又為何？本論文除須解決上述之基本問題外，對版本考究之問
題亦不容小覷。又，歷來學者對《歷代三寶紀》之評價以負面居多，諸如「瓦
玉雜摻」、「真偽淆亂」、「謬誤湊合」等，然客觀之事實為何？尚有待釐清。
對於《歷代三寶紀》在歷史上之意義與價值等問題，亦應予以關注。合上述
諸問題，均屬本論文所要探討者，亦是本論文研究目的之所在。

第二節　研究方法與步驟

　　本論文採取之研究方法，因各章內容不同而異，現列述所採之方法步驟
如次：

　　首章緒論為本文之前導。第二章《歷代三寶紀》之撰述背景，旨在申說
作者之生平及成書之時代背景，以史學方法為主，為此書之歷史背景佈局，
輔以文獻學之方式，分析隋前佛教經錄概況，以為後述之基礎。

　　第三章為《歷代三寶紀》傳本考釋，採文獻學及史學之考證方法，以《昭
和法寶總目錄》一書為底本，考察、對照與校勘歷代寫本藏經目錄及刊本大

〔註6〕梁啟超〈佛家經錄在中國目錄學之位置〉，收錄於《佛教目錄學述要》，張
　　　曼濤編《現代佛學學術叢刊》，台北：大乘文化出版社，1981 年 7 月第二版，
　　　頁 21～22。

藏經所載《歷代三寶紀》書名、卷數及帙號之異同，藉此知悉其版本流傳之演變過程。

由於歷來學者認為《歷代三寶紀》全書之佛典目錄佔九卷之多，篇幅最長，乃據此將其視為目錄類書籍，然陳援庵先生認為其紀年之特色「實較《通鑑》紀年之意義更為重大」，﹝註7﹞並詳細分析此書所保存之特殊史料功能。因此，繼第三章之傳本考證論述後，第四章首先從史學角度出發，說明此書之名稱來源，其次逐一分析帝年、代錄及入藏錄之體例，並以比較、對照之方法，察檢內容訛誤之處，兼申述編目及分類情形；而總目部份，因其仿《史記》之體例，故以文獻及史學並用方式，予以探討，冀能揭示本書完整之輪廓。復次，以目錄學角度切入，對《歷代三寶紀》之組織結構、取材範圍等項作細部之分析研究，以契合目錄學「辨章學術，考鏡源流」之目的。

經由第四章考察分析《歷代三寶紀》所具目錄學與史學雙重特性之後，第五章將闡述其於歷史上之價值及對後世經錄之影響。本章擬採歸納、分析法，羅列歷來學者對《歷代三寶紀》之批評，並客觀分析其事實，冀有助於釐清此書優缺點。其次，本書於歷史上之價值與對後世經錄之影響問題，則採史學與哲學並進法，以微觀之態度解析其價值定義與價值所在及本書所影響之範圍，以明其於中國佛教經錄中之定位。

最後為第六章結論，重申本文各章論述及考察結果，並作扼要之總結，以及其他有待延伸之課題。

第三節　前人研究成果述要

前人對費長房《歷代三寶紀》之研究甚少，未有專書著作，僅期刊或佛教目錄書籍略為提及，篇幅不多，內容或為作者簡介，或為體例概述，或為綜合性敘述，然大多是簡單概略之淺層說明，無法深入此書核心。另有著重一方論述者，茲就筆者所見較具代表性者列表說明如次：

作　者	篇　名　或　目　名	收錄之期刊或專書	頁　數
陳垣	《歷代三寶紀》十五卷	《中國佛教史籍概論》	4～10
陳士強	費長房《歷代三寶紀》	《佛典精解》	36～43

﹝註7﹞陳垣撰《中國佛教史籍概論》，上海：上海書店出版社，2001年8月第一版，頁7。

曹仕邦	偏重譯經歷史的佛家經錄——《歷代三寶紀》與《古今譯經圖紀》	《中國佛教史學史——東晉至五代》	271～288
阮忠仁	〈從《歷代三寶紀》論費長房的史學特質及意義〉	《東方宗教研究》新一期	93～129

　　上表作者陳垣所撰《中國佛教史籍概論》之卷一中，立有「《歷代三寶紀》十五卷」一目，簡要述及其內容、體例及特色，重點則在闡明此書於史學上之利用，頗具學術上參考價值。其次，陳士強《佛典精解》一書上卷，於經錄部第二門隋代眾經目錄之第二品，即以「費長房《歷代三寶紀》」為品名，此品著重體制之說明，而略述及其他，探討面雖廣，然有未盡詳述之處。同時，尚有曹仕邦《中國佛教史學史——東晉至五代》第十八章之「偏重譯經歷史的佛家經錄——《歷代三寶紀》與《古今譯經圖紀》」，由於篇幅過短，〔註8〕亦「有未盡詳述」之憾。另，阮忠仁〈從《歷代三寶紀》論費長房的史學特質及意義〉，此為單篇論文，與陳垣之文同為偏向史學研究之作，惟阮忠仁以哲學研究法切入，深究《歷代三寶紀》內容所反映出之史學意義，並釋明作者費長房亦具相同之特質，進而突顯費長房與其書在史學上之價值與意義，此研究成果值得注意與參考。

　　相對於前，另有一篇較具系統之專題研究論文，為蘇晉仁所撰〈《歷代三寶紀》之研究〉，收錄於張曼濤主編《中國佛教史學史論集》，詳如下表：

作　者	篇　　名	收錄之專書	頁　數
蘇晉仁	〈《歷代三寶紀》之研究〉	《中國佛教史學史論集》	85～99

　　其內容分（一）佛教之傳來、（二）經典之傳譯、（三）佛經目錄之產生、（四）隋代佛教之復興、（五）作者傳略、（六）撰述緣起、（七）本書內容、（八）本書取材、（九）本書評價、（十）其他等十部分，言簡意賅，結構完整，乃此間唯一以《歷代三寶紀》為專題之研究論文。然以其十五頁之篇幅，而論述十部分之內容，似嫌過於簡略，雖顧及橫向之寬度，卻無法作縱向之

〔註8〕曹仕邦《中國佛教史學史——東晉至五代》，第十八章之「偏重譯經歷史的佛家經錄——《歷代三寶紀》與《古今譯經圖紀》」共分三節。第一節隋費長房編著《歷代三寶紀》的動機與時代背景，自271至275頁，共5頁；第二節《歷代三寶紀》的體制與組織，自276至280頁，共5頁；第三節《古今譯經圖紀》——一部非為著書而撰寫的佛家經錄，自280至281頁，其後為註解，自282至288頁。與《歷代三寶紀》有關之論述，合計約為10頁左右。

深度分析，斯爲其不足之處。總之，學界雖有如上分各面向之小幅研究成果，然於整體上，仍欠缺較全面性及廣泛性之專題研究。

第二章　《歷代三寶紀》之撰述背景

一本書之形成決非偶然，定有其撰述背景，《歷代三寶紀》亦不例外。《孟子‧萬章下》云：「頌其詩，讀其書，不知其人可乎？」〔註1〕欲了解歷史人物，亦同樣需知其生存之時代背景，而後方能知人論世。因此，本章以論述作者費長房之生平事略爲始，繼而對佛教經典之傳入及隋代譯經發展歷程，作一系統性探討，並依循此脈絡加以分析費長房撰作《歷代三寶紀》之直接與間接因素。

第一節　作者費長房傳略

翻開《歷代三寶紀》除卷十五外，自卷一至卷十四之首行皆有「開皇十七年翻經學士臣費長房上」之字樣，而費長房爲何許人耶？此乃本節所要討論之主題，現分生平事略、筆受佛典等二方面申述如次：

一、生平事略

費長房之名，首見於《後漢書‧方術列傳》曰：「費長房者，汝南人也。」此與《歷代三寶紀》卷十五〈總目序〉：「開皇十七年十二月二十三日，大興善寺翻經學士臣成都費長房上」〔註2〕之說顯然不同。其一，前者爲汝南人；

〔註1〕周‧孟軻《孟子》，收錄於清‧阮元校勘《十三經注疏》第8冊，台北：藝文印書館，2001年12月初版14刷，頁188。

〔註2〕隋‧費長房《歷代三寶紀》，收錄於《大正新修大藏經》第49冊，卷15，頁120。

後者，爲成都人。其二，開皇爲隋文帝楊堅稱帝後第一個年號，因此，《歷代三寶紀》作者費長房乃生存於隋朝時代之人不誤。《四分律鈔簡正記》曰：

> 費長房者，漢時亦有同姓名者，但解陰陽術數，不閑佛法。〔註3〕

由此可見《歷代三寶紀》作者費長房，與之相距三百多年《後漢書·方術列傳》中所記載之費長房爲同名，非同一人也。

前已提及費長房非東漢汝南人，而是隋大興善寺之翻經學士，然《隋書》無傳，有關其生平之記載，僅能從後出之典籍中窺知一二。最早述其略歷者，首推唐·釋道宣，於《大唐內典錄》中云：

> 《開皇三寶錄》一十五卷。右一部，翻經學士成都費長房所撰。房本出家，周廢僧侶，及隋興復仍習白衣，時預參傳筆受詞義。〔註4〕

又於《續高僧傳》卷二〈隋東都雒濱上林園翻經館南賢豆沙門達摩笈多傳〉附費長房傳中云：

> 時有翻經學士成都費長房，本預細衣，〔註5〕周朝從廢因俗。傳通妙精玄理，開皇之譯，即預搜揚，勅召入京。〔註6〕

道宣簡要述明費長房之生平，此亦是現存較完整之資料，其後尚有《開元釋教錄》、《貞元新定釋教目錄》、《四分律搜玄錄》、《釋門正統》、《釋氏通鑑》、《佛祖統紀》、《四分律行事鈔資持記》、《釋氏稽古略》、《華嚴懸談會玄記》、《歷朝釋氏資鑑》、《佛法金湯編》、《釋文紀》、《金剛三昧經通宗記》、《錦江禪燈》等，皆著錄略歷，然大多承襲道宣之說，詳如下表：

序號及書名	內　　容
1. 《開元釋教錄》	翻經學士費長房，成都人也。房本出家，周廢僧侶，及隋興復仍習白衣，時預參傳筆受詞義。〔註7〕
2. 《貞元新定釋教目錄》	翻經學士費長房，成都人也。房本出家，周廢僧侶權從儒服，及隋興復仍習白衣。時預參傳筆受詞義。〔註8〕

〔註3〕後唐·景霄《四分律鈔簡正記》，收錄於《卍新纂續藏經》第43冊，卷4，頁70。

〔註4〕唐·道宣《大唐內典錄》，收錄於《大正新修大藏經》第55冊，卷5，頁279。

〔註5〕此處「細衣」應爲「緇衣」之訛。費長房因北周廢佛而還俗，即「從廢因俗」，故知其原爲僧侶。「細」與「緇」形近易而訛，此乃《大正藏》之錯字也。

〔註6〕唐·道宣《續高僧傳》，收錄於《大正新修大藏經》第50冊，卷2，頁436。

〔註7〕唐·智昇《開元釋教錄》，收錄於《大正新修大藏經》第55冊，卷7，頁551。

〔註8〕唐·圓照《貞元新定釋教目錄》，收錄於《大正新修大藏經》第55冊，卷10，

3.　《四分律搜玄錄》	費長房者，姓費，名長房，是隋文帝楊堅時人，其人廣識多聞，深解佛法。當時改後周大蒙二年，為開皇元年，開皇得二十年後，改為仁壽元年。其人於開皇年中，撰《三寶錄》，都十五卷，案京目錄內題云《歷代三寶記》，凡三百八紙。〔註9〕
4.　《釋門正統》	學士費長房者，成都人。本預緇流，周武沙汰還俗，博通今古，精究玄微，開皇譯館，即預搜揚，勅召入京。〔註10〕
5.　《釋氏通鑑》	翻經學士費長房，成都人。初為僧，周廢教返俗，隋興仍習白衣，時預參譯，筆受詞義。〔註11〕
6.　《佛祖統紀》	翻經學士費長房，進《開皇三寶錄》十五卷。長房先為沙門，周武沙汰反俗，隋興入預譯經。〔註12〕
7.　《四分律行事鈔資持記》	費長房，後周高僧，周武滅法，遂為翻經學士。隋文帝開皇十七年撰《歷代三寶錄》，凡十五卷，今見大藏。〔註13〕
8.　《釋氏稽古略》	翻經學士費長房，成都人也。初為僧，周武廢教返俗，隋興仍習白衣，時預參譯，筆受詞義。〔註14〕
9.　《華嚴懸談會玄記》	鈔案隋《開皇三寶錄》者，即翻經學士費長房撰。長房城都人也，房本出家，周廢僧侶反俗，隋及興復，仍習白衣，時預參傳，筆受詞義。〔註15〕
10.　《歷朝釋氏資鑑》	翻經學士費長房，成都人，初為僧，周廢教返俗，隋興乃習白衣，預參譯筆受詞義。〔註16〕
11.　《佛法金湯編》	長房，成都人，先為沙門，周武沙汰反俗，隋興入預譯經，開皇十七年為翻經學士。〔註17〕
12.　《釋文紀》	費長房，成都人，房本出家，周廢法，及隋興仍襲白衣，糸傳筆受為翻經學士。〔註18〕

　　頁 849。

〔註 9〕唐・志鴻《四分律搜玄錄》，收錄於《卍新纂續藏經》第 41 冊，卷 2，頁 865。

〔註10〕宋・宗鑑《釋門正統》，收錄於《卍新纂續藏經》第 75 冊，卷 4，頁 310。

〔註11〕宋・本覺《釋氏通鑑》，收錄於《卍新纂續藏經》第 76 冊，卷 6，頁 68。

〔註12〕宋・志磐《佛祖統紀》，收錄於《大正新修大藏經》第 49 冊，卷 39，頁 361。

〔註13〕宋・元照《四分律行事鈔資持記》，收錄於《大正新修大藏經》第 40 冊，卷 1，頁 176。

〔註14〕元・覺岸《釋氏稽古略》，收錄於《大正新修大藏經》第 49 冊，卷 2，頁 809。

〔註15〕元・普瑞《華嚴懸談會玄記》，收錄於《卍新纂續藏經》第 8 冊，卷 37，頁 380。

〔註16〕元・熙仲《歷朝釋氏資鑑》，收錄於《卍新纂續藏經》第 76 冊，卷 5，頁 175。

〔註17〕明・心泰《佛法金湯編》，收錄於《卍新纂續藏經》第 87 冊，卷 6，頁 395。

〔註18〕明・梅鼎祚《四庫全書珍本－釋文紀》第 35 冊，卷 40，台北：台灣商務印書

13.	《金剛三昧經通宗記》	又隋朝費長房（昔漢亦有費長房，乃地仙也。），先為沙門，周武沙汰反俗，隋興，文帝詔為翻經學士。開皇十七年，進《歷代三寶錄》十五卷。〔註19〕
14.	《錦江禪燈》	成都費長房，本預緇衣，周朝從廢因俗，博通妙精玄理，開皇之譯，即預搜揚，敕召入京。〔註20〕

由上表中不難看出各家之說與道宣相較，僅在文字上有小異，於內容上並無新發現。現綜合之，並參酌近代學者之著述，對費長房之生平事跡總結如後：

費長房，生卒年不詳，僅知其生存年代約為西元 562 年至 597 年，〔註21〕四川成都人，原是北周境內之僧侶，遇周武帝宇文邕於建德三年（西元 574 年）下令道、釋二教俱廢，〔註22〕因而被迫還俗。及至隋文帝楊堅取代北周建立隋朝，於開皇元年（西元 581 年）設置譯場，〔註23〕因其精佛學，並通諸子百家，乃以俗人身份〔註24〕被搜訪敕召入京，並委任為翻經學士，此後即於大興善寺擔任筆受工作。

二、筆受佛經

費長房既是隋之翻經學士且任筆受之職，然而何謂「筆受」？其職司為何？何人可任之？費長房所筆受之佛經又為何？現逐一申說之。

宋・葉適《水心集》卷十〈溫州新修學記〉云：

館，頁29。

〔註19〕 清・誅震《金剛三昧經通宗記》收錄於《卍新纂續藏經》第 35 冊，卷 1，頁 258。

〔註20〕 清・釋通醉《錦江禪燈》收錄於《卍新纂續藏經》第 85 冊，卷 17，頁 206。

〔註21〕 起迄年以史料可稽者為計算標準，《歷代三寶紀》卷十一，《僧崖菩薩傳》條下費長房親自注云：「保定二年，於城都燒身，當燒身日，數百里內，人悉集看，肉骨俱盡，唯留心在。天花瑞相，具在傳載。房親驗見。」於此保定二年「房親驗見」之事，本文第四章第三節中有詳述，故此處以保定二年（西元 562 年）長房已存在之事實為起年，至《歷代三寶紀》於開皇十七年（西元 597 年）「錄成陳奏，下敕行之」止。

〔註22〕 建德三年五月十六日，宇文邕在太極殿令僧人、道士辯二教之優劣，於爭論後第二天，即下令二教俱廢。見潘桂明、董群、麻天祥著《中國佛教百科叢書──歷史卷》，台北：佛光文化事業有限公司，1999 年 8 月初版，頁 126。

〔註23〕 大興善寺譯場立於開皇元年。見湯用彤著《隋唐佛教史稿》，台北：木鐸出版社，1988 年 9 月初版，頁 81。

〔註24〕 據曹仕邦先生推測，費長房未重返僧團之原因，大抵他在還俗之後結了婚，故不願再返釋門。見曹仕邦著《中國佛教史學史──東晉至五代》，台北：法鼓文化，1999 年 10 月初版，頁 271、282～283。

> 嘉定七年，留公茂潛來守，既修崇之，食增田焉。告諸生曰……諸
> 生側聽，轉相語，自學官及其父兄，皆請余筆受。〔註25〕

留公茂潛告諸生之語，經由「諸生側聽，轉相語」而筆受之。因此，「筆受」可作「用筆記述他人口授之語」解。若就當時譯場之分工職司而言，「筆受」則可解為用「筆」來承「受」譯主〔註26〕之口譯。即於譯場聽受譯主之言，用漢文以筆記錄下來。因傳入中國之佛經多為梵文，須經翻譯，國人始能知之，然通達漢文者未必熟知梵文，熟知梵文者未必通達漢文，故須兩相配合，以成其事。〔註27〕誠如僧祐《出三藏記集》卷一〈胡漢譯經音義同異記〉云：

> 若夫度字傳義則置言由筆，……是以義之得失由乎譯人，辭之質文
> 繫於執筆。或善胡義而不了漢旨，或明漢文而不曉胡意，雖有偏解
> 終隔圓通。若胡漢兩明，意義四暢，然後宣述經奧於是乎正。〔註28〕

筆受之職責，除於主譯大師宣譯時執筆記錄外，譯本辭句之聯綴與全文之組織寫定，亦出其手。此說有據乎？僧祐所言「辭之質文繫於執筆」，殆本於此。〔註29〕再者，《宋高僧傳》卷二〈譯經篇唐洛京聖善寺善無畏傳〉云：

> 開題，先譯《虛空藏求聞持法》一卷，沙門悉達譯語，無著筆受綴
> 文，……《大毘盧遮那成佛神變加持經》七卷，沙門寶月譯語，一
> 行筆受，刪綴辭理，文質相半，妙諧深趣，上符佛意，下契根緣，
> 利益要門，斯文為最。〔註30〕

同書卷三〈唐羅浮山石樓寺懷迪傳〉亦云：

> 於廣府遇一梵僧，齎多羅葉經一夾，請共翻傳，勒成十卷，名《大
> 佛頂萬行首楞嚴經》是也，迪筆受經旨，緝綴文理。〔註31〕

皆見筆受對經文有刪綴刊定之責。至此「筆受」為譯經時專司執筆承旨之意甚

〔註25〕宋‧葉適《水心集》，輯入《景印文淵閣四庫全書》第1164冊，卷10，頁216～217。

〔註26〕宋‧贊寧《宋高僧傳》卷三論云：「譯主，即齎葉書之三藏，明練顯密二教者充之。」意謂於譯場中主持譯事之人為譯主，通常由攜帶梵本來華且通顯密二教之三藏法師擔任。

〔註27〕參慈怡主編《佛光大辭典》，高雄：佛光出版社，1988年12月第二版，第6冊，頁5170。

〔註28〕梁‧僧祐《出三藏記集》，收錄於《大正新修大藏經》第55冊，卷1，頁4。

〔註29〕曹仕邦著《中國佛教譯經史論集》，台北：東初出版社，1992年1月第一版，頁42。

〔註30〕宋‧贊寧《宋高僧傳》，收錄於《大正新修大藏經》第50冊，卷2，頁715。

〔註31〕同上註，卷3，頁720。

明，而譯本能言符梵筴及章句流暢與否，亦全視其人之文采，故筆受之職甚要。舉今存最早之完整經錄《出三藏記集》所收諸經序或後記，多載有佛經翻譯時譯主及筆受者之名字，即爲一證。又，《宋高僧傳》卷十七〈唐江陵府法明傳〉有載，唐時僧人釋法明，博通經論，且辯才無礙，於中宗神龍元年入長安遊訪，適遇詔僧、道二教，定奪《化胡成佛經》之眞僞，乃問道流曰：

> 「老子化胡成佛，老子爲作漢語化？爲作胡語化？若漢語化胡，胡
> 即不解。若胡語化，此經到此土，便須翻譯。未審此經是何年月？
> 何朝代？何人誦胡語？何人筆受？」時道流絕救無對。〔註32〕

此爲佛道鬥爭之一勝仗，《化胡成佛經》相傳爲晉時王浮所撰，非果有其事，已不待言矣。而法明借翻譯爲說，問道流以《化胡成佛經》「何人誦胡語，何人筆受」，足見當時一般人咸認無「筆受」即不能成翻譯，亦可知《出三藏記集》諸經序記載筆受者名字之故也，〔註33〕此亦爲筆受重要性之另一證。

　　隋朝之譯經工作，乃由官方主辦，於帝王直接支持下，各方優秀之翻譯人才被徵召在一起，〔註34〕並按譯經之程序分工爲譯主、筆受、度語、證梵本、潤文、證文、梵唄、校勘、監護大使〔註35〕等職。而筆受之要職，何人能任？北宋・贊寧《宋高僧傳》卷三論中云：

> 筆受者，必言通華梵，學綜有空，〔註36〕相問委知，然後下筆。……
> 又謂爲綴文也。〔註37〕

《佛祖統紀》卷四十三云：「第五筆受，翻梵音成華言。」〔註38〕細觀以上二引文，知筆受又稱綴文。通常由「言通華梵，學綜有空」之人擔任。而《佛

〔註32〕同上註，卷17，頁813。

〔註33〕曹仕邦著《中國佛教譯經史論集》，台北：東初出版社，1992年1月一版，頁41。

〔註34〕「搜舉翹秀」。見唐・道宣《續高僧傳》〈達摩笈多傳〉收錄於《大正新修大藏經》第50冊，卷2，頁435。

〔註35〕度語：又稱譯語，傳語，在譯主不懂漢語時，將譯主誦出之梵語翻譯爲漢語。證梵本：檢查譯文語句是否符合梵文之原意。潤文：對譯文作潤色加工。證文：檢查譯文所表達之義理是否有錯。梵唄：在譯經開始時，用一定之曲調唱讚嘆文，以整肅威儀，啓發善心。校勘：對照梵本，對譯文進行復校。監護大使：監督譯事，審讀新經，通常由朝廷委派之大臣擔任。見陳士強著《中國佛教百科叢書——經典卷》，台北：佛光文化事業有限公司，1999年8月初版，頁255。

〔註36〕此處之「有空」指有宗與空宗而言。

〔註37〕宋・贊寧《宋高僧傳》，收錄於《大正新修大藏經》第50冊，卷3，頁724。

〔註38〕宋・志磐《佛祖統紀》，收錄於《大正新修大藏經》第49冊，卷43，頁398。

祖統紀》之說「翻梵音成華言」即須具備「言通華梵」之能力，然曹仕邦先
生認為，筆受之選，以文學修養為首要，懂梵文與否猶在其次。但若其人深
通此道，則聽受時瞭解更深，即不需再勞傳語而「相問委知」，筆下所出之經
文必更符原旨。〔註39〕若就整個譯經工作而言，乃譯梵為華，最佳之譯經陣
容應是人人皆「言通華梵」，然事實並非如此，除度語得「言通華梵」外，餘
皆有偏解一種語言之可能，且歷來之筆受非全「言通華梵」者，故贊寧所言，
蓋謂最佳之筆受為「言通華梵」，而非以此為定準，若譯場中已有「言通華梵」
者，筆受具有此條件與否即非必要也。〔註40〕至於筆受是否盡為「學綜有空」
者，因史料不足，甚難論斷。總之，在譯場中任職者以僧侶為主，皆具有佛
學造詣，少數白衣者，亦是「翹秀」之輩，而能任筆受之職者當亦如斯。

　　由上所述，筆受之職司與任用標準已明矣。費長房既是翻經學士，又任筆
受之職，推論其人必有所長，如道宣所言，通妙精玄理，絕非「寡識」〔註41〕
之徒。其所筆受之佛經凡八部九十五卷，經目詳如下表：

部序	譯　主	經　　　目	卷數	譯經起訖日期	現況
1	那連提耶舍	《大方等大集日藏經》	15	開皇 4 年 5 月～5 年 2 月	佚
2	那連提耶舍	《力莊嚴三昧經》	3	開皇 5 年 10 月出	存
3	闍那崛多	《佛本行集經》	60	開皇 7 年 7 月～11 年 2 月	存
4	闍那崛多	《善思童子經》	2	開皇 11 年 7 月～9 月	存
5	闍那崛多	《移識經》	2	開皇 11 年 10 月～12 月	佚
6	闍那崛多	《觀察諸法行經》	4	開皇 15 年 4 月～5 月	存
7	闍那崛多	《商主天子所問經》	1	開皇 15 年 8 月～9 月	佚
8	曇無讖	《合部金光明經》	8	開皇 17 年	存

　　上表前七部佛經，於《歷代三寶紀》卷十二譯經大隋中有載，此為長房
親自記錄，完成於本錄編撰之前，應可信之。惟《大方等大集日藏經》與《佛

〔註39〕曹仕邦著《中國佛教譯經史論集》，台北：東初出版社，1992 年 1 月第一版，
　　　　頁 46。
〔註40〕王文顏著《佛典漢譯之研究》，台北：天華出版公司，1984 年 12 月初版，頁
　　　　189～190。
〔註41〕梁任公曰：「大抵長房為人，貪博而寡識。」見梁啟超〈佛家經錄在中國目錄
　　　　學之位置〉收錄於《佛教目錄學述要》，張曼濤編《現代佛學學術叢刊》，台
　　　　北：大乘文化出版社，1981 年 7 月第二版，頁 44。

本行集經》二部非長房一人筆受。據《歷代三寶紀》卷十二記載，《大方等大集日藏經》十五卷，爲沙門智鉉、道邃、慧獻，奉朝請庾質、學士費長房筆受，而於智昇《開元釋教錄》卷七中則載《大方等大集日藏經》十卷（或十二卷或十五卷，題云《大乘大方等日藏分經》與《大集日密分》同本，當第四出），另載爲沙門智鉉、道邃、慧獻、僧琨，奉朝請庾質、學士費長房等筆受，顯與《歷代三寶紀》所載有出入，惜此經今已散佚，後出之經錄亦承長房或智昇說，無可考其確實之筆受者，僅能確定非長房一人筆受耳。至於《佛本行集經》六十卷，費長房親記沙門僧曇、學士費長房、劉憑等筆受，《開元釋教錄》所載與之同，應是不誤，故此經殆此三人筆受也。

第八部《合部金光明經》八卷。費長房《歷代三寶紀》卷十二中稱《新合金光明經》八卷，大興善寺沙門釋寶貴開皇十七年合，未註明何人筆受。而智昇於《開元釋教錄》卷十一中則稱《金光明經》八卷二十四品，隋大興善寺沙門寶貴合出，當第四本，並引其序略云：

> 而《金光明》見有三本。初在涼世，有曇無讖譯爲四卷，止十八品；其次周世，闍那崛多譯爲五卷，成二十品，後逮梁世，眞諦三藏於建康譯〈三身分別〉、〈業障滅〉、〈陀羅尼最淨地〉、〈依空滿願〉等四品，足前出沒爲二十三品，〔註42〕寶貴每歎此經秘奧，後分如何？竟無〈囑累〉，舊雖三譯，本疑未周，長想梵文，願言逢遇。大隋馭寓（宇），新經即來，帝勅所司，相續翻譯。至開皇十七年，法席小間，因勸請北天竺捷達國三藏法師，此云志德，重尋後本，果有〈囑累品〉。復得〈銀主陀羅尼品〉，在京大興善寺，即爲翻譯，并前先出，合二十四品，寫爲八卷，學士成都費長房筆受，通梵沙門日嚴寺釋彥琮校諫。〔註43〕

上之引文，除述明《金光明經》合部之原委外，並直指筆受者爲費長房，與現存且收錄於《大正新修大藏經》第十六冊隋·寶貴合《合部金光明經》之

〔註42〕《合部金光明經》原序云：「足前出沒爲二十二品」。因後云「重尋後本，果有〈囑累品〉，復得〈銀主陀羅尼品〉……并前先出，合二十四品」推之二十四品扣除後得之二品，應爲二十二品。又，智昇於《開元釋教錄》卷七中載有《金光明經銀主陀羅尼品囑累品》一卷，此條下注云：「曇無讖出四卷，眞諦七卷，周世崛多五卷，並無此二品。檢梵本有，故復出之。」顯而見之，《金光明經》之三本，皆無〈銀主陀羅尼〉及〈囑累〉二品，故比對智昇之說並加以推論，此處「足前出沒爲二十三品」應是「足前出沒爲二十二品」之訛也。

〔註43〕唐·智昇《開元釋教錄》，收錄於《大正新修大藏經》第55冊，卷11，頁592。

序大致無異。〔註44〕何以長房不載其筆受？可從智昇以下之言，看出端倪，其云：

> 此合部經，文義備足，無讖四卷、真諦七卷、崛多五卷，並皆有闕。故此三經，無繁重載，謹按《長房》等錄，周武帝代，天竺三藏那舍崛多譯出一本，名《金光明經更廣壽量大辯陀羅尼經》五卷成部。今詳此名，乃非全譯，但於無讖四卷經中續演二品，其〈壽量品〉更續其文，〈大辯品〉中更廣呪法，餘品之中亦有續者，故云《更廣壽量大辯陀羅尼經》。故六卷合經，序云〈壽量〉、〈大辯〉，又補其闕，以此證知，但是續闕，非是別翻。〔註45〕

顯見此經為合部，而非全譯本；僅為補闕，而非別翻，是以長房於《歷代三寶紀》中不言筆受，實因《合部金光明經》序中已明載矣。

第二節　隋前佛教經錄概況

佛教始於印度，何時傳入中國？經錄如何形成？其發展又如何？為說明隋前佛教經錄在中國發展之情形，對上述問題有概略申說之必要。

佛教，約公元前六世紀至前五世紀間創立於古印度。隨著歷史之發展，於孔雀王朝阿育王（約西元前 273～前 232 年）統治時期，自恆河中下游地區傳播至印度各地及周圍國家，〔註46〕至於何時傳入中國？歷來說法不一，最

〔註44〕隋・寶貴合《合部金光明經》之序云：「而《金光明》，見有三本，初在涼世，有曇無讖譯為四卷，止十八品。其次周世，闍那崛多譯為五卷，成二十品。後逮梁世，真諦三藏於建康譯〈三身分別〉、〈業障滅〉、〈陀羅尼最淨地〉、〈依空滿願〉等四品，足前出沒為二十二品。其序果云，曇無讖法師稱《金光明經》，篇品闕漏，每尋文揣義，謂此說有徵，而讎校無指，永懷窴寐。寶貴每歎此經祕奧，後分云何？竟無〈囑累〉，舊雖三譯，本疑未周，長想梵文，願言逢遇。大隋馭寓（宇），新經即來，帝勅所司，相續翻譯。至開皇十七年，法席小間，因勸請北天竺捷陀羅國三藏法師，此云志德，重尋後本，果有〈囑累品〉。復得〈銀主陀羅尼品〉，故知法典源散，派別條分，承注末流，理難全具，賴三藏法師慧性沖明，學業優遠，內外經論，多所博通。在京大興善寺，即為翻譯，并前先出，合二十四品，寫為八卷，學士成都費長房筆受，通梵沙門日嚴寺釋彥琮校練（諫）。」智昇之說與此原序相較，於旨意上無差，僅行文少殊，詞亦較原序為簡明不贅。

〔註45〕唐・智昇《開元釋教錄》，收錄於《大正新修大藏經》第 55 冊，卷 11，頁 592。

〔註46〕楊曾文〈佛教在中國的流傳和發展〉，收錄於趙樸初、任繼愈等著《佛教與中國文化》，台北：國文天地雜誌社，1990 年 3 月初版，頁 47。

初以《魏略‧西戎傳》中記載之西漢哀帝元壽元年（西元前 2 年），景盧受大月氏之伊存口授「浮屠經」之事，爲公認之佛教初傳。然有學者反對此「伊存口授說」，認爲大月氏於公元元年左右，應是位於大夏北方，其時尚未知有佛教，〔註47〕因此，伊存口授說非全然可信。故又以《後漢書‧西域傳》之記載，《魏書‧釋老志》加以引申，東漢明帝永平七年（西元 64 年）感夢求法，〔註48〕遣蔡愔等出使天竺，寫浮屠遺範，後迦葉摩騰與竺法蘭，隨從使者返回洛陽，而取代爲佛教之初傳中國。然經由學者之研究，始漸明瞭，此感夢求法說，亦非屬實。而此說之全部內容，是否全爲憑空杜撰？尚有研究之空間。〔註49〕

　　佛教之東入，或非始於漢明帝時，但明帝之世，由於佛教於某種程度上受朝廷之重視，故能在上層社會得以傳播，當屬事實。據《後漢書》卷七十二，列傳卷第三十二〈楚王英傳〉云：

> 八年，詔令天下死罪皆入縑贖。英遣郎中令奉黃縑、白紈三十匹，詣國相曰：「託在蕃輔，過惡累積，歡喜大恩，奉送縑、帛，以贖愆罪。」國相以聞。詔報曰：「楚王誦黃老之微言，尚浮圖之仁祠，潔齋三月，與神爲誓，何嫌何疑，當有悔吝？其還贖，以助伊蒲塞、桑門之盛饌。」〔註50〕

此一記載顯示，漢明帝永平八年時，佛教已在貴族階層中傳播，所謂「浮圖」即「佛陀」、「伊蒲塞」乃「優婆塞」、「桑門」爲「沙門」之早期譯語。由《後

〔註47〕宇井伯壽著、李世傑譯《中國佛教史》，台北：協志工業叢書出版公司，1977年 12 月再版，頁 1。

〔註48〕《後漢書》卷八十八〈西域傳〉云：「世傳明帝夢見金人，長大，頂有光明，以問群臣。或曰：『西方有神，名曰佛，其形長丈六尺而黃金色。』帝於是遣使天竺問佛道法，遂於中國圖畫形像焉。」而《魏書‧釋老志》則加以引申曰：「後孝明帝夜夢金人，頂有白光，飛行殿庭，乃訪群臣，傅毅始以佛對。帝遣郎中蔡愔、博士弟子秦景等使於天竺，寫浮屠遺範。愔仍與沙門攝摩騰、竺法蘭東還洛陽。中國有沙門及跪拜之法，自此始也。」

〔註49〕梁啟超〈佛教之初輸入〉一文中，對「漢明求法」說逐一辯僞後，斷言「漢明求法事，全屬虛構。」而湯用彤著《漢魏兩晉南北朝佛教史》上冊第二章永平求法傳說之考證中云：「求法故事，雖有可疑，而是否斷定即全無其事，則更當慎重。昔者王仲任著《論衡》，〈書虛〉、〈語增〉，分爲二事。漢明求法之說，毋寧謂語多增飾，不可即斷其全屬子虛烏有也。」兩位學者之說，各有其理，故尚有研究之空間。

〔註50〕范曄《後漢書（二）》，收錄於《百衲本二十四史》，台北：臺灣商務印書館，1981 年 1 月臺五版，頁 640。

漢書》所載觀之，明帝異母弟楚王英，於永平八年既信佛教，故據此正史所傳，明帝時期，佛教已被中國人所知，此乃目前最有力之說法。至於確切之具體傳入年份，因文獻不足，難下定論。

一、經錄之產生

　　佛教自傳入中國後，乃有佛經之翻譯，佛典譯本漸多，佛經目錄乃應運而生。姚名達先生云：「佛教目錄之興，蓋伴譯經以俱來。」〔註51〕即是此理。故欲知經錄之產生，需溯自佛經之翻譯；欲論佛經之翻譯，則需先掌握佛典形成與傳入之過程，現分述如次：

（一）佛典形成與傳入過程

　　最初，釋尊之說法以口授方式傳授弟子，其入滅後，諸弟子採「結集」〔註52〕方式，將釋尊之教法唱誦出，然歲月積累，教法份量日增，造成背誦困難，且易生異義，引發教團之混亂，故改以文字記錄教法，有利傳教與保存，俾聖法不墜，此即成最初之佛教經典。

　　之後，佛教於阿育王時期大力宣傳，越過印度國境，遠播至中亞各地時，皆被譯爲各地之語言。由於近代對西域地區不斷進行發掘，故發現形形色色之佛經寫本。其中，除梵文與通俗印語，及漢文與藏語譯本外，尚有聞所未聞之各種語言抄寫經典，如梭古德語、薩卡語、烏古魯語、阿古尼語及龜茲語等。據水野弘元認爲，此類經典應有不少經由西域絲路而被傳至中國譯爲漢文者，〔註53〕因當時中國與西域諸國，通商往來頻繁，西域地廣且大小國家林立，較著名者，計有大月氏、安息、康居、龜茲、罽賓，包括天竺等，從罽賓傳入者，多偏於小乘教，而從中天竺、月氏及西域諸國傳入者，多爲大乘教。〔註54〕

〔註51〕姚名達著《中國目錄學史》，台北：臺灣商務印書館，2002年5月臺1版，頁237。

〔註52〕結集又作集法、集法藏、結經、經典結集，乃合誦之意，即諸比丘聚集誦出佛陀之遺法。佛陀在世時，直接由佛陀爲弟子們釋疑、指導、依止等，至佛陀入滅後，即有必要將佛陀之說法共同誦出，一方面爲防止佛陀遺教散佚，一方面爲教權之確立。故佛弟子們集會於一處，將口口相傳之教法整理編集。見慈怡主編《佛光大辭典》，高雄：佛光出版社，1988年12月第二版，第6冊，頁5187。

〔註53〕水野弘元著、劉欣如譯《佛典成立史》，台北：東大圖書，2007年7月修訂二版，頁94。

〔註54〕周世輔著《中國哲學史》，台北：三民書局，1998年10月修訂八版，頁243。

綜而觀之，佛教之傳入雖以楚王英所信奉之佛教爲始，然早於此，中國應知有佛，最初漢人信徒不多，而以西域之移民與商人爲主，其時仍以當地語言背頌口授，尚無漢譯佛典，約於二、三世紀，因漸被漢化，祖國語言不復得，而漢人亦漸信佛，始有譯經之需。

（二）佛教經典之翻譯

佛經之翻譯究竟始於何時？僧祐《出三藏記集》載以《四十二章經》出，爲傳譯之始。〔註55〕即永平十年（西元 67 年），迦葉摩騰與竺法蘭隨王使至洛陽，於白馬寺譯出《四十二章經》爲譯經之始。然學者大多存疑，呂澂先生認爲《四十二章經》非最初傳來之經，亦非直接之譯本，而是一種經抄；〔註56〕胡適則認爲其乃編纂之書，非翻譯之書，故最古之經錄不收此書；〔註57〕而梁任公謂此經純屬魏晉以後之文體，大抵是晉人之託僞無疑，並於〈佛教之初輸入〉附錄二中云：

> 隋費長房《歷代三寶紀》（省稱《長房錄》）本經條下云：「《舊錄》
> 云：『本是外國經抄，元出大部，撮要引俗，似此《孝經》十八章。』
> 此言此經性質最明瞭，蓋並非根據梵文原本比照翻譯，實撮取群經
> 精要，摹仿此土《孝經》、《老子》，別撰成篇。質言之，則乃撰本而
> 非譯本也。〔註58〕

據此明白《四十二章經》應是晉時人所託僞之撰本，而非全譯本，故不能言其爲譯經之始本。眞正譯經之始，據梁任公〈翻譯文學與佛典〉一文中云：「論譯業者，當以後漢桓、靈時代託始。」〔註59〕即是桓、靈二帝時，有安清、支讖兩僧人，相繼來華，並從事翻譯，佛經之全譯本，始陸續而出。

安清字世高，安息國太子，博通經藏，通習華言，以弘法爲職。自漢桓帝建和二年（西元 148 年）起至靈帝建寧四年（西元 171 年）止，二十餘年

〔註55〕「祐檢閱三藏，訪覈遺源，古經現在，莫先於《四十二章》，傳譯所始。」
見梁・僧祐《出三藏記集》，收錄於《大正新修大藏經》第 55 冊，卷 2，頁5。

〔註56〕呂澂著《中國佛學源流略論》，台北：大千出版社，2003 年 1 月初版，頁 32。

〔註57〕胡適著《白話文學史上卷第一編（唐以前）》，台北：遠流出版公司，1986 年6 月遠流 1 版，頁 155。

〔註58〕梁啓超〈佛教之初輸入〉《中國佛教研究史》，台北：新文豐出版公司，1984年 7 月初版，頁 11。

〔註59〕梁啓超〈翻譯文學與佛典〉《中國佛教研究史》，台北：新文豐出版公司，1984年 7 月初版，頁 85。

間，譯出《安般守意經》、《陰持入經》、《阿含口解四諦經》、《十四意經》、《九十八結經》等，多半屬小乘經典。《出三藏記集》記載其所譯出之佛典，共三十五部，又作三十四部，《梁高僧傳》作三十九部，《歷代三寶紀》作一百七十六部，《大唐內典錄》作一百七十餘部，《開元釋教錄》作九十五部，現依從《開元釋教錄》。〔註60〕

復次，支婁迦讖，簡稱支讖，月氏國人。漢桓帝永康元年（西元167年）遊雒陽，精勤法戒，志存宣法，於靈帝光和、中平之十餘年間，譯出早期之《般若經》、念佛先驅之《般舟三昧經》、《無量清淨平等覺經》等十餘部大乘經典，《出三藏記集》載十四部，《歷代三寶紀》作二十一部，《大唐內典錄》同，《開元釋教錄》作二十三部，支讖實為大乘教傳華之第一人。其後，譯經人才輩出，及至隋代更達鼎盛之勢。

（三）佛經目錄之產生

前已述及佛典之翻譯乃隨佛教東來而開展，據《開元釋教錄》統計，東漢時已譯出佛典二百九十二部，三百九十五卷，三國時又譯出二百零一部，四百七十五卷，至魏晉南北朝，譯經之量，迅速增長，總數已達三、四千卷。

隨著佛經數量之增多，佛典日益混亂。因早期譯經以西域來華僧人為主，大多是以個人身份來華傳教之遊方僧，而非具組織之傳教團體，故無一定之譯經計劃，僅依其所帶來何經或背誦得出何經，即將其譯出，此種「值殘出殘，遇全出全」〔註61〕之譯經形態，自然是散亂不成體系。再者，當時譯經事業乃在國家或某一施主資助下，由數人組成一譯場以進行之，各譯場間互不聯繫，故同部佛經往往出現多種譯本，加上譯者常不署名，致甚多譯經來源不明，年代不清，且拼湊而成之經抄和假託佛說之偽經，亦不斷出現。此外，戰亂頻仍，造成頗多佛教典籍散失，更加劇佛經之混亂。〔註62〕有鑒於此，當時之佛教學者，始著手編纂經錄，即佛經目錄。一方面為尋檢之方便，另一方面為避免散失錯亂，將佛典統一組織編定，以應當時迫切之需要。

綜前所述，佛經目錄之產生，乃應整理譯出之佛典，考其源流，辨其真偽而有。《開元釋教錄》卷首開宗明義云：

〔註60〕參話〈初期佛教翻譯事業的概況〉，收錄於《佛典翻譯史論》，張曼濤編《現代佛學學術叢刊》，台北：大乘文化出版社，1981年7月第二版，頁6。
〔註61〕梁·僧祐《出三藏記集》，收錄於《大正新修大藏經》第55冊，卷5，頁40。
〔註62〕李瑞良著《中國目錄學史》，台北：文津出版社，1993年7月初版，頁93～94。

夫目錄之興也，蓋所以別真偽，明是非，記人代之古今，標卷部之
多少，摭拾遺漏，刪夷駢贅，欲使正教綸理，金言有緒，提綱舉要，
歷然可觀也。但以法門幽邃，化網恢弘，前後翻傳，年移代謝，屢
經散滅，卷軸參差；復有異人，時增偽妄，致令混雜，難究蹤由，
是以先德儒賢，製斯條錄。〔註63〕

此說甚符事實，並闡明經錄產生之原委，乃為使「正教綸理，金言有緒」，
且具「提綱舉要」之效，使後人得依目尋書，考見學術之流變，成為「歷然
可觀」之目錄。

二、隋前經錄概述

佛經目錄產生之目的，為辨章學術、考鏡源流，《歷代三寶紀》非佛經目
錄之濫初，乃先有所本。今據《開元釋教錄》卷十〈總括群經錄〉之記載，
將《歷代三寶紀》以前之經錄，略以年代為序，製成一表，以為後述之基礎。

序號	書　　名	卷數	作者	年　　代	公元年	別　稱	存佚
1	《古經錄》	1				《古錄》	佚
2	《舊經錄》	1				《舊錄》	佚
3	《漢時佛經目錄》	1					佚
4	《朱士行漢錄》	1	朱士行	曹魏時			佚
5	《眾經錄》	1	竺法護	竺法護諸經譯年	284～313		佚
6	《眾經錄》	1	聶道真	西晉懷帝永嘉間	307～312		佚
7	《趙錄》	1		二趙時	319～350		佚
8	《經論都錄》	1	支敏度	東晉成帝時	326～342		佚
9	《經論別錄》	1	支敏度	東晉成帝時	326～342		佚
10	《綜理眾經目錄》	1	釋道安	東晉孝武帝寧康二年	374	《安錄》	佚
11	《廬山錄》	1					佚
12	《二秦錄》	1	釋僧叡	晉安帝義熙間	405～418		佚
13	《眾經錄》	4	釋道流 竺道祖	東晉末	約419		佚
14	《眾經都錄》	8		齊初			佚

〔註63〕唐・智昇《開元釋教錄》，收錄於《大正新修大藏經》第55冊，卷1，頁477。

15	《眾經別錄》	2		齊初		《別錄》	佚
16	《宋齊錄》	1	釋道慧	南齊時	479～501		佚
17	《釋弘充錄》	1	釋弘充	南齊時	479～501		佚
18	《眾經目錄》	2	釋王宗	南齊武帝時	483～493		佚
19	《始興錄》	1				《南錄》	佚
20	《出三藏記集》	15	釋僧祐	梁武帝天監九年至十三年間	510～514	《祐錄》	存
21	《華林佛殿眾經目錄》	4	釋僧紹	梁武帝天監十四年	515		佚
22	《梁代眾經目錄》	4	釋寶唱	梁武帝天監十七年	518		佚
23	《釋正度錄》	1	釋正度	梁武帝時			佚
24	《王車騎錄》	1					佚
25	《岑號錄》	1					佚
26	《菩提留支錄》	1	菩提留支	北魏永平二年至天平二年			佚
27	《元魏眾經目錄》	10	李廓	北魏永熙年間	532～533		佚
28	《釋道憑錄》	1	釋道憑	北齊時	550～577		佚
29	《高齊眾經目錄》	8	釋法上	北齊後主武平中	570～575		佚
30	《譯經錄》	1	釋靈裕	隋初	581～597		佚
31	《隋眾經目錄》	7	釋法經	隋文帝開皇十四年	594	《法經錄》	存
32	《歷代三寶紀》	15	費長房	隋文帝開皇十七年	597	《長房錄》	存

　　由上表可知《歷代三寶紀》以前之經錄部數。其中,《眾經別錄》、《出三藏記集》、《梁代眾經目錄》、《元魏眾經目錄》、《高齊眾經目錄》及《隋眾經目錄》等六部,長房時蒐尋並見之,餘錄皆佚,且未曾見,僅存目名。而此《開元釋教錄》所收隋前經錄,大抵參自《歷代三寶紀》。若以歷史發展角度觀之,隋前經錄之演進,可分為三階段,茲分述如次:

(一)兩晉時期經錄之創始階段

　　此創始階段之經錄,凡《古經錄》、《舊經錄》、《漢時佛經目錄》、《朱士行漢錄》、竺法護《眾經錄》、聶道眞《眾經錄》、《趙錄》、支敏度《經論都錄》及《經論別錄》、道安《綜理眾經目錄》、《廬山錄》、僧叡《二秦錄》及道流、

竺道祖《眾經錄》等十三部，分述如次：

1. 《古經錄》、《舊經錄》、《漢時佛經目錄》及《朱士行漢錄》

　　中國最早之經錄爲《古經錄》（又稱《古錄》）一卷，《歷代三寶紀》卷十五於此條下注云：「似是秦始皇時釋利防等所齎經錄。」然此錄疑僞。前已述及佛教之東來，典籍可徵者，約於東漢初（明帝永平八年），譯經之始則於東漢末桓、靈二帝時，皆在秦始皇之後，且佛經目錄乃爲譯經興盛後需要而產生。以此推之，當時中國尚無譯經，何來經錄？再者，「釋利防」之「釋」姓，始於道安，《高僧傳》〈釋道安傳〉云：

> 初魏晉沙門依師爲姓，故姓各不同，安以爲大師之本莫尊釋迦，乃以釋命氏。後獲《增一阿含》，果稱「四河入海，無復河名，四姓爲沙門，皆稱釋種」。既懸與經符，遂爲永式。〔註64〕

上文清楚載明道安統一出家僧人之姓，故僧人姓「釋」當於西晉道安之後，因之《古經錄》出於秦時釋利防之說，不足憑信。

　　《舊經錄》（又稱《舊錄》）一卷，「似是前漢劉向搜集藏書所見經錄」，及《漢時佛經目錄》一卷，「似是迦葉摩騰創譯《四十二章經》，因即撰錄」，尚有《朱士行漢錄》等說，近代學者徵之史志，認爲此等著作全無實據，均爲南北朝時期之僞作。〔註65〕

2. 竺法護《眾經錄》及攝道真《眾經錄》

　　排除前項所述四部僞託之作，中國佛經目錄之嚆矢，當於何時？學界眾

〔註64〕梁・慧皎《高僧傳》，收錄於《大正新修大藏經》第50冊，卷5，頁352～353。

〔註65〕據梁啓超〈佛家經錄在中國目錄學之位置〉一文中云：「謂《古錄》出秦時釋利防，謂《舊錄》爲劉向所見，謂朱士行曾行《漢錄》，此皆費長房臆斷之說。（一）秦時有室利防齎佛經來華，說見王子年《拾遺記》，後人附會，謂『室』音『釋』，殊不知僧徒以釋爲姓，始于道安，秦時安得有此，況《拾遺記》本說部非信史，又況《記》中亦並未言有目錄耶！（二）東漢始有佛典，謂劉向曾爲作錄，太可笑。（三）朱士行三國時人，《高僧傳》有傳，並未言其作經錄，所謂《漢錄》者，殆後人依託耳。」又云：「《漢時佛經目錄》，《長房錄》不載，始見於《內典錄》耳。原注云：『似是迦葉摩騰所譯《四十二章經》等。』《四十二章經》已是僞書，則此錄之僞更不待辨。」據梁任公所考，上述四部經錄均僞。有關《古錄》、《舊錄》及《漢時佛經目錄》三部僞錄之考證，亦可參姚名達《中國目錄學史》之〈宗教目錄篇〉，頁238～240。《朱士行漢錄》之僞，亦可參呂澂《中國佛學源流略論》附錄朱士行條，頁448～449。或湯用彤《漢魏兩晉南北朝佛教史》下冊，頁589～590。

說不一。〔註66〕《出三藏記集》卷四〈新集續撰失譯雜經錄〉載《雜譬喻經》一卷，注云：

> 凡十一事，安法師載《竺法護經目》有《譬喻經三百首》二十五卷，混無名目，難可分別，新撰所得，並列定卷，以曉覽者。尋此眾本，多出大經，時失譯名，然護公所出，或在其中矣。〔註67〕

及《三歸五戒神王名》一卷，注云：

> 安法師所載《竺法護經目》有《神呪》三卷，既無名題，莫測同異。今新集所得，並列名條卷，雖未詳譯人，而護所出呪，必在其中矣。〔註68〕

同篇又載《梵網經》一卷，注云：

> 與《護公錄》所出《梵網六十二見》大同小異。〔註69〕

及同書卷九〈大集虛空藏無盡意三經記〉云：

> 又撿《錄》，別有《大虛空藏經》五卷成者，即此經〈虛空藏品〉，當是時世有益甄爲異部。又別《無盡意經》四卷成者，亦是此經末〈無盡意品〉也。但《護公錄》復出《無盡意經》四卷，未詳與此本同異。〔註70〕

綜上觀之，竺法護所撰《眾經錄》，又稱《竺法護經目》或《護公錄》，道安曾記載此目，〔註71〕故此錄爲中國佛典目錄第一部專著，經錄之嚆矢。〔註72〕

〔註66〕 僅例舉較具代表性學者之說，如姚名達《中國目錄學史》頁240，認爲第一部總錄爲《朱士行漢錄》；馮承鈞〈大藏經錄存佚考〉收錄於張曼濤主編《大藏經研究彙編（上）》頁340～341，亦認爲古代經錄較有歷史根據者，以《朱士行漢錄》爲首。而蘇晉仁〈佛教經籍目錄綜考〉《佛教文化與歷史》頁180，言道安曾記載竺法護《眾經錄目》，此錄當是最早之經錄；方廣錩《佛教典籍百問》頁110中，表明經錄最早出現於西晉竺法護時；陳士強《佛典精解》頁4，言竺法護撰《眾經錄目》爲中國佛教第一部經錄。呂澂《中國佛學源流略論》頁55，認爲聶承遠、聶道眞父子爲竺法護譯籍作經錄，成爲一種最早之經錄，此錄稱爲《聶道眞錄》。湯用彤《漢魏兩晉南北朝佛教史》下冊，頁590，則認爲當以支敏度《經論都錄》爲始作目錄可信者。梁啓超〈佛家經錄在中國目錄學之位置〉頁6，認爲經錄起於道安，乃指始自《綜理眾經目錄》。

〔註67〕 梁‧僧祐《出三藏記集》收錄於《大正新修大藏經》第55冊，卷4，頁31。

〔註68〕 同上註。

〔註69〕 同上註，頁28。

〔註70〕 同上註，卷9，頁63。

〔註71〕 蘇晉仁〈佛教經籍目錄綜考〉，《佛教文化與歷史》頁180，云：「《眾經錄目》又稱《竺法護經目》、《護公錄》。」但書中未詳載此說之依據，今補列其出處。

據史載，竺法護通曉西域三十六國語言，曾攜大量梵本經典詣晉，致力翻譯。僧祐《出三藏記集》卷二載凡一百五十四部，數量之多，爲當時第一人，故僅著錄其所出經，足成一部目錄矣。《眾經錄》乃竺法護個人譯經之譯經錄，非屬佛教經錄學上之綜合性經錄。

　　於其後，聶道眞亦撰《眾經錄》一卷，又稱《聶道眞錄》、《道眞錄》。此錄記載竺法護譯經之年月，尤爲詳細，〔註 73〕並兼載漢、魏、晉之譯經，不同於《護公錄》只限一朝之專錄，而成爲彙載各代之通錄。

3.《趙錄》、支敏度《經論都錄》及《經論別錄》

　　《趙錄》一卷，梁任公云：

> 《趙錄》一卷，無撰人名氏，《內典錄》謂似是二趙（劉曜、石勒）
> 時諸錄，然二趙並無譯經，何能別自成錄，殆後人影射《二秦錄》
> 依託爲之耳。〔註 74〕

梁任公所考可信，而姚名達先生於詳考後亦認爲《趙錄》所載非趙人譯經，且非趙人所作，視爲僞書。〔註 75〕

　　　然另一學者譚世保先生著《漢唐佛史探眞》頁 104～106，則認爲竺法護所撰
　　　之《眾經錄目》爲費長房捏造，並引《出三藏記集》卷四《雜譬喻經》、《三
　　　歸五戒神王名》等二條注及〈大集虛空藏無盡意三經記〉篇中之文進行有關
　　　道安法師載《竺法護經目》及《護公錄》之辨僞，獨漏引《梵網經》條注。
　　　其文雖振振有詞，但多爲主觀臆斷，難免偏頗之失。筆者認爲僧祐確實未見
　　　《護公錄》，然道安應見過此錄，並在其所出經錄中有記載，此說可據《出三
　　　藏記集》引文及僧祐對竺法護譯經之總結文中得知，僧祐云：「祐捃摭群錄，
　　　遇護公所出更得四部，《安錄》先闕，今條入錄中。安公云：『遭亂錄散，小
　　　小錯涉。』故知今之所獲審是護出也。」僧祐採集群錄，始能辨出護公所出
　　　經，推之僧祐未曾見《護公錄》，否則無需「捃摭群錄」。再者，其距《護公
　　　錄》所出年，約二百多年，且戰爭頻仍，不得見此錄，應是無可厚非。況道
　　　安之年，僅距《護公錄》所出年，約五、六十年左右，即有「遭亂錄散」之
　　　事，亦安公透露其撰護公譯出經時，由於遭逢亂世，所據之經錄散失，故不
　　　復見而造成「小小錯涉」發生之可能。

〔註 72〕「中國佛典目錄第一部專著，厥爲西晉竺法護之《眾經錄目》。」見何廣棪〈東
　　　　晉釋道安對佛經辨僞學之開創及其成就與影響〉《碩堂文存五編》，台北：里
　　　　仁書局，2004 年 9 月初版，頁 2。
〔註 73〕《聶道眞錄》記載竺法護譯經之年月日甚詳，極可能承襲《護公錄》之內容。
　　　　參蘇晉仁著《佛教文化與歷史》，北京：中央民族大學出版社，1998 年 1 月，
　　　　頁 181。
〔註 74〕梁啓超著《佛學研究十八篇》，台北：台灣中華書局，1871 年 3 月第三版，頁 9。
〔註 75〕姚名達著《中國目錄學史》，台北：臺灣商務印書館，2002 年 5 月臺 1 版，頁
　　　　243。

　　與《趙錄》同時期，南方東晉成帝世豫章沙門支敏度總校群經，合古今目錄爲一家，撰成《經論都錄》及《經論別錄》各一卷。前者爲總錄，收有東漢安世高、支讖、西晉竺法護、支法度等人譯籍，且續補東晉之譯籍，較爲流行；〔註76〕後者應是分類目錄，早佚，內容無從知悉。

4. 道安《綜理眾經目錄》

　　東晉孝武帝寧康二年（西元374年），釋道安撰《綜理眾經目錄》一卷，總集名目，標列譯人，銓品新舊，創製體例，成爲中國第一部綜合性經錄，惜此錄已亡佚，所幸僧祐《出三藏記集》中仍保留其大部份內容，凡分〈經論錄〉、〈失譯經錄〉、〈涼土異經錄〉、〈關中異經錄〉、〈古異經錄〉、〈疑經錄〉、〈注經及雜志經錄〉等，門類齊整，考訂謹嚴，凡入錄者，無論經典殘缺與否，均經作者一一詳閱，並對疑僞之經典嚴加鑑別。〔註77〕論其內容則涵蓋面廣，囊括至富；論其組織則分類縝密，排比合宜。僧祐於《出三藏記集》序，推譽安公「鴻才淵鑒」，又謂其書「以此無源」，〔註78〕即指前無所承，其創闢之富，較劉歆《七略》，尤有過之。此外，專立〈疑經〉一錄，凡二十六部、三十卷之疑經，乃佛典目錄辨疑僞經之伊始。於辨僞方法與辨僞理論之運用，更具篳路藍縷之功效，且對僧祐以降諸名僧產生指導價值及深遠影響。〔註79〕故就整體而言，此錄殆奠定佛經目錄發展之良好基礎。

5. 《廬山錄》、僧叡《二秦錄》及道流、竺道祖《眾經錄》

　　於《綜理眾經目錄》撰成後五年，即東晉孝武帝太元四年（西元379年），前秦苻堅遣苻丕攻占襄陽，道安被請至長安，留於北方，其弟子慧遠則率徒南行，徙居廬山。慧遠因感於江東一帶經典未齊，禪法無聞，律藏殘闕，曾派弟子法淨、法領等遠求眾經，踰越沙雪，曠歲方返。〔註80〕而隋前已佚之

〔註76〕陳士強撰《佛典精解》，上海：上海古籍出版社，1992年11月第一版，頁4～5。

〔註77〕「道安法師爲中國佛教史上第一位留意並整理疑僞經之高僧，其《綜理眾經目錄》中所列舉『二十六部、三十卷』疑僞經，具有重大之劃時代意義，它於佛典疑僞經之文獻領域中，標幟著『現存最早』之歷史地位。」見王文顏著《佛典疑僞經研究與考錄》，台北：文津出版社，1997年4月初版，頁5。

〔註78〕梁‧僧祐《出三藏記集》收錄於《大正新修大藏經》第55冊，卷4，頁21。

〔註79〕有關道安對佛經辨僞學之開創、辨僞方法、辨僞理論及對後世佛經辨僞學發展之影響，可參何廣棪〈東晉釋道安對佛經辨僞學之開創及其成就與影響〉一文中有詳考，見《碩堂文存五編》，台北：里仁書局，2004年9月初版，頁7～19。

〔註80〕「初經流江東，多有未備。禪法無聞，律藏殘闕，遠慨其道缺，乃令弟子法

經錄中，有《廬山錄》一卷，或爲法淨等攜回之梵本經錄。〔註81〕

　　北方道安之另一弟子僧叡，於東晉安帝義熙年間，撰《二秦錄》一卷，專錄苻、姚二秦時之譯經，兼及北涼、秦涼新譯之經，凡道安不及者，盡收於此錄，可謂道安《綜理眾經目錄》之續編。其後，慧遠之弟子釋道流創撰《眾經錄》，此錄分《魏世經錄目》、《吳世經錄目》、《晉世雜錄》、《河西經錄目》（又名《涼錄》）凡四卷，未就而病卒，其同學竺道祖續成之，大行於世，開中國佛教斷代爲目錄之始。

（二）南北朝時期經錄之發展階段

　　南北朝時期之經錄，延續創始階段之基礎而逐漸發展。當時雖南北分立，政權各異，然譯業不輟，經錄相繼而出，體制亦漸趨定型。分經律論三藏，判別大小二乘，再別有譯人無譯人，一譯異譯，一卷多卷，本經與別生經，有本闕本及辨疑經僞籍等，把經錄分類從形式到內容之發展，往前推進一大步。此階段先後出現十多部經錄，分述如次：

1. 《眾經都錄》、《眾經別錄》

　　《眾經都錄》八卷，「似是總合諸家，未詳作者」〔註82〕之總錄，已佚，費長房時即未見原書，揣其體例，當以時代爲次。與之同時，有《眾經別錄》二卷，爲長房所見之錄，唐初尚存，至開元年間已尋本未獲。〔註83〕此錄依大小乘論等而分十類。上卷三類：〈大乘經錄〉第一、〈三乘通教錄〉第二、〈三乘中大乘錄〉第三；下卷七類：〈小乘經錄〉第四、〈篇目本闕錄〉第五、〈大小乘不判錄〉第六、〈疑經錄〉第七、〈律錄〉第八、〈數錄〉第九、〈論錄〉第十。此分類法一改單純依譯經形式分類之陳規，而探以內容分類爲主、形式分類爲輔之雙重分類體系，實較道安《綜理眾經目錄》爲進步。另一特色爲每經之下記載譯人與譯時，並扼要述及該經之宗旨，標出譯文屬「文」、「質」或「文質均」等，除表明作者對此問題之重視外，亦見當時對譯經質量之要求。此外，方廣錩先生認爲率先將「五時判教」思想引入佛經目錄，並以大

　　　淨、法領等，遠尋眾經，踰越沙雪，曠歲方反，皆獲梵本，得以傳譯。」見
　　　梁・慧皎《高僧傳》，收錄於《大正新修大藏經》第 50 冊，卷 6，頁 359。
〔註81〕陳士強撰《佛典精解》，上海：上海古籍出版社，1992 年 11 月第一版，頁 6。
〔註82〕隋・費長房《歷代三寶紀》，收錄於《大正新修大藏經》第 49 冊，卷 15，頁 127。
〔註83〕「《眾經別錄》下四家目錄，《長房》、《內典》二錄具列篇題，今尋本未獲，
　　　但具存其目。」見唐・智昇《開元釋教錄》，收錄於《大正新修大藏經》第 55
　　　冊，卷 10，頁 574。

小乘條別佛典者爲《眾經別錄》。此後，以大小乘分判佛教，逐漸成爲中國佛教經錄之主流，而《眾經別錄》開風氣之先，實具不可磨滅之功。〔註84〕此錄原以爲早已亡佚，直至本世紀三十年代，目錄學家王重民於法國巴黎研究敦煌遺書時，意外發現《眾經別錄》上卷之一部分，使已亡佚千年之瑰寶重見天日，此乃繼《漢書・藝文志》之後第二部現存之目錄，亦是現存最早之佛經目錄，惜殘缺不全。〔註85〕

2. 《宋齊錄》、《釋弘充錄》、釋王宗《眾經目錄》、《始興錄》

南齊，莊嚴寺沙門釋道慧撰《宋齊錄》一卷，專錄宋、齊譯經，尤偏重劉宋一代。於同時尚有湘宮寺沙門釋弘充撰《釋弘充錄》一卷，或僅爲著錄該寺之藏經。此外，於齊武帝永明（西元483～493年）年間，沙門釋王宗撰《眾經目錄》二卷，通載齊前之各代譯本，並分大小乘。另，《始興錄》一卷，作者不詳，始興即今之廣東韶州，此錄以載南方所譯經籍爲主，故又名《南錄》。以上所載四部經錄均已亡佚。

3. 《出三藏記集》

梁代，僧祐撰《出三藏記集》十五卷，記載東漢至梁所譯經、律、論、序記及譯經人之傳記等。其自序云：

> 一撰緣記，二銓名錄，三總經序，四述列傳。緣記撰則原始之本克昭，名錄銓則年代之目不墜，經序總則勝集之時足徵，列傳述則伊人之風可見。〔註86〕

全書組織，可分四部分，其撰緣記一卷，乃敘佛經結藏情況及譯經起源，相當於總敘。其銓名錄四卷，乃在《綜理眾經目錄》基礎上增加律部佛典，並敘次歷代譯經名目，等同《漢書・藝文志》，但以時代撰人爲序，不以佛經內容分類。總經序七卷，則輯錄各經之前序、後記，不僅使讀者得以接觸原始資料，瞭解譯經經過及各經內容，起到解題、提要之作用，且爲專門目錄創立輯錄體制，元・馬端臨《文獻通考・經籍考》及清・朱彝尊《經義考》，即仿此書而錄各經序跋，而其各經序多出自六朝名人學者之手，故清・嚴可均編《全上古三代秦漢三國六朝文》，乃將此書七卷全部采入。述列傳三卷，

〔註84〕方廣錩輯校《敦煌佛教經錄輯校（上）》，收錄於周紹良主編《敦煌文獻分類錄校叢刊》，南京：江蘇古籍出版社，1997年第1版，頁8～9。

〔註85〕李瑞良著《中國目錄學史》，台北：文津出版社，1993年7月初版，頁96。

〔註86〕梁・僧祐《出三藏記集》收錄於《大正新修大藏經》第55冊，卷1，頁1。

記譯經人之生平，前二卷記外國二十二人，後一卷記中國十人。其中多涉及
與世俗交往之資料，可備研治魏晉僧人史傳之參證。綜其所載名錄、列傳、
序跋及相關資料，可知悉譯經之時代背景及發展概況，足稱一部以經錄形式
出現之早期佛學史，對研究佛教史具有重要之價值與意義。故後人於輯錄文
編、補作史志、編目分類、撰述僧傳，亦從中多所采取，於甄別經論之異同、
真偽，貢獻亦大。此錄爲現存最早之完整經錄，可信度高，尤對南朝譯經記
述特詳。據《開元釋教錄》所載歷代經錄，古有二十餘家，今皆不傳。其所
佚之錄，或竟舉一方，或偏敘一代，求其體例完備，當以此集爲最，故能與
隋唐諸錄全傳於世。〔註87〕

4. 《華林佛殿眾經目錄》、《梁代眾經目錄》

梁武帝天監十四年（西元 515 年）安樂寺沙門釋僧紹奉敕撰《華林佛殿眾
經目錄》四卷，專載華林收藏之佛經，其分類乃據僧祐《出三藏記集》增減而
成。因未愜梁武帝之意旨，於天監十七年（西元 518 年）又敕寶唱重撰。莊嚴
寺沙門釋寶唱則在《華林佛殿眾經目錄》基礎上，撰成《梁代眾經目錄》四卷。
〔註88〕卷一爲大乘，下分有譯人一卷、多卷，無譯人一卷、多卷四類。卷二爲
小乘，亦依大乘之分類法分爲四類。卷三分先異譯經、禪經、戒律、疑經、注
經、數論、義記七類。卷四分隨事別名、隨事共名、譬喻、佛名、神呪五類。
合二十類。由於分類甚瑣細，又無所取義，故不免梁任公譏彈，謂「其書不傳，
蓋宜在淘汰之列耳。」〔註89〕然此錄亦有其可取之處，即是將「禪經」另立一
錄，使後人得以窺知當時佛學義理發展之軌跡。其書不傳，實深覺可惜也。

5. 《釋正度錄》、《王車騎錄》、《岑號錄》

《釋正度錄》一卷，爲僧祐弟子釋正度所撰，或爲專錄一時譯經之經錄。

〔註87〕 劉保金著《中國佛典通論》，河北：河北教育出版社，1997 年 5 月第 1 版，頁
　　　 255。

〔註88〕 《續高僧傳》卷一〈釋寶唱傳〉云：「十四年，勅安樂寺僧紹，撰《華林佛殿
　　　 經目》。雖復勒成，未快（愜）帝旨，又勅唱重撰，乃因紹前錄，注述合離，
　　　 甚有科據，一帙四卷。」

〔註89〕 梁任公云：「《寶唱錄》爲梁天監十七年奉敕撰，其書分類刻意求詳細，而失
　　　 於瑣碎，不合論理。諸經以一卷多卷區分，無所取義，一也；論不別主類，
　　　 不知何屬，二也；禪經以下，分析太繁，無有系統，三也；異譯之經，本宜
　　　 別類，乃反不別，四也。其書不傳，蓋宜在淘汰之列耳。」參梁啓超著〈佛
　　　 家經錄在中國目錄學之位置〉收錄於《佛教目錄學述要》，張曼濤主編《現代
　　　 佛學學術叢刊》，台北：大乘文化出版社，1981 年 7 月第二版，頁 39。

其次，《王車騎錄》、《岑號錄》各一卷，未悉內容，均已亡佚。

6. 《菩提流支錄》、《元魏眾經目錄》

　　北魏，沙門菩提流支於洛陽譯經二十餘年，爲記錄自己所翻譯之經論而撰《菩提流支錄》一卷，已佚。北魏孝武帝永熙年間（西元 532～534 年），李廓奉敕撰《元魏眾經目錄》十卷。此錄之特色，即對「論藏」別以大小乘，又將疑經與僞經分別著錄，成爲「疑惑」、「僞妄」分科之嚆矢。此外，於方法上亦頗多創新，故唐·釋道宣《大唐內典錄》卷一云：「廓通內外學，注述經錄，甚有條貫。」〔註90〕而其將〈大乘經子注目錄〉專列出，亦可推測當時經錄注疏非常普遍，且爲經錄家所重視。

7. 《釋道憑錄》、《高齊眾經目錄》

　　北齊，《釋道憑錄》一卷，爲釋法上之同學道憑所撰，姚名達先生認爲此錄殆著錄寶山寺經藏。〔註91〕《高齊眾經目錄》八卷，爲釋法上於武平（西元 570～575 年）年間所撰。此錄爲南北朝時期諸錄體制中，首先將經（修多羅）、律（毘尼）、論（阿毘曇）各別分立，其分類法甚接近印度佛教習用之分類體系，故隋代諸經錄多引以爲依據，並奠定此後一千多年編撰佛典目錄之基石。

（三）隋朝時期經錄之成熟階段

　　隋朝時期經錄已發展至大成階段。由於隋文帝楊堅之統一中國，結束二百多年南北分立局勢，國家逐漸穩定，而文、煬二帝之崇佛，更加速佛教蓬勃發展，於經錄之體例、分類、組織諸方面，亦趨成熟，且別開生面，自成一專科目錄之體系。

　　隋初，曾出現過相州大慈寺沙門釋靈裕所撰《譯經錄》一卷，已佚，內容無考。隋朝文、煬二帝，深愛寫經，《隋書·經籍志·佛經後序》記其事云：

　　　　天下之人，從風而靡，競相景慕，民間佛經多於《六經》數十百倍。

由於佛經日益增多，亟須整理編目，隋文帝開皇十四年（西元 594 年）乃敕翻經大德釋法經等二十人共撰輯《隋眾經目錄》七卷，收錄後漢至隋代所翻譯之經論等。前六卷爲別錄，第七卷爲總錄，凡立九錄爲〈大乘修多羅藏錄〉、

〔註90〕唐·道宣《大唐內典錄》，收錄於《大正新修大藏經》第 55 冊，卷 4，頁 270。
〔註91〕姚名達著《中國目錄學史》，台北：臺灣商務印書館，2002 年 5 月臺 1 版，頁 265。

〈小乘修多羅藏錄〉、〈大乘毘尼藏錄〉、〈小乘毘尼藏錄〉、〈大乘阿毘曇藏錄〉、〈小乘阿毘曇藏錄〉、〈佛滅度後抄集錄〉、〈佛滅度後傳記錄〉、〈佛滅度後著述錄〉。九錄中前六錄各有一譯分、異譯分、失譯分、別生分、疑惑分、偽妄分等六分，後三錄各有西域聖賢分、此方諸德分等二分，凡四十二分。〔註92〕故本錄之體例，謹嚴而有法度，由是乃奠定後此千餘年經錄分類之基礎，智昇《開元釋教錄》等著名佛家經錄，均受其重要之影響。

上記三十一種經錄，由撰述目的之不同，經錄內容各有特色，或將各時代之譯經依朝代先後記錄者，屬代錄之目錄；或以大小乘、經律論、單譯、重譯之分類為主者，屬標準入藏錄、分類整理之目錄；或將特定寺院所收經藏之現存佛經予以編目者，屬現藏入藏目錄，復有擇上述各類加以組合，或全體總合之總合目錄。可見中國佛經目錄之發展演進至隋朝費長房前，已相當完備，幾近成熟之階段。

第三節　成書緣起

隋代之經錄，至法經等撰成《隋眾經目錄》後三年，即開皇十七年（西元597年）費長房另撰《歷代三寶紀》十五卷，「錄成陳奏」，〔註93〕此乃由個人獨力完成之一部龐大目錄作品。何以費長房在筆受之餘編撰《歷代三寶紀》？此與當時翻譯經典之國家大事及親身經歷不無關係，現依此二方面細論之。

一、為「重整經錄之需」

開皇十四年（西元594年），隋文帝曾命釋法經等撰《隋眾經目錄》七卷，於分類上雖有所長，但記載顯未詳盡，正如法經自云：「既未獲盡見三國經本，校驗同異。」〔註94〕而費長房《歷代三寶紀》之撰出，雖與此錄僅隔三年，

〔註92〕《眾經目錄》卷七云：「今唯且據諸家目錄，刪簡可否，總摽綱紀，位為九錄，區別品類，有四十二分。九初六錄三十六分，略示經律三藏大小之殊，粗顯傳譯是非真偽之別。後之三錄，集、傳、記注，前三分者，並是西域聖賢所撰，以非三藏正經，故為別錄。後之三分，並是此方名德所修，雖不類西域所製，莫非毘贊正經，發明宗教，光輝前緒，開進後學，故兼載焉。」見隋・法經等撰《眾經目錄》，收錄於《大正新修大藏經》第55冊，卷7，頁149。

〔註93〕唐・道宣《續高僧傳》，收錄於《大正新修大藏經》第50冊，卷2，頁436。

〔註94〕隋・法經等撰《眾經目錄》，收錄於《大正新修大藏經》第55冊，卷7，頁

但在內容、篇幅上卻遠比《隋眾經目錄》豐富，似有意補其不足。此外，費長房編錄之最大動機爲何？據道宣《大唐內典錄》卷五云：

> 以歷代群錄，多唯編經，至於佛僧紀述蓋寡，乃撰《三寶》。〔註95〕

復於《續高僧傳》卷二云：

> 以列代經錄散落難收，佛法肇興，年載蕪沒，乃撰《三寶錄》一十
> 五卷。〔註96〕

而費長房於《歷代三寶紀》卷十五進表中，亦親載其編撰之緣起云：

> 自漢魏已來，代有翻譯。而錄目星散，經多失源，世罕綴修，時致
> 間絕。〔註97〕

綜上觀之，費長房認爲自漢魏以來，各代均有翻譯，然於其前之歷代佛經目錄，散落難收，致佛經失源者甚多。尚有記錄不完備者，如道宣言「佛僧記述蓋寡」，若不及時綴修，恐有「間絕」之虞。而長房適處統一南北之隋代，且參與國家譯場筆受之職，有接觸更多經籍機會，於此有利條件下，重整經錄，總結前人成果，將目錄編纂成更全面與系統化，自有其必要。

二、爲「身經毀佛之劫」

　　費長房編撰《歷代三寶紀》之另一原因，可從其親身經歷之歷史背景中探知。據唐・釋道世《法苑珠林》卷九十八〈損法部〉云：

> 自佛法東流已來，震旦已三度爲諸惡王廢損佛法。第一，赫連勃勃，
> 號爲夏國，被破長安，遇僧皆殺。第二，魏太武用崔皓〔註98〕言，
> 夷滅三寶，後悔，皓加五刑。第三，周武帝但令還俗。此之三君，
> 爲滅佛法，皆不得久。〔註99〕

上述三度滅法，原因各異，然細究之，攸關政教者，僅二度耳。〔註100〕北魏

149。

〔註95〕唐・道宣《大唐內典錄》，收錄於《大正新修大藏經》第55冊，卷5，頁279。

〔註96〕唐・道宣《續高僧傳》，收錄於《大正新修大藏經》第50冊，卷2，頁436。

〔註97〕隋・費長房《歷代三寶紀》，收錄於《大正新修大藏經》第49冊，卷15，頁120。

〔註98〕此處之「皓」字，《魏書・釋老志》中作「浩」，又卷35有〈崔浩傳〉，疑「皓」乃「浩」字之訛，下「皓」字同。

〔註99〕唐・道世《法苑珠林》，收錄於《大正新修大藏經》第53冊，卷98，頁1012。

〔註100〕「勃勃天姿殘暴，所至較積人以爲京觀。《魏書・釋老志》曰：『義眞之去長安也，赫連屈丐追敗之，道俗少長，咸見坑戮。』屈丐即勃勃，是當時所殺，

太武帝（西元 424～452 年）拓跋燾之滅佛手段，甚為劇烈，據《魏書·釋老志》曰：

> 諸有佛圖、形像及胡經，盡皆擊破、焚燒，沙門無少長，悉坑之。
> 〔註101〕

此等毀佛像、焚經典、誅沙門之舉，內因於魏太武帝崇尚武功，又不甚解佛教；外因聽信崔浩誹謗三寶之言。〔註102〕此乃佛教於歷史發展上，首次遭遇如此沉重之打擊。所幸太子晃篤信佛教，暗中保護，故魏境內佛教未遭徹底毀滅，及至崔浩被誅，「帝頗悔之」，幾年後「禁稍寬弛」，於文成帝拓跋濬即位，佛教遂再度復興。〔註103〕

　　費長房對魏太武帝之「夷滅三寶」，應僅止於所聞，然對周武帝毀佛之劫，則有切身之痛。北周武帝（西元 561～578 年）宇文邕，為中國歷史上第二個反佛之皇帝，最初非為排斥佛教之人，後因寺院沙門綱紀漸為敗壞，人民多假佛、道以逃避賦稅徭役，加之道士張賓與前僧衛元嵩上書蠱惑武帝，因而周武帝多次集會辯論儒、道、佛三教之先後及優劣。厥於建德三年（西元 574 年）五月十七日，斷然廢除佛、道二教，毀壞經像，強令沙門、道士還俗為民，〔註104〕而費長房當於此時被迫還著白衣，身經毀佛之劫，使其感嘆佛教遭此致命之擊。由於法難起自道教向朝廷埋怨佛教之不是，並讒訴佛教缺失，因此，長房滿懷護法念頭，企圖論證佛教比道教先出，且遠比其殊勝，便於筆受之餘，傾力撰作《歷代三寶紀》。

　　上列兩種因素，為費長房撰《歷代三寶紀》之成書緣起，此於其書〈總目序〉中言之尤詳，云：

不獨僧也。乃匈奴好殺之常，無關政教，可以不論。」見余嘉錫〈北周毀佛主謀者衛元嵩〉，收錄於《漢魏兩晉南北朝篇（上）》，張曼濤主編《現代佛學學術叢刊》，台北：大乘文化出版社，1977 年 6 月初版，頁 245。

〔註101〕北齊·魏收等《魏書（三）》，收錄於《百衲本二十四史》，台北：臺灣商務印書館，1981 年 1 月臺五版，頁 1718。

〔註102〕此說可參《魏書·釋老志》曰：「世祖即位，富於春秋，既而銳志武功，每以平定禍亂為先，雖歸宗佛法，敬重沙門，而未存覽經教、深求緣報之意。及得寇謙之道帝以清淨無為，有仙化之證，遂信行其術。時司徒崔浩，博學多聞，帝每訪以大事。浩奉謙之道，尤不信佛，與帝言，數加非毀，常謂虛誕為世費害，帝以其辯博，頗信之。」

〔註103〕郭朋著《中國佛教史》，台北：文津出版社，1993 年 7 月初版，頁 133。

〔註104〕有關周武帝毀佛之記載，見《周書》卷五〈武帝紀〉云：「初斷佛、道二教，經像悉毀，罷沙門、道士，並令還民。」

> 後漢之始，方屆脂那，帝世交參，十有六代。翻彼域語，作此方言，
> 相承迄今，五百餘祀。《古》、《舊》二錄，條目殘亡。士行、道安，
> 創維其缺，爾來間有，祖述不同，各紀一方，互存所見，三隅致隔，
> 故多失疑。又齊、周、陳並皆翻譯，弗刊錄目，靡所遵承。兼值毀
> 焚，絕無依據。賴我皇帝，維地柱天，澄靜二儀，廓清六合，庭來
> 萬國，化攝九州，異出遺文，莫不皆萃。臣幸有遇，屬此休時，忝
> 預譯經，稟受佛語，執筆暇隙，寢食敢忘。〔註105〕

上之引文，爲長房親記撰書之原由。除需重整及統一古代經錄「各紀一方，
互存所見」之架床疊屋情形外，更因遭逢兩次毀佛，多數經籍被「毀焚」，致
無所「依據」，幸遇隋文帝馭宇，恢復佛教，而何事讓費長房於筆受之餘寢食
皆不敢忘？前文已述，一爲經過戰亂之後「經錄散落難收」，有重行整理編寫
經錄之必要。二爲其身經毀佛之劫，觀自北魏毀佛之太平眞君七年（西元446
年）至北周建德三年，才一百二十八年，前後竟發生兩次法難，難保日後無
第三次毀佛事件。因此，費長房及時把握隋朝重興佛法之時機，編撰《歷代
三寶紀》，一方面可紀述佛教傳入中國之歷史；另方面可蒐訪歷代所譯出之經
目，作爲按目求書之依據。再者，佛陀遺教均記載於經論之中，經論不存，
則佛法無傳。〔註106〕基於護法心切，期論證佛教遠比道教殊勝，斯是長房「執
筆暇隙，寢食敢忘」之事，亦是《歷代三寶紀》編撰之緣起。

〔註105〕隋・費長房《歷代三寶紀》，收錄於《大正新修大藏經》第49冊，卷15，頁
120。

〔註106〕曹仕邦著《中國佛教史學史──東晉至五代》，台北：法鼓文化，1999年10
月初版，頁272～275。

第三章 《歷代三寶紀》傳本考

何謂傳本？傳本，指流傳於世間之版本。而版本又謂何？版者，雕也。〔註1〕本者，書也。〔註2〕南北朝時期「書」與「本」成為同一概念，泛稱「書」為本。〔註3〕至於「版（板）本」二字之運用，則見《宋史》卷四三一〈崔頤正傳〉云：

咸平初，又有學究劉可名言諸經版本多舛誤，眞宗命擇官詳正。〔註4〕

及北宋·沈括《夢溪筆談》卷十八云：

〔註1〕《說文解字》云：「版，判也，從片，反聲。」段玉裁《說文解字注》云：「片也，舊作判也，淺人所改，今正。」朱駿聲《說文解字通訓定聲》云：「判木為片，名之為版。」即是剖成片狀之木頭稱為「版」。因版多系木質，遂派生出「板」字，並與「版」字互為通假。故段玉裁《說文解字注》云：「凡施於宮室器用者，皆曰版。今字作板。」可見「版」、「板」二字為古今字。版作為書寫材料，早在先秦時已經應用。秦漢時，奏議亦用版，王充《論衡·量知篇》云：「斷木為槧，析之為版，力加刮削，乃成奏牘。」除了木質之物外，版還可用金質或玉質等物。如《逸周書·大聚》「銘之金版」、《黃帝內經·素問》「著之玉版」等，均指將文字銘刻或書寫於版狀金石材料上，足見「版」為古代書寫載體形態之稱謂。昌彼得《中國目錄學講義》頁73，云：「唐代發明印刷術後，因刻書之版與之相似，故借用其辭以專指雕版。」

〔註2〕《梁書·任昉傳》云：「昉雖家貧，聚書至萬餘卷，率多異本。」此處之「本」，即指「書」。另，余嘉錫《目錄學發微》頁75云：「本之命名，由於校讎之時，一人持本，一人讀書。所謂本者，謂殺青治竹所書，改治已定，略無訛字，上素之時，即就竹簡繕寫，以其為書之原本，故稱曰本。其後竹簡既廢，人但就書卷互相傳錄，于是本之名遂由竹移之紙，而一切書皆可稱本矣。」

〔註3〕吳嘯英〈"本"的發展史略和我們的善本觀〉，《廈門大學學報》（哲社版）第一期，1989年，頁131。

〔註4〕元·脫脫《宋史（九）》，收錄於《百衲本二十四史》，台北：台灣商務印書館，1981年1月臺五版，頁5175。

> 板印書籍，唐人尚未盛爲之，自馮瀛王始印五經，已後典籍皆爲板本。〔註5〕

宋眞宗咸平（西元998～1003年）初年，爲「版本」二字合用之始。〔註6〕而「版本」與「傳寫」相對言之，當爲印本書之專稱。其意指以雕刻好文字之木版所印製而成之圖書本子，與寫本、拓本等性質有所區別。宋·葉夢得《石林燕語》卷八云：

> 五代時馮道奏請，始官鏤六經板印行。國朝淳化中，復以《史記》、《前》、《後漢》付有司摹印，自是書籍刊鏤者益多，士大夫不復以藏書爲意，學者易於得書，其誦讀亦因滅裂。然板本初不是正，不無訛誤。世既一以板本爲正，而藏本日亡，其訛謬者遂不可正，甚可惜也。〔註7〕

《宋史》卷四三一〈邢昺傳〉亦云：

> 景德二年……上幸國子監閱庫書，問昺經版幾何？昺曰：「國初不及四千，今十餘萬，經傳正義皆具。臣少從師業儒時，經具有疏者，百無一二，蓋力不能傳寫。今板本大備，士庶家皆有之，斯乃儒者逢辰之幸也。」〔註8〕

由上可窺知，宋代所謂「版本」，單指雕印之書本，即刻本，藉以區別寫本。然於元、明之後，書籍刻印日多，同一書籍因編輯、傳抄、印刷、裝訂等不同而產生不同本子，藏書家著錄所藏時，亦寫刻並列，致「版本」二字之涵義，由單一轉爲複雜，〔註9〕並隨雕版印刷術及圖書製作方式之發展而逐漸擴大，成爲一書各種本子之總稱。凡歷代寫本、刻本、校本、稿本、活字本、套印本、插圖本、石印本等均屬版本之範疇。

以上略釋「版本」義，爲本章題之前導。繼之，所要論述重點，爲各版本藏經〔註10〕收錄《歷代三寶紀》之情形。由前章本書之撰述背景中，知佛

〔註5〕宋·沈括《夢溪筆談》，輯入《景印文淵閣四庫全書》第862冊，卷18，頁807。

〔註6〕曹之著《中國古籍版本學》，台北：洪葉文化事業有限公司，1994年11月初版，頁11。

〔註7〕宋·葉夢得《石林燕語》，輯入《景印文淵閣四庫全書》第863冊，卷8，頁605。

〔註8〕元·脫脫《宋史（九）》，收錄於《百衲本二十四史》，台北：台灣商務印書館，1981年1月臺五版，頁5162～5163。

〔註9〕李清志著《古書版本鑑定研究》，台北：文史哲出版社，1986年9月初版，頁1。

〔註10〕「藏經」一名「大藏經」又名「一切經」，乃以經、律、論三藏爲中心之佛教典籍總集，亦泛指佛教一切經典而言。

經傳入中國至南北朝時，翻譯數量已甚爲可觀。於今中國漢藏爲世界最豐富
及完備之佛教經典，然漢譯藏經之流傳，於印刷術未發明前，全賴繕抄，至
宋太祖開寶四年（西元 971 年），「勅高品、張從信，往益州雕《大藏經》板。」
〔註 11〕，歷經十二年，迄太宗太平興國八年（西元 983 年）而告竣，〔註 12〕
此爲中國開雕大藏經之始，亦爲中國佛教史上一件大事。中國歷朝經藏，於
《大藏經》未刊刻前，佛典目錄多爲專著；雕版印刷後，佛典目錄則多以藏
經爲主，而藏經內容悉依《開元釋教錄》。現以《大正藏》收錄之佛典目錄
及《昭和法寶總目錄》收錄之大藏經各版本，記載《歷代三寶紀》之情形，
分別考釋之。

第一節　寫本藏經目錄

　　膽抄曰「寫」，故抄本亦曰「寫本」。此處寫本藏經目錄即指手抄本之入藏
經錄。北宋・葉夢得《石林燕語》卷八云：「唐以前凡書籍皆寫本，未有摹印之
法。」〔註 13〕故《大藏經》未開雕以前，佛經弘布流通，大多賴紙墨抄繕，卷
帙寫傳，即以抄寫本形式流傳于各大寺院和民間。今《大正藏》載有唐代經錄
十部，其中靜泰《眾經目錄》、道宣《續大唐內典錄》、靖邁《古今譯經圖記》、
智昇《續古今譯經圖紀》、《大周刊定眾經目錄》及圓照《大唐貞元續開元釋教
錄》等六部未載《歷代三寶紀》資料，尚餘四部，茲製一表並分述之。

經　錄　名　稱	作　者	本　錄　出　處	記　載　之　內　容
《大唐內典錄》	釋道宣	1. 卷五〈隋朝傳譯佛經錄第十七〉 2. 卷十〈歷代道俗述作注解錄第六〉 3. 卷十〈歷代所出眾經錄目第九〉	1. 《開皇三寶錄》一十五卷，右一部，翻經學士成都費長房所撰。 2. 隋朝翻經學士費長房撰《開皇三寶錄》一十五卷。 3. 《開皇三寶錄》（開皇十七年大興善寺翻經學士費長房撰）合一十五卷。

〔註 11〕宋・志磐《佛祖統紀》，收錄於《大正新修大藏經》第 49 冊，卷 43，頁 396。
　　　　「益州」乃今之成都。
〔註 12〕太宗太平興國八年（西元 983 年）「成都先奉太祖勅造大藏經，板成奉上。」
　　　　見宋・志磐《佛祖統紀》，收錄於《大正新修大藏經》第 49 冊，卷 43，頁 398。
〔註 13〕宋・葉夢得《石林燕語》，輯入《景印文淵閣四庫全書》第 863 冊，卷 8，頁
　　　　605。

《開元釋教錄》	釋智昇	1. 卷七〈總括群經錄上之七〉	1. 《開皇三寶錄》十五卷（開皇十七年十二月十三日上，內題云《歷代三寶紀》。見《內典錄》及《續高僧傳》）右一部，一十五卷見在。
		2. 卷十〈總括群經錄上之十敘列今古諸家目錄〉	2. 隋《開皇三寶錄》一十五卷（內題云《歷代三寶記》開皇十七年興善寺翻經學士成都費長房撰）。
		3. 卷十三〈別分乘藏錄下·有譯有本錄中聖賢傳記錄第三·此方撰述集傳〉	3. 《開皇三寶錄》十五卷（內題云《歷代三寶記》）隋開皇十七年翻經學士成都費長房撰（出《內典錄》新編入藏）。
		4. 卷十七〈別錄中補闕拾遺錄第五〉	4. 《開皇三寶錄》十五卷（內題云《歷代三寶記》）隋翻經學士費長房撰。
		5. 卷二十〈小乘入藏錄下·賢聖集〉	5. 《開皇三寶錄》十五卷（內題云《歷代三寶紀》）三百八紙。
		6. 卷二十〈開元釋教目錄·小乘入藏錄下·賢聖集〉	6. 《開皇三寶錄》十五卷（內題云《歷代三寶紀》，三百八紙）隋學士費長房撰。
《開元釋教錄略出》	釋智昇	卷四〈此方撰述集傳〉	《開皇三寶錄》十五卷（內題云《歷代三寶紀》）隋開皇十七年翻經學士成都費長房撰。
《貞元新定釋教目錄》	釋圓照	1. 卷十〈總集群經錄上之十〉	1. 《開皇三寶錄》十五卷（開皇十七年十二月二十三日上，內題云《歷代三寶紀》，見《內典錄》及《續高僧傳》）右一部，一十五卷見在。
		2. 卷十八〈總集群經錄上之十八敘列古今諸家目錄之一〉	2. 隋《開皇三寶錄》一十五卷（內題云《歷代三寶紀》）開皇十七年興善寺翻經學士成都費長房撰。
		3. 卷二十三〈有譯有本錄中聖賢傳記錄第三·此方撰述集傳〉	3. 《開皇三寶錄》十五卷（內題云《歷代三寶記》）隋開皇七年翻經學士成都費長房撰（出《內典錄》新編入藏）。
		4. 卷二十七〈別錄中補闕拾遺錄第五〉	4. 《開皇三寶錄》十五卷（內題云《歷代三寶記》）隋翻經學士費長房撰。
		5. 卷三十〈小乘入藏錄下·賢聖集〉	5. 《開皇三寶錄》十五卷（內題云《歷代三寶紀》）三百八紙。

一、《大唐內典錄》

　　此錄簡稱《內典錄》，唐釋道宣撰，十卷。成書於唐高宗麟德元年（西元
664 年）。通行本有《大正藏》第五十五冊本等。此經錄共分十錄，卷一至卷五
〈歷代眾經傳譯所從錄第一〉，卷六及卷七〈歷代翻本單重人代存亡錄第二〉，
卷八〈歷代眾經總撮入藏錄第三〉，卷九〈歷代眾經舉要轉讀錄第四〉，卷十〈歷
代眾經有目闕本錄第五〉、〈歷代道俗述作注解錄第六〉、〈歷代諸經支流陳化錄
第七〉、〈歷代所出疑偽經論錄第八〉、〈歷代眾經錄目終始序第九〉又稱〈歷代
所出眾經錄目第九〉、〈歷代眾經感應興敬錄第十〉。共收錄後漢迄唐十八個朝
代，翻譯或撰作之佛典凡二千二百三十二部，七千二百卷。〔註14〕此錄不載《歷
代三寶紀》之名，而以卷外題云《開皇三寶錄》稱之，其於卷五〈歷代眾經傳
譯所從錄第一·隋朝傳譯佛經錄第十七〉及卷十〈歷代道俗述作注解錄第六〉、
〈歷代眾經錄目終始序第九〉等三處分錄之。現分別考釋如次：

（一）卷五〈歷代眾經傳譯所從錄第一·隋朝傳譯佛經錄第十七〉

　　《開皇三寶錄》一十五卷，右一部，翻經學士成都費長房所撰。

　　案：《大唐內典錄》卷一之〈歷代眾經傳譯所從錄第一〉條目注云：

　　　　謂代別出經及人述作，無非通法，並入經收，故隨經出。〔註15〕

此云歷代經錄分載譯者所譯出佛經、著作、小傳、及本土述作等，乃為通法，
今一併收入此譯經錄，故曰「傳譯所從錄」。《歷代三寶紀》為隋代本土述作
之經錄，且卷四至卷十二為代錄體例，故道宣將其收入此篇，錄之「隋朝傳
譯佛經錄第十七」中。

（二）卷十〈歷代道俗述作注解錄第六〉

　　隋朝翻經學士費長房撰《開皇三寶錄》一十五卷。

　　案：《大唐內典錄》卷一之〈歷代道俗述作注解錄第六〉條目注云：

　　　　謂注述聖言，用通未悟，前已雖顯，未足申明，今別題錄，使尋覽

　　　　易曉。〔註16〕

此云對佛陀所說之教法，加以注解或衍義，使其意義更加顯明，亦即經中問
答論議之一類，為佛經十二種體裁之一，今另題成一錄，使方便尋覽知曉。

〔註14〕見唐·道宣撰《大唐內典錄》卷一，頁 219。其中翻譯或撰作之佛典總數，不
　　　　含失譯經三百一十部五百三十八卷。
〔註15〕唐·道宣《大唐內典錄》，收錄於《大正新修大藏經》第 55 冊，卷 1，頁 219。
〔註16〕同上註。

道宣於此篇錄序亦云：「後代凡聖，解釋佛語，斯即是第十二部優波提舍經。」〔註17〕續云：「據唐言譯云論議也。」〔註18〕其義乃取「慧解，通敏能之。」由於「今人澆薄，多不鏡尋，致令前錄，同所輕削。」故「不能開俗，如不編次，則相從埋沒。」道宣有鑒於此，乃依僧祐《出三藏記集》「綜拾遺逸，續述經誥。」而「今敘其所綴爲始，餘則附錄列之。」故而別題〈歷代道俗述作注解錄第六〉。其略列諸代道俗所傳，由於經錄大多爲道俗之述作，列入此篇錄中並無不可，因之，費長房《歷代三寶紀》亦被輯入其內。

（三）卷十〈歷代所出眾經錄目第九〉

《開皇三寶錄》（開皇十七年大興善寺翻經學士費長房撰）合一十五卷。

案：《大唐內典錄》卷一之〈歷代眾經錄目終始序第九〉條目注云：

> 謂經錄代出，須識其源。〔註19〕

此云經錄代有所出，須知其源流，故立此篇。其收自《古經錄》迄於道宣之撰作《大唐內典錄》，而《歷代三寶紀》則以《開皇三寶錄》之名，收入此篇中。

以上爲《大唐內典錄》收錄《歷代三寶紀》之情形，其三處收錄此書，均以《開皇三寶錄》爲名，推論道宣之時，此書應以外題之名流傳於世。一十五卷，與今《大正藏》收錄之《歷代三寶紀》同。另，道宣《大唐內典錄》卷八，立〈歷代眾經總撮入藏錄第三〉篇，未收錄《歷代三寶紀》，蓋當時之入藏錄僅收錄經、律、論三藏，如道宣於此篇序云：

> 今則隨乘大小，據譯單重，經律論傳，條然取別。猶依舊例，未敢大分。〔註20〕

〔註17〕唐・道宣《大唐內典錄》，收錄於《大正新修大藏經》第 55 冊，卷 10，頁 326。優波提舍，爲梵語 upadeśa 之音譯。十二部經（佛經之十二種體裁或形式）之一。即隨（梵 upa）、示（梵 diś）之義。意譯作指示、教訓、顯示、宣說、論義、論義經、注解章句經。

〔註18〕此段所用之引文均出自唐・道宣《大唐內典錄》卷 10，頁 326。云：「據唐言譯云論議也，深有所以，名之爲議，義取慧解，通敏能之，非彼庸疎而得陳迹。故佛經東漸，自漢至唐，年過六百，代經偏正，道俗歸信，森若繁雲，毘贊正理，弘揚大化。世高創述於緣理，疊疊惟良。釋安甄解於持心，超然孤迥。沿斯以降，代有人焉，約准卷收，將二千卷。今人澆薄，多不鏡尋，致令前錄，同所輕削，所以通法，不能開俗。如不編次，則相從埋沒。昔齊末梁初，有鍾山定林寺僧祐律師，弘護在懷，綜拾遺逸，續述經誥，不負來寄。今敘其所綴爲始，餘則附錄列之。」

〔註19〕唐・道宣《大唐內典錄》，收錄於《大正新修大藏經》第 55 冊，卷 1，頁 219。

〔註20〕唐・道宣《大唐內典錄》，收錄於《大正新修大藏經》第 55 冊，卷 8，頁 302。

其所云「猶依舊例」，乃承襲費長房《歷代三寶紀》首創之入藏錄體例，故經錄類另立他篇，不收錄於入藏錄中。

二、《開元釋教錄》

　　此錄簡稱《開元錄》，釋智昇撰，二十卷。成書於開元十八年（西元 730 年）。通行本有《大正藏》第五十五冊本等。此經錄分三部分，卷一至卷十〈總括群經錄〉；卷十一至卷十八〈別分乘藏錄〉，下分有譯有本錄、有譯無本錄、支派別行錄、刪略繁重錄、補闕拾遺錄、疑惑再詳錄及偽妄亂真錄等七錄；卷十九至卷二十〈入藏錄〉，下分大乘入藏錄和小乘入藏錄二項，大乘入藏錄又分大乘經、律、論三目，小乘入藏錄亦同，分小乘經、律、論三目，末附賢聖集傳。共收錄佛典二千二百七十八部，七千四十六卷。〔註 21〕其於卷七〈總括群經錄上之七〉、卷十〈總括群經錄上之十・敘列今古諸家目錄〉、卷十三〈有譯有本錄中聖賢傳記錄第三・此方撰述集傳〉、卷十七〈別錄中補闕拾遺錄第五〉及卷二十〈小乘入藏錄下・賢聖集〉、〈開元釋教目錄卷第二十〉等六處著錄《歷代三寶紀》，現分述如次：

（一）卷七〈總括群經錄上之七〉

　　《開皇三寶錄》十五卷（開皇十七年十二月十三日上內題云《歷代三寶紀》見《內典錄》及《續高僧傳》）右一部一十五卷見在。

　　案：《開元釋教錄》卷一〈總括群經錄上〉條目云：

> 右從漢至唐所有翻述，具帝王年代并譯人本事，所出教等，以人代
> 先後為倫，不依三藏之次。〔註 22〕

此云〈總括群經錄〉乃收錄後漢明帝永平十年（西元 67 年）至唐玄宗開元十八年（西元 730 年），凡十九朝代六百六十四年間之佛教所譯經典目錄及譯者一百七十六人事略，兼述各代國姓、都市、帝系等，並以撰者年代先後為次，而不以經律論三藏排列。《歷代三寶紀》被收錄於〈總括群經錄上之七・隋楊氏都大興〉內，除載「《開皇三寶錄》十五卷（開皇十七年十二月十三日上，內題云《歷代三寶紀》。見《內典錄》及《續高僧傳》）右一部一十五卷見在。」

〔註 21〕「所出大小二乘三藏聖教，及聖賢集傳并及失譯，總二千二百七十八部，都合七千四十六卷。其見行闕本，並該前數。」見唐・智昇《開元釋教錄》，收錄於《大正新修大藏經》第 55 冊，卷 1，頁 477。

〔註 22〕唐・智昇《開元釋教錄》，收錄於《大正新修大藏經》第 55 冊，卷 1，頁 477。

外，後並附序傳，方便讀者查閱。

（二）卷十〈總括群經錄上之十・敘列今古諸家目錄〉

隋《開皇三寶錄》一十五卷（內題云《歷代三寶記》開皇十七年興善寺翻經學士成都費長房撰）。

案：《開元釋教錄》卷一〈總括群經錄上〉條目云：

> 兼敘目錄新舊同異。〔註23〕

此云敘列古今諸家經錄分類體例之同異。此卷十與前之卷七同為〈總括群經錄〉，然智昇為比較新舊經錄分類體例之同異，而於〈總括群經錄〉卷十附載之，並題為「敘列今古諸家目錄」，以區分與前九卷之不同。其載《開皇三寶錄》一十五卷，並詳列卷一至卷十五之分類體例，如於《歷代三寶紀》第一（帝年上周秦）之條目下，簡述「從周莊王他十年甲午，至秦始皇帝子，子嬰甲午年，凡二十六主，四百八十一載。」等，其所著錄卷數與分類體例，與今《大正藏》本《歷代三寶紀》同。

（三）卷十三〈別分乘藏錄下・有譯有本錄中聖賢傳記錄第三・此方撰述集傳〉

《開皇三寶錄》十五卷（內題云《歷代三寶記》），隋開皇十七年翻經學士成都費長房撰（出《內典錄》，新編入藏）。

案：《開元釋教錄》卷十三〈有譯有本錄中聖賢傳記錄第三〉序云：

> 傳記錄者，佛圓寂後聖賢弟子之所撰集。雖非三藏正典，然亦助揚玄化，於此之中，總為五類。一讚揚佛德；二明法真理；三述僧行軌；四摧邪護法；五外宗異執。讚佛德者，《所行讚傳》、《釋迦譜》等也。明法理者，《修行道地經》、《經律異相》等也。述僧行者，《龍樹》、《馬鳴》、《法顯》、《玄奘》等傳也。摧邪護法者，《辯正》、《弘明》、《破邪》、《辯惑論》等也。外宗異計者，《數》、《勝》二論是也。〔註24〕

此序所云淺顯明白，傳記錄可分五類，然《歷代三寶紀》非歸入此中，考《開元釋教錄》卷十三云：

> 又於此中，更開二例。梵本翻譯者居先，此土傳揚者於後，庶東西

〔註23〕同上註。

〔註24〕唐・智昇《開元釋教錄》，收錄於《大正新修大藏經》第55冊，卷13，頁621。

不雜，覽者除疑焉。〔註25〕

由此獲悉爲使梵漢著作不相混雜，厥於五類中另開二例，而「此土傳揚者」，乃指「此方撰述集傳」一目而言。《歷代三寶紀》於《大唐內典錄》卷五〈歷代眾經傳譯所從錄〉中即以此土述作被收錄，此處亦同，被收入〈此方撰述集傳〉。此類目條下末注云「出《內典錄》，新編入藏。」前文已考《內典錄》收錄《歷代三寶紀》之情形，並知未收錄於其書〈入藏錄〉中，故此「新編入藏」，當指《開元釋教錄》將其新編至卷二十之〈入藏錄〉中。〔註26〕

（四）卷十七〈別錄中補闕拾遺錄第五〉

《開皇三寶錄》十五卷（內題云《歷代三寶紀》）隋翻經學士費長房撰。

案：《開元釋教錄》卷十七〈別錄中補闕拾遺錄第五〉云：

> 補拾錄者，謂舊錄闕題，新翻未載之類，今並詳而具之也。〔註27〕

〈別錄中補闕拾遺錄〉，此處「別錄」乃指〈別分乘藏錄〉，「補闕拾遺」即補新譯未載之闕，拾舊錄所漏之遺。〔註28〕而《歷代三寶紀》載入此篇錄中，似爲入藏作準備，智昇認爲其乃屬此方新撰傳記，見《開元釋教錄》卷十七云：

> 右《釋迦譜》下合四十部，三百六十八卷，並是此方所撰傳記，然
> 於大法禆助光揚，故補先闕編之見錄。〔註29〕

《歷代三寶紀》爲《釋迦譜》下合四十部之中一部。智昇將其歸於此方所撰傳記類，言「補先闕編之見錄」。由「補闕」二字則可知悉此四十部著述，未

〔註25〕同上註。

〔註26〕此說舉一例證之，如智昇《開元釋教錄》卷13〈別分乘藏錄〉，頁624，云：「《續集古今佛道論衡》一卷，大唐西崇福寺沙門釋智昇撰（新編入藏）。」此書爲智昇新撰之作，故又載於卷17〈別錄中補闕拾遺錄〉，云：「《續集古今佛道論衡》一卷，大唐沙門釋智昇撰。」由於前謂「新編入藏」，因之，又收錄於卷20〈入藏錄・賢聖集〉，頁691，云：「《續集古今佛道論衡》一卷，三十紙，上三集十七卷二帙（上帙八，下帙九）。」綜上所述，智昇於〈別分乘藏錄〉所注之「新編入藏」，當指後之〈入藏錄〉而言。

〔註27〕唐・智昇《開元釋教錄》，收錄於《大正新修大藏經》第55冊，卷17，頁666。

〔註28〕見《開元釋教錄》卷17，頁668，云：「已上〈賢聖集傳〉三十六部，拾遺編入。右《文殊問署經》下一百六十四部，合二百五卷，並是舊譯經律論經，大周廣錄有目，入藏之內並無。闕本錄中有載不載，或有同錄遺漏，諸錄有者，今並拾遺，編入藏錄。」同卷，頁670，云;：「右《花嚴經》下九十六部，合五百二十八卷，並是《大周刊定錄》後新譯，所以前錄未載，今並補闕，編入藏錄。」由上二引文，知智昇言舊錄遺漏爲拾遺，新譯未載爲補闕。而所謂「舊錄」，即指《大周刊定眾經目錄》。

〔註29〕唐・智昇《開元釋教錄》，收錄於《大正新修大藏經》第55冊，卷17，頁671。

載於《大周刊定眾經目錄》，故智昇補其闕，先編於此，以備新編入藏。

（五）卷二十〈小乘入藏錄下・賢聖集〉

《開皇三寶錄》十五卷（內題云《歷代三寶紀》）三百八紙。

案：《開元釋教錄》卷二十〈小乘入藏錄下〉注云：

> 小乘經律論總三百三十部，一千七百六十二卷，一百六十五帙。〈賢
> 聖集傳〉附此卷末，此直列經名及標紙數，餘如廣錄。〔註30〕

此處所收錄之佛典，均簡列經名及標紙數，故僅記「《開皇三寶錄》十五卷，三百八紙」耳。《開元釋教錄》為首將《歷代三寶紀》新編入藏，由於乃此土賢德所撰，合於智昇所云：

> 此方賢德撰集，然於大法，禪助光揚，季代維持，寔為綱要，故編
> 此錄，繕布流行。若寫藏經，隨情取捨，諸餘傳記，雖涉釋宗，非
> 護法者，此中不錄。都計小乘經律論及賢聖集傳，見流行者。〔註31〕

《開元釋教錄》以此方賢德所撰，若有益佛法之發揚流傳，並具護法之功能，理宜入藏。由於《歷代三寶紀》合於入藏標準，故智昇將其新編入藏。

（六）卷二十〈開元釋教目錄卷第二十・小乘入藏錄下・賢聖集〉

《開皇三寶錄》十五卷（內題云《歷代三寶紀》三百八紙）隋學士費長房撰。

案：此為〈入藏錄〉之目錄，內容與前卷二十〈小乘入藏錄下・賢聖集〉同，僅加載撰者之名。

以上為《開元釋教錄》收錄《歷代三寶紀》之情形，其六處收錄此書雖以《開皇三寶錄》為名，但首次加注「內題云《歷代三寶紀》」之語，故以智昇為始，漸注意內題名所表達之涵義，似較接近其書之體例。此外，智昇首將《歷代三寶紀》十五卷，新編入藏，使其得隨藏經流傳至今，此肇端之功不可沒也。

三、《開元釋教錄略出》

此書為《開元釋教錄》第十九、二十卷之見定流行入藏目，唐・釋智昇撰，〔註32〕四卷。成書於開元十八年（西元730年）。通行本有《大正藏》第

〔註30〕同上註，卷20，頁691。

〔註31〕同上註，卷13，頁625。

〔註32〕近代學者對《開元釋教錄略出》是否為智昇所撰存疑，然因史料缺乏，無一論斷。昔有《莊子》、《荀子》二書，均見有後人增益之跡，然世人亦稱莊子

五十五冊本等。本書為西崇福寺之經藏索引，除標明部類，並注千字文次第，以示順序。其收錄《歷代三寶紀》僅一處，考釋如下：

卷四〈此方撰述集傳〉

《開皇三寶錄》十五卷（內題云《歷代三寶紀》），隋開皇十七年翻經學士成都費長房撰。

案：《開元釋教錄略出》雖為《開元釋教錄》之簡明目錄，然其所收錄之內容均為入藏目錄，除登載經論錄名外，又按其入藏之順序配置千字文號於下，考書中所載《歷代三寶紀》十五卷分成兩帙，〔註33〕各編入「設」、「席」二號，〔註34〕其中「席」字號，因卷數不足一帙之故，而與隋之翻經沙門及學士等撰《眾經目錄》五卷，合成同一帙。

四、《貞元新定釋教目錄》

此錄簡稱《貞元釋教錄》或《貞元錄》，釋圓照撰，三十卷。成書於唐德宗貞元十五年（西元794年）。通行本有《大正藏》第五十五冊本等。本書分二部分，卷一至卷十九〈總錄〉，下分特承恩旨錄、總集群經錄；卷二十至卷三十〈別錄〉，下分乘藏差殊錄、賢聖集傳錄，共收錄佛典二千四百四十七部，七千三百九十九卷。〔註35〕此書於卷十〈總集群經錄上之十〉、卷十八〈總集群經錄上之十八敘列古今諸家目錄之一〉、卷二十三〈有譯有本錄中聖賢傳記錄第三·此方撰述集傳〉、卷二十七〈別錄中補闕拾遺錄第五〉及卷三十〈賢聖集〉等五處載有《歷代三寶紀》，然皆迻錄自《開元釋教錄》，茲製一對照表如下：

撰、荀子撰。同此，《略出》有可能為後人依《開元釋教錄》之十九、二十卷鈔錄之傳本，並添加千字文帙號，故應可稱其為智昇之作。

〔註33〕千字文之編帙，按篇幅之多少而分，篇幅則以卷數、紙數為考慮，大致上每帙為一百至二百張紙左右，或為十卷經。遇短之小經，一帙亦可能為二十多卷甚或更多卷之經。《歷代三寶紀》據智昇載有三百八紙，十五卷，依分帙之方法而分，不足二帙，超出一帙之部份，若與小經合，則可滿二帙，然單就此書而言，應分成兩帙無疑。

〔註34〕此據《開元釋教錄略出》卷4，頁745，云：「《開皇三寶錄》十五卷（內題云《歷代三寶紀》）隋開皇十七年翻經學士成都費長房撰。《眾經目錄》五卷，隋仁壽二年勅翻經沙門及學士等撰。上二集，二十卷，二帙計三百五十三紙，「設」、「席」。」

〔註35〕「所出大小二乘，三藏聖教，及賢聖集傳并及失譯，總二千四百四十七部，（內新加一百三十九部矣）合七千三百九十九卷。」見唐·圓照《貞元新定釋教目錄》，收錄於《大正新修大藏經》第55冊，卷1，頁771。

《貞元新定釋教目錄》	《開元釋教錄》
1、卷十〈總集群經錄上之十〉 《開皇三寶錄》十五卷（開皇十七年十二月<u>二十三日</u>上，內題云《歷代三寶紀》，見《內典錄》及《續高僧傳》。）右一部，一十五卷見在。	1、卷七〈總括群經錄上之七〉 《開皇三寶錄》十五卷（開皇十七年十二月<u>十三日</u>上，內題云《歷代三寶紀》，見《內典錄》及《續高僧傳》。）右一部，一十五卷見在。
2、卷十八〈總集群經錄上之十八・敘列古今諸家目錄之一〉 隋《開皇三寶錄》一十五卷（內題云《歷代三寶紀》）開皇十七年興善寺翻經學士成都費長房撰。	2、卷十〈總括群經錄上之十・敘列今古諸家目錄〉 隋《開皇三寶錄》一十五卷（內題云《歷代三寶記》）開皇十七年興善寺翻經學士成都費長房撰）。
3、卷二十三〈別錄之四・有譯有本錄中聖賢傳記錄第三・此方撰述集傳〉 《開皇三寶錄》十五卷（內題云《歷代三寶記》）隋<u>開皇七年</u>翻經學士成都費長房撰（出《內典錄》新編入藏）。	3、卷十三〈別分乘藏錄下・有譯有本錄中聖賢傳記錄第三・此方撰述集傳〉 《開皇三寶錄》十五卷（內題云《歷代三寶記》）隋<u>開皇十七年</u>翻經學士成都費長房撰（出《內典錄》新編入藏）。
4、卷二十七〈別錄中補闕拾遺錄第五〉 《開皇三寶錄》十五卷（內題云《歷代三寶記》）隋翻經學士費長房撰。	4、卷十七〈別錄中補闕拾遺錄第五〉 《開皇三寶錄》十五卷（內題云《歷代三寶紀》）隋翻經學士費長房撰。
5、卷三十〈小乘入藏錄下・賢聖集〉 《開皇三寶錄》十五卷（內題云《歷代三寶紀》）三百八紙。	5、卷二十〈小乘入藏錄下・賢聖集〉 《開皇三寶錄》十五卷（內題云《歷代三寶紀》）三百八紙。

由上之對照表，知悉《貞元新定釋教目錄》收錄《歷代三寶紀》之情形，於體例內容上大致與《開元釋教錄》同，僅於標有底線二處有異，現分述如次：

（一）卷十〈總集群經錄上之十〉

《開皇三寶錄》十五卷（開皇十七年十二月二十三日上，內題云《歷代三寶紀》，見《內典錄》及《續高僧傳》。）右一部，一十五卷見在。

案：《貞元新定釋教目錄》卷十成書日期載「二十三日」，而今之《大正藏》所收錄之《開元釋教錄》則云「十三日」，下注宋、元、明本載「二十三日」。考《歷代三寶紀》卷十五〈總目序〉費長房親載「開皇十七年十二月二十三日，大興善寺翻經學士臣成都費長房上。」因此，《貞元新定釋教目錄》雖迻錄自《開元釋教錄》，然圓照所見本，應為當時之傳世本，其所載即為「二十三日」，不同於今之《大正藏》所載，故《貞元新定釋教目錄》所載之「二十三日」無誤。

（二）卷二十三〈別錄之四・有譯有本錄中聖賢傳記錄第三・此方撰述
集傳〉：

《開皇三寶錄》十五卷（內題云《歷代三寶記》）隋開皇七年翻經學士成
都費長房撰（出《內典錄》新編入藏）。

案：《貞元新定釋教目錄》載《歷代三寶紀》撰成年為「開皇七年」，《開
元釋教錄》則載「開皇十七年」，考《歷代三寶紀》卷十五〈總目序〉費長房
亦親載「開皇十七年」。故《貞元新定釋教目錄》云「開皇七年」，應有脫字，
於「七」字前脫一「十」字。

整體而言，《貞元新定釋教目錄》之分類全依《開元釋教錄》，惟〈總錄〉
內，增〈特旨承恩錄〉於〈總集群經錄〉之前；〈別錄〉內，析〈賢聖集傳錄〉
於〈乘藏差殊錄〉之後，又增入開元十八年後新譯入藏諸錄，由原二十卷之
基礎擴展為三十卷。故於收錄《歷代三寶紀》處，卷別上與《開元釋教錄》
有所不同。

第二節　刊本大藏經

刊印之版本，謂「刊本」。繼寫本之後，漢文大藏經自北宋初年開雕，以
《開寶藏》為始，迄今約有四十種，然有些版本於流傳過程中散失，完整保
存者僅數部而已。於此同時，佛經之單行本亦在雕印，而《歷代三寶紀》無
單刻本傳世。現參酌蔡運辰《二十五種藏經目錄對照考釋》卷上〈第一目錄
對照表〉，載歷代刊本大藏經著錄《歷代三寶紀》之情形，製一表如次：

序號	朝代	藏經名稱	存　佚	函　號	備　考
1	北宋	《開寶藏》	全藏已佚	設、席	作《開皇三寶錄》，內題云《歷代三寶記》。
2	北宋	《崇寧藏》	今存日本	設、席	
3	北宋	《毗盧藏》	全藏已佚	設、席	
4	約北宋	《金藏》	今存北京	筵、設	
5	南宋	《圓覺藏》	今存日本	設、席	
6	南宋	《資福藏》	今存北京	設、席	
7	南宋	《磧砂藏》甲	今存	設、席	
8	元	《普寧藏》	今存日本	設、席	
9	元	《磧砂藏》乙	今有影印本流通	設、席	

10	明	《南藏》	今存	主、云	
11	明	《北藏》	今存	營、桓	
12	明	《嘉興藏》	今有影印本流通	營、桓	
13	清	《龍藏》	今存	伊	一卷。
15	約宋	《麗藏》	今存	筵、設	高麗所刻。
16	約明	《天海藏》	今存	設、席	日本所刻。
17	約清	《縮刻藏》	今存	致	日本所刻。
18	約清	《卍字藏》	今存	三十	日本所刻。
19	約清	《緣山藏》	今存	設、席	作《開皇三寶錄》。日本所刻。
14	清末至民初	《頻伽藏》	今存	致	清藏僅收一卷。
20	約民初	《大正藏》	今存	史傳部	日本所刻。

　　除上表所列外，尚有現代鉛印及電腦排印版之《佛教大藏經》、《中華大藏經》、《佛光大藏經》等，均有收入。今以朝代分別考述上表所列各大藏經收入《歷代三寶紀》之函號及卷數如次：

一、宋　版

　　宋代雕印之大藏經主要含括北宋《開寶藏》、《崇寧藏》、《毗盧藏》及約於北宋時（西元 1148 至 1173 年）之金代《金藏》，南宋《圓覺藏》、《資福藏》及《磧砂藏》甲，合七種。分述如下：

（一）北宋《開寶藏》

　　此藏全名《開寶刊本大藏經》，又名《開寶大藏經》、《北宋敕版大藏經》、《蜀版大藏經》等，為官版，卷子本，〔註 36〕每版二十三行，每行十四字。為中國第一部木刻本大藏經，〔註 37〕今無全本，流傳之散卷亦少，〔註 38〕全

〔註36〕卷子本為古代書籍形式之一，係將長條書頁捲起，呈圓筒狀。而漢文佛典卷子本，通常以漿糊連接二十至三十張紙，書籍專用之紙，長約一尺，寬約一、二尺，一尺約二十五、六公分。書寫時依一尺寬之短邊平行縱寫，亦有依長邊平行而橫寫者，以視線可及之適當長度結束一行。又各種文字之書寫方向不同，閱讀卷子本時之放置方向隨之有異，如漢文、西夏文等由右而左直寫，卷末在左邊；粟特文、回紇文等由右而左橫寫，西藏文則由左而右橫寫，卷末皆在下方。

〔註37〕蔡運辰編著《二十五種藏經目錄對照考釋》卷下，頁 463，云：「唐智昇法師，

藏合四百八十帙，千字文帙號爲「天」至「英」字，收錄佛經五千零四十餘卷。〔註39〕

　　案：《開寶藏》作《開皇三寶錄》十五卷，並注「內題云《歷代三寶記》」。此藏乃依據《開元釋教錄略出》稍作變動編成。據蔡念生〈三十一種藏經目錄解說〉云：「今日《開寶》原本，雖不可見，由《開元釋教錄》尚可得其彷彿。」〔註40〕呂澂先生亦認爲，蜀版之內容，最初刻成之部分全用《開元釋教錄》入藏寫經爲底本。〔註41〕又，周叔迦〈大藏經雕印源流紀略〉云：「考五千四十八卷及四百八十函均與《開元釋教錄》中入藏錄所載數目一致。」〔註42〕綜上觀之，《開寶藏》乃以《開元釋教錄》末二卷入藏錄爲底本，而《開元釋教錄略出》亦據此入藏錄爲底本，加註千字文編排次第，以爲後代刻經之根據。因之，《開寶藏》既以《開元釋教錄》入藏錄刊刻，則其錄入《歷代三寶紀》函號，應依《開元釋教錄略出》所載爲設、席二帙。

（二）北宋《崇寧藏》

　　此藏全名《福州東禪等覺院大藏經》，又名《東禪寺大藏經》、《崇寧萬壽大藏》、《崇寧萬壽藏》、《東禪寺本》等，爲私版，經折裝，〔註43〕每版折成五面，即五個半頁，每半頁六行，每行十七字，每版三十行。始刻於北宋神宗元豐三年（西元 1080 年），由東禪等覺院住持冲眞發起，經慧榮、智華、智賢、普明等募集眾緣，至徽宗崇寧二年（西元 1103 年）告竣。全藏自「天」字函至「英」字函，凡四百八十函，收經一千八十七部。與《開元釋教錄略

　　　　續作《開元釋教錄》三十卷，以最後二卷爲入藏錄。宋太祖開寶四年，據此入藏錄刻版，是爲我國第一部藏經，亦爲我國第一部大量版刻。」
〔註38〕尚存之散本有《大般若經》卷二百六、卷五百八十一、《大方等大集經》卷四十三、《阿惟越致遮經》卷上、《中論》卷二（殘缺）、《雜阿含經》卷三十九、《華嚴經》卷一、《佛本行集經》卷十九、《十誦尼律》卷四十六、《龍樹菩薩勸戒王頌》一卷等。見陳士強著《中國佛教百科叢書——經典卷》，台北：佛光文化事業有限公司，1999 年 8 月初版，頁 548～549。
〔註39〕呂澂著《歷朝藏經略考》，台北：大千出版社，2003 年 3 月初版，頁 2。
〔註40〕蔡念生〈三十一種藏經目錄解說〉收錄於《大藏經研究彙編（下）》，張曼濤編《現代佛學學術叢刊》，台北：大乘文化出版社，1977 年 9 月初版，頁 224。
〔註41〕呂澂著《歷朝藏經略考》，台北：大千出版社，2003 年 3 月初版，頁 2。
〔註42〕周叔迦〈大藏經雕印源流紀略〉收錄於《大藏經研究彙編（上）》，張曼濤編《現代佛學學術叢刊》，台北：大乘文化出版社，1977 年 6 月初版，頁 69。
〔註43〕經折裝，乃是將一幅長卷，沿書文版面間隙，一反一正地折疊起來，形成長方形之一疊，並於首末二頁各加以硬紙之裝訂形式。

出》相比，《崇寧藏》初刻本所收經典有增有減，前後順序亦有出入。此藏今存，見於日本宮內省、高野山勸學院、高野山上醍醐寺、京都東寺均存有全藏，然其中印本亦有以福州開元寺刻之《毗盧藏》加以補闕者，故今日本見存之《崇寧藏》實爲兩藏之混合本。﹝註44﹞

案：《昭和法寶總目錄》第一卷，收有《東寺經藏一切經目錄》，其載《歷代三寶紀》函號及卷數如次：

> 設　　1053　《歷代三寶記》十卷（卷第一、第五、第七、第八，元
> 　　　　　　　祐八年十一月刊；卷第二、第四、第六、第九同年十月
> 　　　　　　　刊；卷第三同年十二月刊；卷第十紹興十八年閏八月刊；
> 　　　　　　　附音釋一帖）一帙
> 席　　　　　同經（自卷第十一至卷第十五。元祐六年正月刊）﹝註45﹞

同書第三卷收錄《福州東禪大藏經目錄》云：

> 設　　《開皇三寶錄》一十卷
> 席　　《眾經目錄》共十卷﹝註46﹞

由上獲悉《崇寧藏》著錄《歷代三寶記》十五卷，千字文帙號爲「設」與「席」二帙，其中「席」字函與《眾經目錄》合帙。

（三）北宋《毗盧藏》

此藏全名《福州開元寺大藏經》，又名《毗盧大藏經》、《開元寺大藏經》、《福州開元寺本》，爲私版，經折裝，版式同《崇寧藏》。宋徽宗政和二年（西元1112年）福州開元寺僧本悟等募刻大藏，至高宗紹興二十一年（西元1151年）完竣。全藏自「天」字函至「勿」字函，凡五百六十四函。﹝註47﹞

案：據蔡念生〈三十一種藏經目錄解說・毗盧大藏經目錄〉云：「目錄一卷，載於《昭和總目》五，名爲《宮內省圖書寮一切經目錄》。」﹝註48﹞今考

﹝註44﹞陳士強著《中國佛教百科叢書——經典卷》，台北：佛光文化事業有限公司，1999年8月初版，頁550～553。

﹝註45﹞此五卷與《眾經目錄》五卷，合十卷爲一帙，同「席」字函。

﹝註46﹞此《眾經目錄》僅五卷，爲隋仁壽二年勅翻經沙門及學士等撰，故其中五卷爲前書所有。

﹝註47﹞周叔迦〈大藏經雕印源流紀略〉收錄於《大藏經研究彙編（上）》，張曼濤編《現代佛學學術叢刊》，台北：大乘文化出版社，1977年6月初版，頁72。

﹝註48﹞蔡念生〈三十一種藏經目錄解說〉收錄於《大藏經研究彙編（下）》，張曼濤編《現代佛學學術叢刊》，台北：大乘文化出版社，1977年9月初版，頁236。

《昭和法寶總目錄》卷一，收錄《宮內省圖書寮一切經目錄》載《歷代三寶紀》之情形如次：

設字號

《歷代三寶記》　　（隋臣費長房撰　一～一○　十帖　紹興一八·閏八）

席字號

同　上　　　　　　（同上　一一～一五　六帖　紹興一八·閏八）

由上所載「席」字號處，從卷十一至卷十五應為五帖，此處所載作「六帖」蓋訛。故《毗盧藏》著錄《歷代三寶記》合十五卷，函號為「設」與「席」二帙，其中「席」字號與《眾經目錄》五卷合帙。

（四）約北宋時之金代《金藏》

此藏又稱《解州天寧寺大藏經》、《金版大藏經》、《天寧藏》、《趙城藏》，屬私版，卷子本，版式不一。全藏自「天」字函至「幾」字函，凡六百八十二函，收經約一千七百七十部，七千餘卷。〔註49〕

案：蔡運辰《二十五種藏經目錄對照考釋》云：

《金藏》為女子崔法珍斷臂募刻。據現存題記，始於皇統九年（1149）終於大定十三年（1173），因設會於解州天寧寺，又稱《天寧藏》，全藏及目錄亦佚，民國二十二年，釋範成在山西趙城廣勝寺發現，故又稱《趙城藏》。〔註50〕

又，蔣唯心〈金藏雕印始末考〉云：

晉南趙城廣勝寺，舊有大藏經數千卷，年來稍稍流傳於外，內院嘗勘其零本，審為金元故物，而資料缺乏，未能詳其究竟也。今秋，余謹喞師命，前往檢校。〔註51〕

經蔣唯心先生檢校結果，錄有〈廣勝寺大藏經簡目〉，今考此目載《歷代三寶紀》函號及卷數如下：

此處所云《宮內省圖書寮一切經目錄》，經翻檢《昭和法寶總目錄》，非「載於《昭和總目》五」，而是載於《昭和總目》六。

〔註49〕據蔣唯心〈金藏雕印始末考·附廣勝寺大藏經簡目〉所列函號推算其部卷數。

〔註50〕蔡運辰編著《二十五種藏經目錄對照考釋》，台北：中華佛教文化館，1983年12月初版，頁495。

〔註51〕蔣唯心〈金藏雕印始末考〉收錄於《大藏經研究彙編（上）》，張曼濤編《現代佛學學術叢刊》，台北：大乘文化出版社，1977年6月初版，頁215。

（筵設）《歷代三寶記》等二部二十卷　　全存

此處二部二十卷指《歷代三寶紀》十五卷及《眾經目錄》五卷而言，合二十卷正可分兩帙，函號為「筵」、「設」，而蔡運辰先生所考之函號與此簡目同。

（五）南宋《圓覺藏》

此藏全名《湖州思溪圓覺禪院新雕大藏經律論等目錄》，又稱《安吉州思溪圓覺院大藏經》、《圓覺禪院大藏經》、《思溪圓覺藏》、《思溪版》。為私版，經折裝，折成五面，每面六行，每行十七字，每版三十行。全藏自「天」字函至「合」字函，凡五百四十八函，一千四百三十三部。

案：蔡運辰《二十五種藏經目錄對照考釋》云：

> 首為《前思溪藏》，刻於圓覺禪院，亦稱《圓覺藏》。目錄二卷，日
> 本高野山寶壽院所藏，載於《昭和總目》四六。〔註52〕

今考《昭和法寶總目錄》第三卷，四六《湖州思溪圓覺禪院新雕大藏經律論等目錄》卷下，載《歷代三寶紀》之函號與卷數如下：

設　席　　　《歷代三寶紀》十五卷

　　　　　　《眾經目錄》五卷

又，考小野玄妙《佛教經典總論》收錄《湖州思溪圓覺禪院新雕大藏經律論等目錄》所載：

【設、席】

1066　　　　《歷代三寶紀》十五卷

1067　　　　《眾經目錄》五卷〔註53〕

由上觀之，《佛教經典總論》載此藏較為詳細，所收錄之佛典均標有部號，餘與《昭和法寶總目錄》同。據此知《圓覺藏》作《歷代三寶紀》十五卷，並與《眾經目錄》五卷合為「設」、「席」二帙。

（六）南宋《資福藏》

此藏全名《安吉州思溪法寶資福禪寺大藏經》，又名《資福禪寺大藏經》、

〔註52〕蔡運辰編著《二十五種藏經目錄對照考釋》，台北：中華佛教文化館，1983
　　　　年12月初版，頁475。

〔註53〕小野玄妙著、楊白依譯《佛教經典總論》，台北：新文豐出版公司，1983年元
　　　　月初版，頁785。

《思溪資福藏》、《宋藏》，屬私版，經折裝，折成五面，每面六行，每行十七字，每版三十行。周叔迦云：「全藏自天字函至最字函，凡五百九十九函，一千四百六十四部。」〔註54〕

　　案：蔡運辰《二十五種藏經目錄對照考釋》云：

　　　　此為「後思溪藏」，宋寶慶元年（一二二五），改湖州為安吉州，故「圓覺」之名，冠以湖州，「資福」則冠以安吉。日本《縮刻藏緣起》謂「資福」雕於嘉熙三年（一二三九）。目錄一卷，載於《昭和總目》十一，此即《大正藏》所據宋本。〔註55〕

今考《昭和法寶總目錄》卷一，十一《吉州思溪法寶資福禪寺大藏經目錄》卷下，著錄《歷代三寶紀》題為：

　　設　席　1067　　《曆代三寶記》十五卷
　　　　　　　1068　　《眾經目錄》五卷

此處書名「曆」字與原本之「歷」字不同，此問題將於本章第三節傳本考異之書名考異中詳述。

（七）南宋《磧砂藏》甲

　　此藏全名《平江磧砂延聖院新雕藏經目錄》，又名《延聖禪院大藏經》、《延聖院本》，屬私版。《磧砂藏》甲為《磧砂藏》初刻時所編之目錄，全藏自「天」字函至「合」字函，凡五百四十八函，一千四百二十八部。〔註56〕

　　案：蔡運辰《二十五種藏經目錄對照考釋》云：

　　　　有題記可考者，起紹定四年（1231），至元英宗至治二年（1322）。歐陽漸影印序，考為寶慶初年（1225）開始，至正九年（1350）完

成，併元代改編而言。《昭和總目》十二載目錄二卷，後有端平元年
（1234）刻藏功德主迴向及藏主法忠並幹緣僧勸緣檀越題名，乃宋
代原編目錄。〔註57〕

為別於元編磧砂，宋代原編目錄，即指《端平目錄》，為宋編磧砂，簡稱《磧
甲》。今考《昭和法寶總目錄》卷一，十二《平江府磧砂延聖院新雕藏經律論
等目錄》卷下，著錄《歷代三寶紀》題為：

設　席　1064　《歷代三寶記》十五卷
　　　　1065　《眾經目錄》五卷

二、元、明、清版

元代雕印之大藏經主要有《普寧藏》及《磧砂藏》乙二種；而明代刊刻
之大藏經則含括《南藏》、《北藏》、《嘉興藏》等三種；至清代則有《龍藏》
一種，現分述如下：

（一）元《普寧藏》

此藏全名《杭州路餘杭縣白雲宗南山大普寧寺大藏經》，又名《普寧寺大
藏經》、《元藏》、《元版》，屬私版，經折裝，版式折成五個半頁，每半頁六行，
每版三十行，每行十七字。全藏自「天」字函至「約」字函，凡五百八十三
函，收經一千五百二十八部，六千三百二十卷。〔註58〕

案：小野玄妙《佛教經典總論》云：

自南宋末戊寅年（祥興元、至元十五年，A.D.1278）始，至至元二
十六年，前後費時十二年，而完成全藏之雕造。〔註59〕

又，蔡運辰《二十五種藏經目錄對照考釋》云：「《普寧藏》目錄四卷，
日本增上寺所藏，載於《昭和總目》二六。」〔註60〕今考《昭和法寶總目錄》
卷二，二六《杭州路餘杭縣白雲宗南山大普寧寺大藏經目錄》卷第三，著錄

〔註57〕蔡念生〈三十一種藏經目錄解說〉收錄於《大藏經研究彙編（下）》，張曼濤
　　　　編《現代佛學學術叢刊》，台北：大乘文化出版社，1977 年 9 月初版，頁 245。
〔註58〕陳士強著《中國佛教百科叢書——經典卷》，台北：佛光文化事業有限公司，
　　　　1999 年 8 月初版，頁 569。
〔註59〕小野玄妙著、楊白依譯《佛教經典總論》，台北：新文豐出版公司，1983 年元
　　　　月初版，頁 806。
〔註60〕蔡運辰編著《二十五種藏經目錄對照考釋》，台北：中華佛教文化館，1983
　　　　年 12 月初版，頁 483。

《歷代三寶紀》題爲：

　　　　　　　設十卷　　席十卷
　1069　　《歷代三寶記》十五卷
　　　　　　　《眾經目錄》五卷

（二）元《磧砂藏》乙

　　此藏全名《至元重編磧砂大藏經》，屬私版，經折裝，每版三十行，折成五面，每面六行，每行十七字。全藏自「天」字函至「煩」字函，凡五百九十一函，收經一千五百三十二部，六千三百六十二卷。〔註61〕

　　案：蔡運辰《二十五種藏經目錄對照考釋》云：

　　　民國二十年，朱慶瀾在陝西開元、臥龍二寺發現《磧砂藏》，整理影
　　　印，殘缺者以各本補之。〔註62〕

由朱慶瀾、葉恭綽、蔣維喬、範成和尚等組成之「影印宋版藏經委員會」，曾以開元、臥龍二寺所發現《磧砂藏》印本爲底本，藏內所缺經典以《資福藏》、《普寧藏》、《永樂南藏》、宋代景定陸道源本、元代亦黑迷失本等加以補足，編成《宋版磧砂大藏經》影印流通。〔註63〕另，胡適之先生於西元 1950 至 1952 年，擔任兩年美國普林斯敦大學「葛思德東方書庫」庫長時，發現此書庫收藏五千三百四十八本大藏經，更進一步證實其中二千三百多本宋刻和元刻藏經是磧砂延聖院之大藏原刻本，餘爲配補之明刻本。〔註64〕蔡運辰先生更據胡適之考證，詳解《磧砂藏》乙本與《普寧藏》、《磧砂藏》甲本間之出入，而《歷代三寶紀》於《磧砂藏》乙本中之函號，可從以下引言窺知：

　　　《磧乙》按函號順序，瑟吹二函，以《大周刊定眾經目錄》卷一至

〔註61〕蔡運辰編著《二十五種藏經目錄對照考釋》頁 487，云：「全藏天字至煩字五
　　　　百九十一函，歐陽漸序謂一千五百二十一部，六千三百十卷，例言謂一千五
　　　　百三十二部，六千三百六十二卷。核之例言爲是。」。

〔註62〕蔡運辰編著《二十五種藏經目錄對照考釋》，台北：中華佛教文化館，1983
　　　　年 12 月初版，頁 487。

〔註63〕陳士強著《中國佛教百科叢書──經典卷》，台北：佛光文化事業有限公司，
　　　　1999 年 8 月初版，頁 560。

〔註64〕胡適認爲此五千三百多本之鈔配《磧砂藏經》，不但七百本宋刻和一千六百多
　　　　本元刻是難得之原刻本，而二千一百多本十六世紀末年精鈔本也是可貴，八
　　　　百多本明《南藏》本和更少見之建文元年（1399）天龍山刻本亦是相當可貴。
　　　　見胡適〈記美國普林斯敦大學的葛思德東方書庫藏的「磧砂藏經」原本〉收
　　　　錄於《大藏經研究彙編（上）》，張曼濤編《現代佛學學術叢刊》，台北：大乘
　　　　文化出版社，1977 年 6 月初版，頁 284～287。

卷五爲瑟一至瑟五,《續大唐內典錄》爲瑟六,《續古今譯經圖紀》
爲瑟七,《古今譯經圖紀》卷一至卷四爲瑟八至瑟十一,復以《大周
刊定眾經目錄》卷六至十四及僞經目錄爲吹一至吹十。〔註65〕

《磧砂藏》乙本此處函號順序與甲本同,於《大周刊定眾經目錄》前爲鼓函
之《大唐內典錄》,再往前即是「設」「席」二函之《歷代三寶紀》與《眾經
目錄》,二書合二十卷,故分爲兩函。

(三)明《南藏》

此藏全名《大明三藏聖教南藏》,有二刻,一爲洪武五年時所刻之《洪武
南藏》,一爲永樂十年所刻之《永樂南藏》。前者今存於四川省圖書館,然僅
存印本。後者今存於濟南圖書館,又稱《再刻南藏》、《南藏》,爲官版,經折
裝,版式爲每版三十行,折成五面,每面六行,每行十七字。全藏自「天」
字函至「石」字函,凡六百三十六函,〔註66〕收經一千六百餘部。

案:蔡運辰《二十五種藏經目錄對照考釋》云:

> 濟南圖書館存有《南藏》全部,起天字至石字六百三十六函。《金陵
> 梵刹志》四十九載目錄一卷,後附請經修例,《昭和總目》二九照錄。
> 〔註67〕

今考《昭和法寶總目錄》卷二,二九《大明三藏聖教南藏目錄》,著錄《歷代
三寶紀》題爲:

<blockquote>

主　十卷一百八十九張尾半三張

1600　《歷代三寶記》

云　十卷二百一十二張尾半五張

《歷代三寶記》

1601　《一切經音義》
</blockquote>

此處載「主」、「云」二函,共收二十卷,據釋智旭《閱藏知津》卷四十四,
云:「《歷代三寶記》(十五卷　南主云北營桓)」另,《北藏》中亦載「《歷代

〔註65〕蔡運辰編著《二十五種藏經目錄對照考釋》,台北:中華佛教文化館,1983
年12月初版,頁493。

〔註66〕蔡念生〈三十一種藏經目錄解說〉收錄於《大藏經研究彙編(下)》,張曼濤
編《現代佛學學術叢刊》,台北:大乘文化出版社,1977年9月初版,頁257。

〔註67〕蔡運辰編著《二十五種藏經目錄對照考釋》,台北:中華佛教文化館,1983
年12月初版,頁499。

三寶紀》十五卷（南主云字）」由此知悉，《南藏》載《歷代三寶紀》為十五
卷，合《一切經音義》之前五卷，共二十卷，正可分成「主」、「云」二函。

（四）明《北藏》

此藏全名《大明三藏聖教北藏》，又名《永樂北藏》，屬官版，經折裝，折
成五個半頁，每半頁五行，每行十七字，每版二十五行。全藏自「天」字函至
「石」字函，凡六百三十六函，收經一千六百十五部，六千三百六十一卷。

案：蔡運辰《二十五種藏經目錄對照考釋》云：

> 明永樂八年（1410）為追薦皇考妣（擬〈御製序〉）在北京刻藏，至
> 英宗正統五年（1440）完成，起天字至石字六百三十六函為正藏。

〔註 68〕

又，周叔迦〈大藏經雕印源流紀略〉云：

> 神宗萬曆間，神宗母慈聖宣文明肅皇太后又續刻入藏集，自鉅字至
> 史字凡四十一函四百十卷。萬曆十二年神宗欽賜御製〈續入藏經
> 序〉。總計本、續凡六百七十函及目錄一函，此即《明史・藝文志》
> 所稱：「釋藏目錄四卷，佛經六百七十八函」是也。〔註 69〕

由上獲悉，《北藏》有初刻正藏與初刻續藏二刻，而兩者函號合之，乃自「天」
字函至「史」字函，周叔迦先生云「凡六百七十函」，此處脫一「七」字，應
以六百七十七函為正。〔註 70〕今考小野玄妙《佛教經典總論》收錄《大明三
藏聖教目錄》，著錄《歷代三寶紀》函號及卷數如下：

【營、桓】（五般作二函每函十卷）

1497	《歷代三寶紀》十五卷	（南主云字）
1498	《集諸經禮懺悔文》	（二卷今作四卷）
		（南功四般同）
1499	《說罪要行法》	
1500	《受用三水要行法》	
1501	《護命放生軌儀法》	（三法同卷）

〔註 68〕同上註，頁 505。

〔註 69〕周叔迦〈大藏經雕印源流紀略〉收錄於《大藏經研究彙編（上）》，張曼濤編
　　　　《現代佛學學術叢刊》，台北：大乘文化出版社，1977 年 6 月初版，頁 79。

〔註 70〕初刻正藏為「六百三十六函」，初刻續藏「凡四十一函」，合之應為六百七十
　　　　七函。

《北藏》載《歷代三寶紀》爲十五卷，函號爲「營」、「桓」兩函，其中「營」函十卷，「桓」函五卷併《集諸經禮懺悔文》四卷及《說罪要行法》、《受用三水要行法》、《護命放生軌儀法》三法同一卷，合爲十卷。

（五）明《嘉興藏》

此藏全名《明嘉興楞嚴寺方冊本大藏經》，又名《徑山藏》、《楞嚴寺版》、《方冊藏》，爲私版，方冊本，〔註71〕折成正、反兩面，每面十行，每行二十字。此藏今存，據葉恭綽《歷代藏經考略》言，北京嘉興寺、洞庭西山顯慶寺有正藏、續藏全部。〔註72〕此藏爲宋元明清官私版《大藏經》中，收錄佛教典籍最富者，全藏總計三百四十三函，收經二千零九十部，約一萬卷。〔註73〕

案：《嘉興藏》之刊刻，如蔡運辰《二十五種藏經目錄對照考釋》云：

> 明嘉隆間（嘉靖、隆慶，1522～1572）袁汾湖倡議刻藏，易梵篋爲方冊。萬曆七年（1579），紫柏復理此議，弟子道開（字密藏）、法本募緣開雕。……《嘉興藏》始刻於五臺，既而在各地分刻，並刻「續藏」、「又續藏」。〔註74〕

另，周叔迦〈大藏經雕印源流紀略〉云：

> 全藏編次全依北藏，末附北藏缺而南藏所收者四部。總有二百一十函。板式每頁二十行，每行二十字。其目錄名曰《藏經板直畫一目錄》。〔註75〕

此處「全藏編次全依北藏」，乃謂《嘉興藏》之「正藏」以《北藏》爲底本。今考《昭和法寶總目錄》卷二，二八《藏版經直畫一目錄》著錄《歷代三寶紀》卷數與函號如下：

1495　　《歷代三寶紀》（十五卷，四本附四般）　　營、桓二號，同五般

1496　　《集諸經禮懺悔文》四卷

〔註71〕方冊本，指與普通古籍一樣之線裝本。

〔註72〕葉恭綽〈歷代藏經考略〉收錄於《大藏經研究彙編（上）》，張曼濤編《現代佛學學術叢刊》，台北：大乘文化出版社，1977年6月初版，頁59。

〔註73〕陳士強著《中國佛教百科叢書——經典卷》，台北：佛光文化事業有限公司，1999年8月初版，頁583。

〔註74〕蔡運辰編著《二十五種藏經目錄對照考釋》，台北：中華佛教文化館，1983年12月初版，頁509。

〔註75〕周叔迦〈大藏經雕印源流紀略〉收錄於《大藏經研究彙編（上）》，張曼濤編《現代佛學學術叢刊》，台北：大乘文化出版社，1977年6月初版，頁80。

　　1497　《說罪要行法》

　　1498　《受用三水要行法》

　　1499　《護命放生軌儀法》三法同卷

上所列與《北藏》大致相同，均為十五卷，函號亦同，為營、桓二函，僅部號有異。

（六）清《龍藏》

　　此藏又稱《大清三藏聖教目錄》、《乾隆版大藏經》、《清藏》，為官版，經折裝，每版二十五行，每半頁五行，每行十七字。

　　案：據蔡念生〈三十一種藏經目錄解說〉云：

> 《龍藏》起天字至機字五百五十六函，由《北藏》正續一千六百五
> 十一部（不計藏末附錄五部），減三十七部，增四部，加奉旨入藏五
> 十一部（五十四部減藏內原有三部），及最末之《大清三藏聖教目錄》
> 一部，共一千六百七十部。內重出二部，說已見前，目錄五卷，乾
> 隆三年刊，載於《昭和總目》三十。〔註76〕

今考《昭和法寶總目錄》卷二，三十《大清三藏聖教目錄》卷五，著錄《歷代三寶紀》函號與卷數如下：

　　　　　　　　伊（四般同函）

　　1508　《菩薩戒義疏》二卷

　　1509　《歷代三寶紀》一卷

　　1510　《請觀音經疏》一卷

　　1511　《四教義》六卷

《龍藏》載《歷代三寶紀》為一卷，並與《菩薩戒義疏》、《請觀音經疏》、《四教義》合為四部，共十卷，收入「伊」字函內。

三、高麗、日本版

　　高麗和日本同屬北傳佛教文化圈，兩國之佛教均由中國傳入後，於本土扎根並發展。因此，兩國所使用之佛經，基本上與中國同，皆為漢文佛經。高麗雕印之大藏經稱《高麗藏》，日本刊刻之大藏經則有《天海藏》、《縮刻藏》、

〔註76〕蔡念生〈三十一種藏經目錄解說〉收錄於《大藏經研究彙編（下）》，張曼濤編《現代佛學學術叢刊》，台北：大乘文化出版社，1977年9月初版，頁276。

《卍字藏》、《緣山藏》等，現考其載《歷代三寶紀》函號與卷數如次：

（一）高麗《麗藏》（宋）

此藏全名《高麗再雕大藏經》，又稱《再雕高麗藏》、《再刻高麗藏》，先後開雕三版，一為《初刻高麗藏》，全藏已佚，一般咸認為高麗顯宗時所刻，以《開寶藏》初刻本為底本，增入《續開元錄》新編入藏經而成。二為《高麗續藏經》，又稱《續刻高麗藏》，全藏已佚。三為《再雕高麗藏》，今存。方冊本，每面二十三行，每行十四字。為日本《縮刷藏》、《大正藏》所用之底本。

　　案：蔡運辰《二十五種藏經目錄對照考釋》云：

> 高宗二十三年（1236，宋理宗端平三年）敕相國李奎報等以《初雕本》與《仿契丹藏》及《續藏》互校重刊，至三十八年（1251，宋理宗淳祐十一年）完成，是為《再雕藏》。總計四次刻藏，其《初雕藏》、《仿契丹藏》與《續藏》皆散佚。《再雕藏》版亦無存，日、韓各國尚有全帙，通稱《麗藏》，梵筴本天字至洞字六百三十九函，《昭和》二二載目錄三卷，名曰《大藏目錄》。〔註77〕

今考《昭和法寶總目錄》卷二，二二《大藏目錄》卷中，著錄《歷代三寶紀》函號與卷數如下：

　　　筵　　　函入十卷　入紙十三牒四張
　　1062　　《歷代三寶記》十卷（開皇十七年翻經學士臣費長房上）
　　　設　　　函入十卷　入紙十三牒十九張
　　　　　　　《歷代三寶記》五卷同前
　　1063　　《眾經目錄》五卷（釋靜泰撰）

《麗藏》載《歷代三寶紀》十五卷，函號為「筵」、「設」二函，其中「設」函與《眾經目錄》合帙。此藏於每部經典下，均注撰者姓名，利於查考。

（二）日本《天海藏》（明）

此藏全名《日本武州江戶東叡山寬永寺一切經新刊印目錄》，又稱《寬永寺藏》、《東叡山藏》，為日本第一部活字版漢文大藏經，以南宋版《資福藏》為底本，元版《普寧藏》為補充編成。經折裝，每面六行，每行十七字。

　　案：蔡運辰《二十五種藏經目錄對照考釋》云：

〔註77〕蔡運辰編著《二十五種藏經目錄對照考釋》，台北：中華佛教文化館，1983年12月初版，頁529。

明正天皇寬永十四年丁丑（1637，明思宗崇禎十年）三月，天海上人
在東叡山寬永寺刻梵筴本活字藏，至光明天皇慶安元年戊子（1648，
清太祖順治五年）三月完成（見本藏《目錄題記》。《縮刻藏緣起》謂
天海始刻於寬永十年三月，成於慶安四年三月），世稱《天海藏》。目
錄五卷，慶安元年刊，高山寺藏本，載於《昭和總目》三一。〔註78〕

由上所言，考《昭和法寶總目錄》卷二，三一《東叡山寬永寺一切經目錄》
卷第四載《歷代三寶紀》函號及卷數云：

> 設函十卷
> 1056　《歷代三寶紀》十五卷（餘次在席字函）
> 隋開皇十七年翻經學士成都費長房撰
> 席函十卷
> 《歷代三寶紀》（餘）五卷
> 同撰
> 1057　《眾經目錄》五卷
> 隋仁壽年翻經沙門及學士等撰

此藏載《歷代三寶紀》十五卷，函號為「設」、「席」二函，席函與《眾經目
錄》合帙。

（三）日本《縮刻藏》（清）

此藏全名《大日本校訂縮刻大藏經》，又名《弘教藏》、《縮刷藏經》、《縮
刷藏》，為方冊本，每半頁二十行，每行四十五字。

案：周叔迦〈大藏經雕印源流紀略〉云：

> 此簡稱《縮刷藏經》或《弘教藏》。是日本明治十二年（1880）至十
> 八年（1885）用鉛字排印。以增上寺所藏《高麗藏》為底本，與宋、
> 元、明藏校勘，標注其異同，加以句讀，並互補遺缺。全藏四十函
> 一千九百一十六部八千五百三十四卷。〔註79〕

又，蔡運辰《二十五種藏經目錄對照考釋》亦云：

> 明治十三年（1880，清光緒六年）四月，島田根番等在東京弘教書

〔註78〕同上註，頁533。
〔註79〕周叔迦〈大藏經雕印源流紀略〉收錄於《大藏經研究彙編（上）》，張曼濤編
　　　《現代佛學學術叢刊》，台北：大乘文化出版社，1977年6月初版，頁85。

院編訂，以《麗藏》爲主，與宋《資福藏》、元《普寧藏》、明《北藏》對校，至明治十八年七月竣事，十二月排印方冊本，翌年完成。

目錄一冊，明治十八年刊，載於《昭和總目》三三。〔註80〕

由上二引文知悉《縮刻藏》爲鉛印本之漢文大藏經，且於明治十三年至明治十八年刊行。〔註81〕其所據之本爲《再雕高麗藏》，此於蔡運辰先生引文中，述之甚詳。今考《昭和法寶總目錄》卷二，三三《大日本校訂縮刻大藏經目錄》載《歷代三寶紀》函號及卷數云：

	致帙	十一冊	傳記部		
1821	《高僧法顯傳》	一卷		東晉法顯	六
1822	《歷代三寶紀》	十五卷		隋費長房	同

由上之記載知《縮刻藏》收入《歷代三寶紀》十五卷於傳記部「致」帙，第六冊，與《高僧法顯傳》同爲一冊。

（四）日本《卍字藏》（清）

此藏全名《大日本校訂藏經目錄》，又名《大日本校訂藏經》、《卍字大藏經》、《卍正藏經》，爲方冊本，每頁分上下欄，每欄二十行，每行二十二字。《卍字藏》爲鉛印本漢文大藏經，以京都獅子谷法然院忍澂用《再雕高麗藏》校訂過之《黃檗藏》爲底本，於經名、經文、題記、音釋相異處，均改從《再雕高麗藏》排印。〔註82〕

案：蔡運辰《二十五種藏經目錄對照考釋》云：

明治三十五年（1902，清德宗光緒二十八年），京都藏經書院就忍澂上人所校排方開本，三十八年完成，目錄一卷，載於《昭和總目》三四，世稱《卍字藏》。始不用千字文函，分裝三十六套，每套十冊（第一套目錄二冊，第三十六套五冊）。〔註83〕

〔註80〕蔡運辰編著《二十五種藏經目錄對照考釋》，台北：中華佛教文化館，1983年12月初版，頁537。

〔註81〕日本明治年共四十四年，自西元1868年至1911年止，故《縮刻藏》刊刻始於西元1880年，應爲日本明治十三年，周叔迦云「明治十二年」乃訛，應以蔡運辰先生之說爲正。

〔註82〕陳士強著《中國佛教百科叢書——經典卷》，台北：佛光文化事業有限公司，1999年8月初版，頁609。

〔註83〕蔡運辰編著《二十五種藏經目錄對照考釋》，台北：中華佛教文化館，1983年12月初版，頁549。

今考《昭和法寶總目錄》卷二，三四《大日本校訂藏經目錄》，著錄《歷代三寶紀》題爲：

第三十套

第七冊　　1508　　《歷代三寶紀》十五卷　　　　費長房

據前之引文蔡運辰先生云《卍字藏》「始不用千字文函」，而以每十冊爲一套，共分裝三十六套。此藏收錄《歷代三寶紀》十五卷，於第三十套第七冊。

（五）日本《緣山藏》（清）

此藏全名《日本緣山三大藏目錄》，全藏一千五百七十部，與《昭和法寶總目錄》編號相符。其編輯方法，首按《宋藏》著錄，次爲《元藏》續入，乃《宋藏》所無，《元藏》所有者。次爲麗本續入，乃《宋》、《元藏》所無，《麗藏》所有者。最後明《北藏》續補，乃《宋》、《元》、《麗藏》所無，《北藏》所有者。參照《開元釋教錄》、《貞元新定釋教目錄》及《大藏經綱目指要錄》，《大藏聖教法寶標目》、《至元法寶勘同總錄》、《閱藏知津》等，於經名譯人卷數不同者，加以註明，間或簡述內容並附考據，已近於研究性專書，不僅爲彙集目錄而已。〔註84〕

案：蔡念生〈三十一種藏經目錄解說〉云：

日本延享年（清乾隆年），緣山知藏隨天取《宋藏》、《元藏》、《麗藏》、《明藏》，合而爲一，目錄三卷，載於《昭和總目》二一。〔註85〕

今考《昭和法寶總目錄》卷二，二一《緣山三大藏總目錄》卷中，著錄《歷代三寶紀》題爲：

設席（二般二函二十卷）　　　　　　　（筵設）

1059　　《開皇三寶錄》十五卷　　　　　　〔營桓〕

開皇十七年撰，內題云《歷代三寶記》，《標目》、《綱目》、《麗目》同之，黑白道俗一百九十七人所出，二千百四十六部，〔註86〕六千二百三十五卷，《至元》云《開皇寶錄》，《貞元》

〔註84〕蔡念生〈三十一種藏經目錄解說〉收錄於《大藏經研究彙編（下）》，張曼濤編《現代佛學學術叢刊》，台北：大乘文化出版社，1977年9月初版，頁319～320。

〔註85〕同上註，頁319。

〔註86〕據《歷代三寶紀》卷十五〈總目序〉云：「黑白道俗合有一百九十七人，都所出經、律、戒、論、傳，二千一百四十六部，六千二百三十五卷。」故《昭

二十三云，開皇七年者，脫十字矣。〔註87〕　隋學士費長房撰
1060　《眾經目錄》五卷　　　　　　　　　　〔嶽〕

由此可知《緣山藏》以《開皇三寶錄》之名著錄，十五卷，下注「營桓」爲《北
藏》之函號，並於此條目之下，載內題云《歷代三寶紀》及成書年代，兼簡介
本書內容所載撰者人數及部卷總數。而本藏收錄《歷代三寶紀》之函號則爲
「設」、「席」二帙，其中「席」函與《眾經目錄》合，函號下所注「筵設」爲
《麗藏》函號。

四、近代版

近代版之大藏經有《頻伽藏》及《大正藏》，均爲鉛印版，現依次略考如
下：

（一）清末民初《頻伽藏》

此藏全名《頻伽精舍校刊大藏經總目》，全依日本弘教書院《縮刷藏經》，
字體較《弘教藏》稍大且排植錯誤甚多，並略去校勘註，謂棄其精華而取其
糟粕。全藏四十函，四百十四冊，凡一千九百十六部，總八千四百十六卷。
〔註88〕

案：蔡運辰《二十五種藏經目錄對照考釋》亦云：

> 上海頻伽精舍主人羅大綸於清宣統二年開始印藏，民國二年完成，
> 方冊本。其凡例云：「本藏部類依楊仁山所定，源本靈峯知津，參仿
> 日本弘教書院縮印本，於中雖稍有去取，以非今時此土所急，餘皆
> 因仍舊集，不別爲義例。」〔註89〕

由上知悉《頻伽藏》係以《縮刻藏》爲底本所重整，故著錄《歷代三寶紀》
應與《縮刻藏》同，其函號爲「致」字函。

和法寶總錄》卷二，《緣山三大藏總目錄》所載「二千百四十六部」，疑於「百」
字前脫一「一」字。

〔註87〕有關《貞元新定釋教目錄》卷二十三所載「開皇七年」之問題，已於本論文
第三章第一節第四項中詳考，「七」字前脫一「十」字。

〔註88〕周叔迦〈大藏經雕印源流紀略〉收錄於《大藏經研究彙編（上）》，張曼濤編
《現代佛學學術叢刊》，台北：大乘文化出版社，1977 年 6 月初版，頁 81
～82。

〔註89〕蔡運辰編著《二十五種藏經目錄對照考釋》，台北：中華佛教文化館，1983
年 12 月初版，頁 541。

（二）日本《大正藏》（民初）

此藏全名《大正新修大藏經》，於大正十三年（西元 1924 年）至昭和九年（西元 1934 年）刊行，爲近代流傳最廣、使用最爲普遍之鉛印本漢文大藏經，全藏分正藏、續藏、圖像、總目錄四部分，總計一百冊，收經三千四百九十三部一萬三千五百二十卷。〔註90〕

案：《大正藏》分正藏五十五冊，續藏三十冊，圖像十二冊，總目錄三冊，共一百冊，其著錄《歷代三寶紀》於第四十九冊史傳部。據《昭和法寶總目錄》卷一，三《大正新修大藏經勘同目錄》云：

No.2034

《歷代三寶紀》（十五卷）

❶ 〔日〕Reki-dai-sam-bō-ki〔支〕Li-tai-san-pao-ki

《開皇三寶錄》、《長房錄》、《三寶錄》

❷ 隋（開皇一七　A.D.597）費長房撰

❸ 麗筵、宋設席、元設席、明營桓、縮致六、卍三十・七、Nj.1504

❹ 〔原〕麗本〔校〕宋本、元本、明本、宮本、聖本

由上可知《大正藏》以《再雕高麗藏》爲底本，校以宋《資福藏》、元《普寧藏》、明《嘉興藏》等。此藏載《歷代三寶紀》十五卷，收錄於第四十九冊，編號爲 2034。

第三節　傳本考異

《歷代三寶紀》自寫本藏經目錄《大唐內典錄》迄於刊本大藏經近代版《大正藏》，其間之傳本書名及卷數微有差異，本節將據本章前二節所考藏經，針對此問題詳述之。

一、書名考異

《歷代三寶紀》一書，據歷代佛典目錄及大藏經所載，其書名有數種，或爲《歷代三寶記》、《曆代三寶記》、或爲《開皇三寶錄》，茲考中國歷代佛典目錄著錄此書異名如次：

〔註90〕陳士強著《中國佛教百科叢書——經典卷》，台北：佛光文化事業有限公司，1999 年 8 月初版，頁 611。

（一）《歷代三寶記》

著錄此名者，有《崇寧藏》、《毗盧藏》、《金藏》、《磧甲》、《普寧藏》、《磧乙》、《南藏》、《高麗藏》等九部。

案：今之傳本《大正藏》所用書名為《歷代三寶紀》，與此處之名僅「記」字之別，然據《漢語大詞典》云「紀」通「記」，為記載、記錄之意。如《左傳・桓公二年》云：「文、物以紀之」，故「紀」與「記」以意通而互用。

由「紀」與「記」二字屬性觀之，「紀」為我國史書之一種體裁，專記帝王事蹟及有關大事。如唐・劉知幾《史通・本紀》云：「蓋紀之為體，猶《春秋》之經，繫日月以成歲時，書君上以顯國統。」〔註91〕而「記」則為文體名，以敘事為主，兼及議論抒情和山川景觀之描寫，如晉・陶潛之《桃花源記》是也。明・賀復徵《文章辨體彙選》卷五六〇，謂「記」之體裁云：

> 吳納曰：「《金石例》云：『記者，記事之文也。』西山曰：『記以善敘事為主。』」〔註92〕

由上可知「紀」與「記」均為記事之文，唯所記內容有些微差異，一為專記帝王之事，一以敘事為主。據《欽定四庫全書總目》云：「古之史策，編年而已，司馬遷作《史記》，遂有紀傳一體。」故知「記」亦可釋為經籍之意，凡記載事物之書皆曰「記」，如《禮記》、《考工記》及上述之《史記》均是，其範疇含括「紀傳」體於內。因之，「記」用以替代「紀」並無不可。

綜上而言，「紀」與「記」於字意上相通可互用。今考費長房《歷代三寶紀》卷一至卷十四即以「紀」字為書名，卷十五則以《歷代三寶記》之「記」字稱之，顯然費長房亦將「紀」與「記」相互混用，而於歷朝寫本藏經目錄《開元釋教錄》及《貞元新定釋教目錄》內文中，前後著錄此書名亦有互用之情形。

（二）《曆代三寶記》

著錄此名者，僅宋《吉州思溪法寶資福禪寺大藏經目錄》簡稱《資福藏》一部。

案：此書名之異處，為「曆」字。曆者，音歷，古作厤，通作「歷」。《漢書・諸侯王表》云：「周過其曆，秦不及期。」曆，年代也。而「歷」者，音櫪，同曆，宋・張載《橫渠易說・革》云：「君子以治歷明時。」歷，曆法也。兩字

〔註91〕唐・劉知幾《史通》，輯入《景印文淵閣四庫全書》第 685 冊，卷二，頁 16。

〔註92〕明・賀復徵《文章辨體彙選》，輯入《景印文淵閣四庫全書》第 1409 冊，卷 560，頁 1。

均爲離檄切，錫韻。音韻相同，可通轉互用。再者，據唐・釋道宣《釋迦方志・釋迦方志遊履篇》云：「自文字之興，庖犧爲始，暨至唐運，曆代可紀而聞矣。」〔註93〕可見「曆」與「歷」互用之一斑。又，《大正藏》第五十一冊史傳部中，有書名曰《曆代法寶記》者，雖不詳作者，然從其內容約略可推知爲唐大曆年至貞元年間之作，故宋《資福藏》著錄爲《曆代三寶記》用「曆」字而不用「歷」字，非史無前例，而是有跡可循也。

（三）《開皇三寶錄》

著錄此名者，以寫本藏經目錄爲主，刊本大藏經中則有《開寶藏》、日本《緣山藏》二部。

案：《開皇三寶錄》之名非憑空而來，乃據費長房之書外題名而有。見《歷代三寶紀》卷十五〈開皇三寶錄總目序〉云：

> 昔姬潛之鼎出現，彰漢室之將隆；近周毀之法重興，顯大隋之永泰。
> 佛日再照，起自大興之初；經論冥歸，發乎開皇之始。事扶理契，
> 合此會昌，述紀所由，因斯而作。所以，外題稱曰《開皇三寶錄》，
> 云其卷內甄爲《歷代紀》。〔註94〕

前章已述及費長房對周武帝之毀佛滅法體驗深刻，故特別感念發乎開皇「佛日再照」之始，而於卷外題爲《開皇三寶錄》，卷內則以《歷代三寶紀》爲名。本章所述之寫本藏經目錄，均著錄爲《開皇三寶錄》。自智昇《開元釋教錄》始加注「內題云《歷代三寶紀》」之名。今《大正藏》第四十九冊收錄本書，乃以卷內之名稱之。因此，《開皇三寶錄》可謂《歷代三寶紀》之別稱。

二、卷數考異

今之傳世本《歷代三寶紀》，卷數爲一十五卷，歷朝寫本佛經目錄所載與此同，然檢視刊本大藏經經錄，僅清之《龍藏》有異，著錄爲一卷。

案：據《頻伽大藏經》目錄記載：「《歷代三寶紀》十五卷，《清藏》僅收一卷，隋費長房撰。」〔註95〕《清藏》爲《龍藏》之別稱。清世宗雍正十三年（西元 1735 年）敕刊於北京，至高宗乾隆三年（西元 1738 年）完竣，御

〔註93〕唐・道宣《釋迦方志》，收錄於《大正新修大藏經》第 51 冊，卷 2，頁 968。
〔註94〕隋・費長房《歷代三寶紀》，收錄於《大正新修大藏經》第 49 冊，卷 15，頁 121。
〔註95〕釋仰宗主編《頻伽大藏經》，北京：九州出版社，1998 年，第 87 冊，目錄頁 2。

制序謂《北藏》版本訛舛，因重校刊，蓋以《北藏》為底本而重修者。然《北藏》收入《歷代三寶紀》為十五卷，而《龍藏》則據其重修後，僅收一卷。今考雍正敕脩《乾隆大藏經》，於此土著述十二中收錄《歷代三寶紀》一卷，此卷內僅含〈開皇三寶錄表〉與〈開皇三寶錄總目序〉，為今本《歷代三寶紀》之第十五卷。

綜上所述，《歷代三寶紀》於書名上之差異，或為通轉字，如「紀」與「記」；「歷」與「曆」之異。或為別稱，如內題名《歷代三寶紀》與外題名《開皇三寶錄》之異。而於卷數上之差異，或為十五卷，或為一卷，一卷者僅《龍藏》一部，乃節錄十五卷中之最末卷而成。

第四章 《歷代三寶紀》之體制、內容與取材

　　對於《歷代三寶紀》之撰述背景與傳本問題，經由前兩章之論述，應可知悉。然對此書何以題名爲「三寶」，豈可不知乎？此屬目錄體制之範疇，故置於本章討論。書之題名，具提示一書內容與範圍功能，非苟且搪塞帶上。因之，《歷代三寶紀》「三寶」之名由來爲何？費長房何以用此爲題名？此書體制與整體架構又爲何？擬於本章第一節詳述之。接續此基礎，第二節則依帝年、代錄、入藏錄、總目等分類，提要鉤玄而述說其內容。繼之，第三節擬針對全書內容之取材問題，作詳細之剖析，以期釐清相關之一切。

第一節　本書之體制

　　漢成帝時，劉向撰《別錄》，其子劉歆，總括群書，撮其旨要而奏《七略》，後之言目錄體制者，皆以《別錄》、《七略》爲其始。〔註1〕此二書今雖不傳，然《漢書‧藝文志》乃據《七略》「刪其要」而成，《別錄》則留存部分篇章，如〈戰國策敘錄〉、〈孫卿敘錄〉、〈管子敘錄〉等，藉此猶可窺見二書之梗概，今據其遺文，知目錄學之體制大要有三，一曰篇目，二曰敘錄，三曰小序。篇目者，以見一書之內容；敘錄者，以述作者之學術；小序者，以記一家之源流。〔註2〕費長房《歷代三寶紀》，除含括此三大要素，更注入新創之體例，

〔註1〕此說乃一般學者所咸認，而姚名達先生則認爲《別錄》、《七略》前尚有目錄，由《漢書‧藝文志》所載「軍政楊僕捃摭遺逸，紀奏《兵錄》。」依朝代逐一上朔至夏商，然史料有闕，猶未齊備。見姚名達《中國目錄學史》，頁24～39。
〔註2〕劉兆祐著《中國目錄學》，台北：五南圖書出版公司，1998年7月初版，頁20。

提昇佛經目錄之可讀性與實用性。

其次，古之典籍，書於簡牘，編之以韋皮或絲繩，名之爲篇。簡策厚重，故文字不能過多，一書分若干篇，各爲之立名，題於篇首，以爲識別。而命定篇目之名，約有兩途，一曰以義名篇，一曰不以義名篇。以義名篇者，如《莊子》之〈逍遙遊〉、〈齊物論〉、〈養生主〉，《荀子》之〈勸學〉、〈富國〉、〈正名〉等，顧名可以思義，縱覽篇目，則全書內容，可知梗概。不以義名篇者，如《論語》之〈學而〉、〈爲政〉、〈八佾〉，《毛詩》之〈關雎〉、〈卷耳〉、〈柏舟〉等，截取篇首文字，以爲篇名，顧名無法識其義。〔註3〕書之題名亦如斯，〔註4〕惟少有不以義爲名者，故由書名之意義，可窺見書之內容性質。而費長房以《歷代三寶紀》爲書名，竟爲何因？此書之體例架構爲何？現分述如次：

一、書名命定之原由

《歷代三寶紀》全名關鍵之「三寶」一詞，首見於《長阿含經》卷五，云：「多人信解，供養三寶。」〔註5〕因摩竭國缾沙王篤信於佛，多設供養之故，於其命終後，亦影響多人之信解而供養三寶。然何謂「三寶」？佛陀於菩提樹下成等正覺後，首至鹿野苑，爲憍陳如、摩訶男、婆濕波、阿說示和婆提等五人，宣說苦、集、滅、道四諦法門，佛典稱此爲初轉法輪。釋尊於初轉法輪得此五位比丘弟子，佛教始具備「三寶」。《華嚴經內章門等雜孔目章》卷二〈三寶義章〉云：

> 三寶義者，三是數，寶是可貴義。能昇行者，遠離生死，得勝菩提，
>
> 可貴名寶，謂佛、法、僧三寶之義。〔註6〕

由上引文知「三寶」係指佛教徒所尊敬供養之佛寶、法寶、僧寶。佛（梵語

〔註3〕 參余嘉錫《目錄學發微》，北京：中國人民大學出版社，2004 年 9 月第一版，頁 30。或昌彼得、潘美月著《中國目錄學》，台北：文史哲出版社，1986 年 9 月初版，頁 38。或李曰剛編著《中國目錄學》，台北：明文書局，1983 年 8 月初版，頁 58。或胡楚生著《中國目錄學》，台北：文史哲出版社，1995 年 9 月初版，頁 4。以上四書說法一致。

〔註4〕 簡策流行時期，由於簡策厚重，故以韋、絲所能承受編連簡策爲度，斷而爲篇，大多以篇行世。因之，書之題名與命定篇名有異曲同工之妙。

〔註5〕 後秦・佛陀耶舍共竺佛念譯《長阿含經》，收錄於《大正新修大藏經》第 1 冊，卷 5，頁 34。

〔註6〕 唐・智儼《華嚴經內章門等雜孔目章》，收錄於《大正新修大藏經》第 45 冊，卷 2，頁 553。

buddha），乃覺者或智者之義，指覺悟人生之眞象，而能教導他人之佛陀，或泛指十方一切諸佛，即「得勝菩提」者。法（梵語 dharma），乃軌則之義，如《成唯識論》云：「法謂軌持。」指依據佛陀所悟，而向人宣說之教法。僧（梵語 saṃgha），乃和合眾〔註7〕之義，指修學教法之佛弟子集團。以上三者，威德至高無上，永不變移，甚爲可貴，如世間之寶，故稱「三寶」。

上爲佛教典籍對「三寶」之釋義，然依費長房之見，「三寶」具佛教宏觀之時間觀念，理當含攝中國佛教歷史，長房云：

> 三寶所資，四生〔註8〕蒙潤。而世有興毀，致人自昇沈，興則福業，恒感天堂輪王人主，毀則罪報，常受地獄餓鬼畜生。論益物深，無過於法，何者？法是佛母，佛從法生，三世如來皆供養法。故《勝天王般若經》云：「若供養法，即供養佛。」是知法教津流乃傳萬代，佛僧開導止利一時。故賢劫之興，千佛同其化；脩短之壽，四聖異其年。雖復住世，延促〔註9〕有殊，取其宣揚，弘法無別。莫不煎

〔註7〕 梵語 saṃgha，指比丘、比丘尼入佛門，同持戒、同修行，和合一處。又稱和合眾。略稱和僧、和眾。見慈怡主編《佛光大辭典》，高雄：佛光出版社，1988年12月第二版，第4冊，頁3124。

〔註8〕 四生，梵語 catasro-yonayaḥ，巴利語 catasso yoniyo。具三種釋義：一、指三界六道有情產生之四種類別。據《俱舍論》卷八載，即：（一）卵生（梵 aṇḍaja-yoni，巴同），由卵殼出生者，稱爲卵生。如鵝、孔雀、雞、蛇、魚、蟻等。（二）胎生（梵 jarāyujā-yoni，巴 jalābu-ja），又作腹生。從母胎而出生者，稱爲胎生。如人、象、馬、牛、豬、羊、驢等。（三）濕生（梵 Saṃsvedajā-yoni，巴 saṃseda-ja），又作因緣生、寒熱和合生。即由糞聚、注道、穢廁、腐肉、叢草等潤濕地之濕氣所產生者，稱爲濕生。如飛蛾、蚊蚰、蠓蚋、麻生蟲等。（四）化生（梵 upapādukā-yoni，巴 opapātika），無所託而忽有，稱爲化生。如諸天、地獄、中有之有情，皆由其過去之業力而化生。以上四生，以化生之眾生爲最多。此外，又以「四生」或「四生眾類」等語泛指一切之有情眾生，或作爲有情眾生之別稱。準此，「四生三有」則指有情眾生及其所生存之空間，即上記之四類眾生及欲界、色界、無色界等三界。二、指眾生托胎所緣之四種方式。據《顯識論》載，即：（一）觸生，如男女交會而有子。（二）嗅生，如牛羊等類，雌雄有欲心，雄以鼻嗅雌之根，則便有子。（三）沙生，如雞、雀等類，雌隹起欲心，以身埋塵沙中，而有卵生子。（四）聲生，如鶴、孔雀等類，雌有欲心聞雄鳴聲，亦生卵生子。由上而知，一切出卵皆有子，故不可食。三、指四度生死。即緣覺乘之人修行所需之時間，具利根者最快亦須以四生之加行方得道果。據《大智度論》卷二十八載，即：第一生修聲聞資糧，第二生修聲聞加行，第三生修緣覺資糧加行，第四生入聖得果。見慈怡主編《佛光大辭典》，高雄：佛光出版社，1988年12月第二版，第2冊，頁1680。

〔註9〕 延，即延長；促，即短促。爲佛之一種方便力。《法華玄義》卷七下云：「若

熬愛海，濟含識以趣涅槃；鑿鑿慢山，度蒼生以會般若。〔註10〕
長房認為人之昇沈與世之興毀息息相關，世興則為福業，人即昇；世毀則為
罪報，人即沈，此與其所經歷之時代背景有關，其中亦隱喻世間無常之理，
有情眾生當以「三寶」為資，即能蒙其潤而趣涅槃，以會般若。而「三寶」
中益於四生最深者，莫過於「法」寶，其具有超越時間遷流之永恆性，為先
在之真理。「法是佛母，佛從法生」，故三世一切佛皆自法而來，然法不能自
流而興於世間，必賴佛、僧之開導，惟受世間時間遷流所制約而有生滅，故
佛、僧仍有「止利一時」之限。值賢劫〔註11〕之世，即釋迦佛等千佛出世之
現在劫，亦有聲聞、緣覺、菩薩、佛四聖不斷往返住世，雖住世之年有異，
壽命時間有長短，神通力各有不同，然宣揚弘法之旨無別。為使「法教津流
乃傳萬代」，「三寶」於世間開展歷程，具有歷史性涵義，長房又云：

> 迦葉王城結集，一千羅漢迭察迭書，著之葉皮，布乎天竺，五百中
> 國各共奉持，十六大王皆同擁護。後漢之始，方屆脂那，帝世交參，
> 十有六代，翻彼域語，作此方言，相承迄今，五百餘祀。……今之
> 所撰集，……顯茲三寶，佛生年瑞，依周夜明，經度時祥，承漢宵
> 夢。僧之元始，城塹棟梁，毗贊光輝，崇於慧皎。〔註12〕

法藉由佛陀出世以宣流，僧秉佛所宣之法而和合，結集成經。〔註13〕曰「迦

須用方便者，佛有延促劫智，能演七日為無量劫義。」此即延長短時，而使
眾生有長時之感。促，亦指由佛之神通力，使人處於無量劫中，猶如一瞬之
短暫；延，即一瞬間感覺如無量劫之長。因於促延狀況皆能任運自在，故又
稱延促自在。見慈怡主編《佛光大辭典》，高雄：佛光出版社，1988年12月
第二版，第3冊，頁2880。

〔註10〕隋‧費長房《歷代三寶紀》，收錄於《大正新修大藏經》第49冊，卷15，頁120。
〔註11〕「賢劫」指三劫之現在住劫。賢，又譯作善；劫，又譯作時分。即千佛賢聖
出世之時分。全稱現在賢劫。謂現在之二十增減住劫中，有千佛賢聖出世化
導，故稱為賢劫，又稱善劫、現劫。據《賢劫經》、《現在賢劫千佛名經》、《千
佛因緣經》等載，拘留孫、拘那含牟尼、迦葉、釋迦、彌勒以下，直至樓至
等千佛，次第於賢劫中興出。關於賢劫之時量，於諸經論中各有異說：（一）
據《觀彌勒菩薩上生兜率天經卷上》、《三彌勒經疏》、《瑜伽論劫章頌》等載，
一增劫一減劫，是為一中劫；而住劫二十劫為賢劫之量。（二）據元曉之《彌
勒上生經宗要》載，據傳六十四劫為一大劫，此乃賢劫之量。（三）據唐代遁
倫之《瑜伽論記》卷一下載，亦有主張百千大劫之長時為賢劫者。然上記說
法以第一說為通說。見慈怡主編《佛光大辭典》，高雄：佛光出版社，1988
年12月第二版，第7冊，頁6174。
〔註12〕隋‧費長房《歷代三寶紀》，收錄於《大正新修大藏經》第49冊，卷15，頁120。
〔註13〕阮忠仁〈從《歷代三寶紀》論費長房的史學特質及意義〉，《東方宗教研究》

葉王城結集」，即佛入滅後，其弟子迦葉於王舍城郊，召開大編集會議，初出經、律二藏，書寫於貝葉上。後一百年左右經多次結集始有論藏，三藏俱備，法得續傳於世。東漢初已傳至中國，經歷代帝王交替，佛典亦由梵譯成漢，相承至隋代已歷五百餘年。費長房明指「今之所撰集」自「佛生年瑞」迄至「崇於慧皎」，乃爲「顯茲三寶」，故「三寶」之形成，具有歷史時間序列關係，而由佛陀加以總攝。此亦說明費長房以歷史觀爲基本視角，把中國佛教之開展含攝於「三寶」範疇內，故將「三寶」置於書名中，以明此書之性質。又，《歷代三寶紀》稱之爲「紀」，前章「書名考異」中已述及「紀之爲體，猶《春秋》之經，繫日月以成歲時，書君上以顯國統。」紀乃史書體裁之一，專記帝王之事蹟及相關大事。費長房撰此書既以「紀」爲體裁，又以「三寶」爲主體，組織成一部中國佛教史書，載佛之年表與教法，錄佛典著作及其譯者序傳。次於「三寶紀」前冠以「歷代」一詞，以通古今，更與「三寶」之歷史時間序列互相呼應，合而稱之爲《歷代三寶紀》。

二、體例架構

《歷代三寶紀》又名《開皇三寶錄》，因其作者爲費長房，故又簡稱《長房錄》或《房錄》。此書乃現存諸佛典目錄中最稱賅博，〔註14〕其體例頗爲特殊，分四部分，現將卷數與體制解說如次：

（一）帝年：三卷（卷一至卷三）

此爲「編年紀」，每卷前有敘論，後列年代，下按朝代年歲以記時事、佛事及所出經卷，利於檢閱，爲佛教年表之始，載自周莊王十年（西元前 687 年）爲釋迦降生之年，迄於隋開皇十七年（西元 597 年）止。今存之《歷代三寶紀》帝年表末，有列至唐己未歲者，顯爲後人所添。

（二）代錄：九卷（卷四至卷十二）

代錄自卷四〈譯經‧後漢〉起，迄於卷十二〈譯經‧大隋〉，共九卷，佔全書十五卷過半，可謂其主體也。代錄體例有五：其一，敘錄，各卷卷首置一敘錄，簡要說明該卷所含各個朝代，帝王對於佛教之興廢事宜，自後漢迄

新一期，1990 年 10 月，頁 93-129。

〔註14〕 「所在流傳，最爲該富矣。」見唐‧道宣《續高僧傳》，收錄於《大正新修大藏經》第 50 冊，卷 2，頁 436。

－73－

隋，共九篇。其二，各朝譯經論著之譯作目錄。其三，個人譯作之經籍目錄。其四，作者列傳。其五，失譯經目錄，每一卷各朝代之末，附該朝代之總失譯經目錄。由上五種體例觀之，漢地佛教之興衰，自後漢迄隋，始末俱見其要；每一朝代譯經之譯主，一目了然；每一譯主翻譯之佛典，井然條貫；每一位譯主之行誼，亦有跡可尋。《歷代三寶紀》之代錄，儼然一部由漢末至隋初完備之中國譯經史，亦是中國佛教目錄學獨創最具特色之體例。〔註15〕

（三）入藏目：二卷（卷十三至卷十四）

專記見存之大小乘經典，此為首創體例，亦為此書最大之特點。前卷為〈大乘錄〉，後卷為〈小乘錄〉。下分修多羅（經）、毘尼（律）、阿毘曇（論），再分有譯及失譯，共收佛典一○七六部，三二九八卷。〔註16〕

（四）總目：一卷（卷十五）

此卷內有〈上開皇三寶錄表〉、〈開皇三寶錄總目序〉，乃仿司馬遷《史記》、班固《漢書》二史之例而自為序傳，卷末兼記前此各種經錄名稱及體例組織概況，含見存者六家及未見之歷代經錄二十四家，保存上代經錄極其豐富而又寶貴之資料，可資參考。

綜而觀之，《歷代三寶紀》體制，似已超出中國目錄學目錄之體制範圍。所謂目錄體制，除篇目、敘錄、小序三者外，尚有「版刻」及「題記序跋」二者。然此二者於宋代版刻流行後之目錄始有之，故宋前目錄體制應不出「篇目」、「敘錄」、「小序」三項。而《歷代三寶紀》前三卷，為年表形式，可謂佛教之簡史，其體制內容已超出此三項範疇，殆長房自創體例也。就整體而言，此書體制甚具歷史觀，如帝年自周至隋年表；分類有序而說明周備，如代錄編排甚有章法；更首創入藏錄體例，系統地反映當時入藏佛經。長房蒐采遺逸甚勤，雖已佚之書，亦存其名目，無怪乎梁任公於〈佛家經錄在中國目錄學之位置〉文中，論及佛典目錄優勝處，深歎劉歆《七略》、班固《漢書・藝文志》、荀勗《中經新簿》、阮孝緒《七錄》較僧祐《出三藏紀集》、法經《隋眾經目錄》、費長房《歷代三寶紀》、道宣《大唐內典錄》為簡單、素樸。足

〔註15〕 杜潔祥著《佛教文獻與文化述論》，宜蘭：佛光人文社會學院，2004年第一版，頁25～26。

〔註16〕 《歷代三寶紀》卷十三云：「合有五百五十一部，一千五百八十六卷，依眾錄判附大乘。」同書卷十四云：「總有五百二十五部，都合一千七百一十二卷，集為小乘入藏正目。」合上述之大小乘入藏錄數目，共收佛典1076部，3298卷。

見《歷代三寶紀》於中國目錄學史上，應佔有其一席之地位。

為易於檢視與瞭解，茲將《歷代三寶紀》體例與卷數，列一架構圖如下：

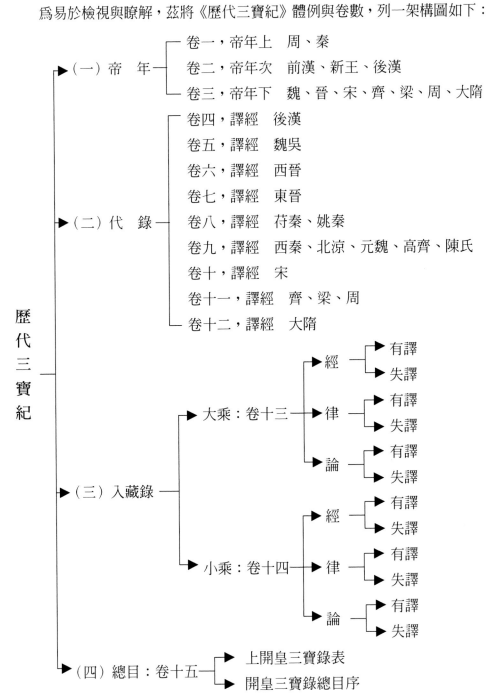

由《歷代三寶紀》體例架構觀之，帝年卷一至卷三及代錄卷四至卷十二，

均以歷史年代先後爲序，次第而論述，此編排方式亦透露費長房欲撰史之心態，尤以卷十五之總目仿馬、班二史之例自爲序傳，并以歷代經錄附焉，更爲顯明。總之，由書名及體例，已知悉全書之梗概，而費長房將中國佛教開展含攝於「三寶」之範疇內，亦見其對佛教歷史時間序列關係之重視。

第二節　本書之內容

由前節之論述，可知《歷代三寶紀》之結構分四部分，費長房於卷十五〈開皇三寶錄總目序〉云：

> 分之爲十五軸，一卷總目，兩卷入藏，三卷帝年，九卷代錄。代錄，編鑒經翻譯之少多；帝年，張知佛在世之遐邇；入藏，別識教小大之淺深。〔註17〕

由上之引文知長房以各部總卷數之多寡排序，分總目、入藏、帝年、代錄四部分，然於書中排列則以帝年爲先，代錄次之，三爲入藏錄，末置總目。現以此爲序，依次分別提要鈎玄之。

一、張知佛在世之遐邇

費長房何以云「帝年」可張知佛在世之遐邇？主因《歷代三寶紀》之首三卷「帝年」爲年表之體例也。以周莊王十年（西元前 687 年）爲釋迦如來降生之年，由此年始至隋開皇十七年止，分上下排列，上列各朝帝王、年號及干支，下記佛教興替、佛典傳譯，亦旁及當時史事，爲中國史上最早之佛教年表，觀此年表，可張知佛在世之遐邇。

《歷代三寶紀》第一卷爲〈帝年上，周、秦〉，此年表首有小序，述其纂表目的及結構云：

> 因身毒國如來託生，當此眞丹姬周時也。年代寖遠，人世參差。指而言之，亞迷前後。今先上編甲子，紘絡古今。下纘帝年，綱紀時代。〔註18〕

長房認爲「如來託生」之時，正當中國之姬周朝，今先編此年表，上列甲子，

〔註17〕隋・費長房《歷代三寶紀》，收錄於《大正新修大藏經》第 49 冊，卷 15，頁 120～121。

〔註18〕同上註，卷 1，頁 22～23。

下編帝年，紀時代綱要，俾紘絡古今，以為年表之結構。由於歷來對佛生之年，爭議已久，尤與道老爭孰先，因年代已濅遠，人世有參差，故各自不惜作僞而說。長房有鑒於此，致力考證，欲破僞說，〔註19〕云：

> 至第十九主莊王他十年，即魯《春秋》莊公七年，夏四月辛卯夜，
> 恒星不見，夜中星隕如雨。案此即是如來誕生王宮時也。〔註20〕

費長房以魯《春秋》之記載，魯莊公七年「恒星不見，夜中星隕如雨」為佛誕生年，續注云：「先賢諸德，推佛生年，互有遲邁。」並舉《法顯傳》、《沙門法上答高句麗國問》、《穆天子別傳》、《像正記》等例。〔註21〕又，《感通傳》云佛為夏桀時出世。對此費長房依《普曜》、《本行》等經校讎魯史云：

> 佛以周莊王九年癸巳四月八日，現白象形，從兜率天降中天竺國迦
> 毘羅城淨飯大王第一夫人摩耶右脅，是時諸天影潛從胎藏，祕隱世
> 眼罕知，十年仲春二月八日，夜鬼宿合時，於蘭毘園波羅樹下右脅
> 而誕，生相既顯，故《普曜經》云：「普放大光照三千界」，即《左
> 傳》說：「恒星不現夜明也」。《瑞應經》云：「沸星下現侍太子生」。
> 故《左傳》稱「星隕如雨」，《本行經》說：「虛空無雲，自然而雨」，

〔註19〕當時中國佛教徒習慣把釋迦之生卒年，定為西元前 1029～949 年，即周昭王二十四年~周穆王五十三年，然此一說法之形成，咸認乃因印度佛教初傳，為對抗道教之批評和競爭而偽造。見楊惠南《佛教思想發展史論》，台北：東大圖書，1993 年 6 月初版，頁 13。

〔註20〕隋·費長房《歷代三寶紀》，收錄於《大正新修大藏經》第 49 冊，卷 1，頁 23。

〔註21〕隋·費長房《歷代三寶紀》第 49 冊，卷 1，頁 23，注云：「先賢諸德，推佛生年，互有遲邁。依《法顯傳》推佛生時，則當殷世武乙二十六年甲午，至今開皇十七年丁巳，便已一千六百八十一年。依《沙門法上答高句麗國問》則當前周第五主昭王瑕，二十四年甲寅至今丁巳，則一千四百八十六年，引《穆天子別傳》為證。稱瑕子滿嗣位，穆王聞佛生迦維，遂西遊而不返。依《像正記》當前周第十七主，平王宜臼四十八年戊午，至今丁巳，則一千三百二十三年。依後周沙門釋道安用《羅什年紀》及〈石柱銘〉推，則當前周第十八主桓王林五年乙丑，至今丁巳，則一千二百二十五年。依趙伯林梁大同元年，於廬山遇弘度律師，得佛滅度後眾聖點記推，則當前周第二十九主，貞定王亮二年甲戌，至今丁巳，殆一千六十一年。」此注旨在推算佛之生年，迄今無定說。例摩騰對漢明帝云，生周昭王廿四年甲寅，《羅什年紀》及〈石柱銘〉皆云：生周桓王五年乙丑。此外，亦有云佛生夏桀時、商武乙時、周平王時者，莫衷一是。獨唐貞觀三年，刑部尚書劉德威等，與法琳奉詔詳核，定佛生周昭丙寅。然周昭在位十九年，無丙寅歲，而漢摩騰所云二十四年亦誤，二人當均指十四年之甲寅，或為傳寫之誤也。輓近西士於內典籍討論，然於佛生年，終莫指實，獨云先耶穌生約六百年耳，依此則費長房所推論近之。

杜氏注解「蓋時無雲」，《左傳》又稱「與雨偕也」。姬周曆十一月
爲正，言四月者，即今二月。辛卯五日，魯史爲謬。沙門道安著《二
教論》，用姬周曆推還合八日，唯以生時爲成道歲。遂令佛世遠三
十年耳。〔註22〕

由上之引文，可見費長房對佛生之年，曾下一番考證功夫。然持同論者，非
獨長房也，尚有南齊之王簡棲與梁之智者，此據宋・智圓《維摩經略疏垂裕
記》卷二中可窺見，其云：

當爾佛興此土，眾生咸不聞見。戒急乘緩，其在茲焉。佛入涅槃，
至今大宋大中祥符八年，歲次乙卯巳一千六百六十一年。此取周莊
王時生，匡王時入滅爲定，此依費長房及今《智者疏文》也。則不
取諸家年代。又，《文選・南齊王簡棲頭陀寺碑》云：「周魯二莊，
親昭夜景之鑒；漢晉兩明，並勒丹青之飾。」以此觀之，簡棲及智
者咸以佛生周莊王時。〔註23〕

費長房除詳考佛之生年外，並簡述佛陀生平，以佛至僖王元年庚子年七歲，
乘羊車詣學堂爲始，年十歲與諸同齒釋族試力；年十四歲與父王出遊，於城東
門見病人而迴；年十七時，納妃求夷；年十九歲四月八日，夜半踰城出家。對
佛陀出家之年齡，長房考《十二遊經》、《增一阿含》、《長阿含》及諸經各說，
〔註24〕推論當爲十九歲，此於今尚無定論，故值得參考。繼之，長房續載佛陀
年三十之二月八日明星出時，朗然覺悟成無上道。爲與佛陀出家年齡相呼應，
長房採《般泥洹經》及《禪要經》之佛成道四十九年說。〔註25〕故云：

〔註22〕 隋・費長房《歷代三寶紀》，收錄於《大正新修大藏經》第49冊，卷1，頁23。
〔註23〕 宋・智圓《維摩經略疏垂裕記》，收錄於《大正新修大藏經》第38冊，卷2，
頁737。
〔註24〕 隋・費長房《歷代三寶紀》第49冊，卷1，頁23，注云：「《十二遊經》云：
『佛二十出家』。《增一阿含》第二十四卷云：『我年二十九，出家欲度人故。』
又云：『年二十，在外道中學。』《長阿含》亦云：『年二十九出家。』推其大
例如來在世七十九年，若二十九出家，三十五成道，所可化物，唯應四十五
年。而《禪要經》云：『釋迦一身，教化眾生，四十九年。』諸經多云十九出
家，今以此爲正。若以二十九出家，三十五成道，經中蓋少。且云二十年在
外道中學，便是五十年方成道，是知爲謬也。」
〔註25〕 隋・費長房《歷代三寶紀》第49冊，卷1，頁23，注云：「《般泥洹經》下卷，
佛語阿難，我成道來年，亦自至四十有九。佛難可覩，一億四千萬歲，乃有
彌勒耳。《禪要》云：『如來成道四十九年，是爲一味。』《長阿含》第五卷云：
『佛語須跋，我成佛已來，已五十年。』」

> 四十九年處在天人龍神世間，說法教化，各令解脫，得證四果。逆
> 有流者，數若恒沙。免離三塗，生天人者，不可稱計，眾生感緣既
> 盡。佛以匡王四年壬子，二月十五日後夜，於中天竺拘尸那城，入
> 般涅槃。〔註26〕

自周莊王十年釋迦如來託生，迄於佛以匡王四年壬子二月十五日後夜，於中天竺拘尸那城入般涅槃止，為張知佛在世之部份。

繼之，其序言又簡載中國周、秦兩代之歷史，及當時佛教之發展演進，長房云此為「明佛乘應教被東」。〔註27〕接續為年表部份，自周莊王十年（西元前687年）為佛陀降生年，迄於秦二世三年（西元前207年），共列二十六主，四百八十一載，總結為周、秦世帝年表。

第二卷為〈帝年次，前漢、新王、後漢〉，體例同前卷，首置小序，次為帝年總目，末載年表，而其記載方式，似《春秋》之紀事。某年有事，即於是年之下簡載述要，無事則僅記干支與所屬帝年。此卷記載自前漢（西漢）高帝元年（西元前206年），迄於後漢（東漢）獻帝建安二十四年（西元219年）間佛教大事，共列二十六君，四百二十五載。並承卷一之體例，於佛入滅後，每遇帝王興替，下記佛入涅槃至此之年數，如：

> 惠帝盈元，高帝子，治七年。佛入涅槃來，至此已四百一十五年。
> 呂后元，高帝后，攝政八年。佛入涅槃來，至此已四百二十二年。
>
> 〔註28〕

何以長房需計算佛入涅槃後之年數？其原因有二，一來可保持年表載佛教史之完整性，二來可見知距佛在世之遐邇也。由於前漢至新莽間之年代，佛教未正式傳入中國，可記之佛事鮮少，故記佛入涅槃後之年數，以補空缺，亦可明中國之帝年距佛在世時之遠近，可謂一舉二得。至於後漢年代之記事，主要著錄佛教傳入中國後譯經之情形，總結此卷為紀錄前後兩漢通及新王帝世之年表，或可曰佛教被東譯經大事年表，此乃張知佛在世邇之部份。

第三卷為〈帝年下，魏、晉、宋、齊、梁、周、大隋〉，體例亦同前卷，自魏文帝黃初元年（西元220年）受後漢禪，以迄隋文帝開皇十七年（西元

〔註26〕隋·費長房《歷代三寶紀》，收錄於《大正新修大藏經》第49冊，卷1，頁23。
〔註27〕費長房認為佛教當於秦時傳入中國，故於《歷代三寶紀》卷一（帝年上，周、秦），頁23，云：「明佛乘應教被東」。
〔註28〕隋·費長房《歷代三寶紀》，收錄於《大正新修大藏經》第49冊，卷2，頁30。

597 年），〔註29〕共列三百七十八載，其間附列吳、苻秦、姚秦、乞伏秦、北涼、北魏、東魏、西魏、北齊、陳代等十代，因均有佛經傳譯，故費長房將其錄入。至於蜀漢、前趙、後趙、前涼、前燕、後燕、後涼、南涼、南燕、西涼、大夏、北燕等十二代，則因無佛典傳譯，故僅於小序中略提，而未列入年表中。此卷年表首載魏文帝丕，曹氏字子桓，黃初元，都雒陽。佛入涅槃來，至此已八百二十九年。此後則不見載佛入滅後之年數，乃因距佛在世已邈矣。總結此卷主紀魏、晉、宋、齊、梁、周、大隋帝王年表，或可曰佛典傳譯之年表，乃張知佛在世邈之部份。

綜而觀之，《歷代三寶紀》卷一至卷三，為「編年紀」，以載佛教大事及傳譯經典為主，時事為輔，並以中國帝年貫穿之，乃費長房獨創之體例，甚有特色。《隋書·經籍志》、《舊唐書·經籍志》、《新唐書·藝文志》著錄本書為三卷，即指帝年而言，顯見此部分為歷代史學家所重視。就佛教史角度觀其內容，可分為三階段。以釋迦牟尼佛降生年，即周莊王十年為始，迄於佛入涅槃，為佛在世之階段。載佛教傳入及譯經情形，起自佛入滅後迄於魏文帝曹丕，即佛入涅槃八百二十九年間，為張知佛在世之遐階段。佛入涅槃八百二十九年後至隋開皇十七年，乃佛教譯經事業蓬勃發展時期，載魏晉南北朝及隋朝各代翻譯之佛典，距佛入涅槃已近千年之久，故曰張知佛在世之遐階段。合此三卷帝年表（見附錄一），可張知佛在世之遐邇。

二、編鑒經翻譯之少多

《歷代三寶紀》自卷四〈譯經·後漢〉，至卷十二〈譯經·大隋〉止，共九卷，即是〈開皇三寶錄總目序〉中「代錄」所含。所謂「編鑒經翻譯之少多」，即言「代錄」內容主要以譯經為對象，按年代順序，編鑒即編撰並檢討譯經之情形，故各卷標題直稱為「譯經」。〔註30〕而何謂代錄？代錄者，費長房於〈開皇三寶錄總目序〉中釋云：

昔結集之首，並指在某國城，今宣譯之功，理須各宗時代，故此錄

〔註29〕隋·費長房《歷代三寶紀》卷三，頁 48～49 之年表末，並非止於開皇十七年，而是記載至大唐戊寅武德元年（西元 618 年），於其後又僅記干支至癸亥年（唐高宗龍朔三年，西元 663 年），據費長房親載此書完成於開皇十七年，故於此後之記載，應為後人所補入。

〔註30〕杜潔祥著《佛教文獻與文化述論》，宜蘭：佛光人文社會學院，2004 年 5 月第一版，頁 25。

體，率舉號稱爲漢魏吳及大隋錄也。失譯疑僞，依舊注之，人以年
爲先，經隨大而次，有重列者，猶約世分。〔註31〕

　　長房認爲「代錄」之體，爲理各宗時代之譯經目錄爲主，依序載自後漢、
魏、吳、西晉、東晉、苻秦、姚秦、西秦、北涼、北魏、西魏、東魏、高齊、
陳、宋、齊、梁、周及隋等十九代，此與前之「帝年」所載各代譯經相符。
凡九卷，每卷首載敘論一篇，如陳援菴先生云：「每卷前有敘論，次列經卷，
經卷之後爲譯人傳。」〔註32〕此「敘論」乃明每卷內所紀朝代政治情況及與
佛教之關係。此亦與「帝年」之小序功能相似。所謂「次列經卷，經卷之後
爲譯人傳」者，舉例本書〈譯經後漢〉略云：

　　《法鏡經》兩卷（或一卷。嚴佛調筆受，康僧會注。見《僧祐錄》），
　　《斷十二因緣經》一卷（亦云《阿含口解十二因緣經》，亦直云《阿
　　含口解經》，亦云《安侯口解經》，祐云世高譯，今檢群錄，乃是安
　　玄譯）右二部合三卷，安息國優婆塞都尉安玄，靈帝末世，遊貫雒
　　陽，因遇佛調，即共翻譯。世亦號爲安侯騎都尉，云祐稱世高，此
　　是姓同，相濫涉耳。……《般舟三昧經》二卷（《舊錄》云《大般舟
　　三昧經》，或一卷。第二出。見《高僧傳》），《道行經》一卷（嘉平
　　元年譯，見《朱士行漢錄》及《三藏記》。道安云是《般若抄》，外
　　國高明者所撰，安爲之注并序），右二部合三卷。天竺沙門佛朔，靈
　　帝之世，齎《道行經》來適洛陽。轉梵爲漢，譯人時滯，雖有失旨，
　　然其音句，棄文存質，深得經意。後光和中，更譯《般舟》，讖爲傳
　　語，孟福、張蓮等筆受，文少勝前。〔註33〕

此以譯人或述者而分，考其譯經年代、譯場、部帙、卷數、筆受，及經名異
稱、譯出次第、諸家著錄等，後附譯人之傳歷。「蓋變《祐錄》之體，將列傳
分隸各經之後，以便檢閱。」〔註34〕梁・僧祐《出三藏記集》於目錄外，別
列傳記一部，尋檢時甚爲不便，此錄則會而合之，既可見譯者事略，復可明

〔註31〕隋・費長房《歷代三寶紀》，收錄於《大正新修大藏經》第 49 冊，卷 15，頁
　　　　120。
〔註32〕陳垣撰《中國佛教史籍概論》，上海：上海書店出版社，2001 年 8 月第一版，
　　　　頁 5。
〔註33〕隋・費長房《歷代三寶紀》，收錄於《大正新修大藏經》第 49 冊，卷 4，頁 53。
〔註34〕陳垣撰《中國佛教史籍概論》，上海：上海書店出版社，2001 年 8 月第一版，
　　　　頁 5～6。

譯述源流及宗派傳授等，實譯經史之嚆矢。譯人以年代爲先後，次依譯撰者所出典籍卷帙多寡爲序，此體裁爲長房所獨創。逮後出經錄如《大唐內典錄》、《開元釋教錄》、《貞元新定釋教目錄》等均仿之。

代錄之旨，乃爲計編鑒經翻譯之少多，茲列一表如次：

卷　別	時代	譯撰者人　數	譯撰之部卷數		失譯經部卷數		合　計	
			部數	卷數	部數	卷數	部數	卷數
第四卷	後漢	12	234	319	125	148	359	467
第五卷	魏	6	13	25	0	0	271	507
	吳	4	148	191	110	291		
第六卷	西晉	13	443	704	8	15	451	719
第七卷	東晉	27	215	522	53	57	268	579
第八卷	符秦	8	40	239	0	0	164	913
第八卷	姚秦	8	124	674	0	0		
第九卷	西秦	1	14	21	8	11	205	874
	北涼	8	32	266	5	17		
	北魏	4	10	35	0	0		
	西魏	5	59	170	0	0		
	東魏	4	19	99	0	0		
	高齊	2	8	53	0	0		
	陳	3	50	202	0	0		
第十卷	宋	23	210	495	0	0	210	495
第十一卷	齊	19	47	340	0	0		
第十一卷	梁	21	88	879	0	0	169	1327
	周	11	34	108	0	0		
第十二卷	隋	19	75	473	0	0	75	473
總　計		198	1863	5815	309	539	2172	6354

其代錄蒐集之富，內容包羅之廣，實爲隋前目錄之寶藏。然上表所列，爲實際各代譯述人數及經籍部數、卷數，疑、僞、抄經亦包含於翻譯項內，此與各卷序論所載譯述者合計部卷數有異，茲列一表以明之。

卷　別	代錄敘論末所載		代錄內容實際所列		差　異　數	
	部　數	卷　數	部　數	卷　數	部　數	卷　數
第四卷	359	427	359	467	0	-40
第五卷	312	483	271	507	41	-24
第六卷	451	717	451	719	0	-2
第七卷	263	585	268	579	-5	6
第八卷	164	914	164	913	0	1
第九卷	203	855	203	869	0	-14
第十卷	210	490	210	495	0	-5
第十一卷	162	1326	169	1327	-7	-1
第十二卷	75	462	75	473	0	-11

　　由上表觀之，《歷代三寶紀》代錄部份，敘論與內容實際所載，顯有差異，是何原因？現分述如次：

　　第四卷，敘論云：「合出經、律三百五十九部，四百二十七卷，爲後漢錄運乎斯軸。」此總數合計有誤，〔註35〕宋、元、明版大藏經則載三百五十九部，四百六十四卷。其與實際所載四百六十七卷差異三卷，乃出於竺法蘭之譯經數，卷前目錄載「沙門竺法蘭五部十三卷經」，於卷內則載「《佛本行經》五卷，《十地斷結經》四卷，《法海藏經》三卷，《佛本生經》二卷，《二百六十戒合異》二卷，右五部合一十六卷，中天竺國沙門竺法蘭。」宋、元、明版載《法海藏經》及《佛本生經》各爲一卷，道宣《大唐內典錄》、智昇《開元釋教錄》亦載各爲一卷，《開元釋教錄》另注云：「見《高僧傳》及《長房錄》等」，可見原《長房錄》載《法海藏經》及《佛本生經》應各爲一卷，《大正藏》將其修改爲三卷及二卷，因而造成總卷數前後不一之情形，故此處合出經、律應以三百五十九部，四百六十四卷爲正。

〔註35〕隋‧費長房《歷代三寶紀》第49冊，卷4，頁49，敘論列本卷目錄云：「沙門迦葉摩騰，一部一卷經。沙門竺法蘭，五部十三卷經。沙門安世高，一百七十六部一百九十七卷經、律。沙門支婁迦讖，二十一部六十三卷經。優婆塞都尉安玄，二部三卷經。沙門竺佛朔，二部三卷經。沙門支曜，十一部十二卷經。沙門康巨，一部一卷經。清信士嚴佛調，七部十卷經。沙門康孟詳，六部九卷經。沙門釋曇果，一部二卷經。沙門竺大力，一部二卷經。諸失譯經，一百二十五部一百四十八卷經、呪。」合計上述之部卷數，爲三百五十九部，四百六十四卷。

第五卷，宋、元、明版載二百七十一部與實際總部數同，敘論所載合三百一十二部四百八十三卷均爲計算之誤。〔註36〕其卷數依內容所列，應爲五百六卷，與實際相差一卷，殆因康僧會所譯經少計一卷，故卷五合出以二百七十一部五百七卷爲正。

第六卷，卷首敘論之合計卷數短少二卷，乃計算之誤。其中沙門竺法護譯出經應爲二百一十一部，非二百一十部，此或爲闕字之故，檢其內容所列，竺法護所譯之經合二百一十一部三百九十六卷爲正。故以此數加總本卷其他譯出經及失譯經等，合爲四百五十一部七百一十九卷。

第七卷，卷首敘論之合計部數短少五部，卷數溢出六卷。此亦爲加總之訛，其中載外國居士竺難提，譯出二部三卷經有誤，核以內文細目應爲三部四卷經。〔註37〕以此數計算之，本卷共合二百六十八部，五百七十九卷。

第八卷，卷首敘論之合計卷數溢出一卷。其中沙門曇摩耶舍譯出二部二十一卷阿毘曇，此處之二十一部，考其內容細目應爲三十一部之訛。又沙門鳩摩羅什譯出九十八部四百二十五卷經、論、傳，於卷數上多計一卷，以四百二十四卷爲正。故本卷實際所出經爲一百六十四部，九百一十三卷。

第九卷，卷首敘論之合計部數短少二部，卷數亦短少十九卷。其中之差異出於下列五位撰譯者，一爲敘論目錄載沙門曇摩讖之譯經卷數爲一百一十一卷經，然內容細目所載合計應爲一百五十一卷經。二爲沙門釋曇曜所譯出經載二部五卷，內文載三部七卷，〔註38〕其中置於北涼末元魏北臺前之《入

〔註36〕 隋‧費長房《歷代三寶紀》第49冊，卷5，頁56，敘論列本卷目錄云：「魏沙門曇柯迦羅，一部（一卷戒）。沙門康僧鎧，二部（四卷經）。沙門曇諦，一部（一卷羯磨）。沙門白延，六部（八卷經）。沙門支疆梁接，一部（六卷經）。沙門安法賢，二部（五卷經）。吳沙門維祇難，二部（六卷經）。沙門竺律炎，三部（三卷經。）優婆塞支謙，一百二十九部（一百五十二卷經）。沙門康僧會，一十四部（二十九卷經及注）。諸失譯經，一百一十部（二百九十一卷經）。」合計上述之部卷數，爲二百七十一部，五百六卷。

〔註37〕 隋‧費長房《歷代三寶紀》第49冊，卷7，頁71～72，內文云：「《大乘方便經》二卷（元熙二年譯，是第三出。與法護僧伽陀譯小異，與慧上《菩薩所問經》同本別譯。見《始興錄》）。《請觀世音消伏毒害陀羅尼經》一卷（第二出，見《法上錄》）。《威革長者六向拜經》一卷（晉宋間於廣州譯，是第三出。與法護《多蜜六向拜》同。見《始興》及《寶唱》等錄）右三部合四卷，外國居士竺難提。」

〔註38〕 隋‧費長房《歷代三寶紀》第49冊，卷9，頁85，內文云：「《入大乘論》二卷（堅意菩薩造）。（元魏北臺）《淨度三昧經》一卷（第二出，與寶雲譯二卷者同，廣略異耳，見《道祖錄》）。《付法藏傳》四卷（見《菩提流支錄》），右

大乘論》二卷，僅載堅意菩薩造，無譯者道泰之名及小傳，與代錄之體例不合，疑爲後人據《大唐內典錄》所增列。故應以二部五卷爲正。三爲沙門菩提流支譯出三十九部一百二十七卷經，核對內文僅有一百二十六卷耳。四爲越國王子月婆首那譯出三部七卷經，此七卷爲訛，應是八卷。復次於元魏鄴都末高齊前之《大世論三十論》一卷，下注「見《唐內典錄》」，顯爲後人所增。五爲沙門俱那羅陀譯出四十八部二百三十二卷經、論、疏、傳記，此卷數爲計算之訛誤，實際爲一百八十四卷。其部數應爲四十七部，其中《大空論》三卷，下注「於豫章栖隱寺出。《唐內典錄》云《十八空》」顯爲後人所增。總計第九卷之數，刪除後人所增列者，實爲二百三部，八百六十九卷。

第十卷，卷首敘論之合計卷數短少五卷，此乃合計之誤。又沙門曇摩蜜多譯出一十一部一十二卷經，內容細目共載一十部十二卷經，以此部數加總之，前後部數即相脗合，故第十卷實際合二百一十部，四百九十五卷。

第十一卷，卷首敘論之合計部數短少七部，卷數亦短少一卷。其中前後不一處有四，其一，載齊沙門釋法度之譯經數爲三部三卷，然內容細目載二部二卷經。其二，梁沙門釋僧祐譯出經爲十四部六十三卷，然實際列出有十四部六十七卷，較前敘論目錄多出四卷。其三，周沙門釋曇顯譯出經二部二十卷，然實際列出二部二十三卷經，相差三卷經。其四，周釋淨藹譯經一部一十二卷，然實際列出一部一十一卷經。合本卷所出經爲一百六十二部，一千三百二十六卷，然實際列出合一百六十九部，一千三百二十七卷。

第十二卷，卷首敘論合七十五部四百六十二卷，其中卷數計算有誤，除沙門闍那崛多譯出三十一部一百六十五卷，少計一卷外，加總數亦少計十卷。故有十一卷之差異。實際列出合七十五部四百七十三卷。

綜上觀之，《歷代三寶紀》代錄部份以「編鑒經翻譯之少多」爲旨，各卷敘論中所載經卷數與內容所列經卷數，雖有出入，表面上看大多爲加總時之錯誤，然爲後人增列之跡顯明也，因而造成前後不一之情形。其次，《出三藏記集》僅記佛經目錄，不收華人佛學著作之書目，而《歷代三寶紀》則不然，如卷九〈梁錄〉收錄僧祐、寶唱、慧皎等著作，此乃費長房體認到華人佛學著作之重要性，亦爲其後撰經錄者所踵跡。〔註39〕

三部合七卷。」
〔註39〕曹仕邦著《中國佛教史學史——東晉至五代》，台北：法鼓文化，1999 年 10月，頁 279。

三、別識教小大之淺深

　　《歷代三寶紀》卷十三及卷十四，二卷爲「入藏目」。前卷爲〈大乘錄〉，後卷爲〈小乘錄〉，均分經、律、論三類，每類又分有譯及失譯兩項。別生、疑惑及僞妄諸經，皆未列入，且以卷數多寡作爲先後之次第。此分類法主要爲判別大小乘，即分判「大小之殊」，而非深淺。大乘者，又作上衍、上乘、勝乘、第一乘。係指能將眾生從煩惱此岸載至覺悟彼岸之教法而言。《阿含經》尊稱佛陀之教說即爲「大乘」。〔註40〕而費長房云：「大乘錄者，菩薩藏也，教而明佛。」〔註41〕其「大乘錄入藏目」，即收錄有關明佛教法之佛典。

　　小乘者，又作聲聞乘。二乘之一，乃大乘、菩薩乘之對稱。意譯爲狹小之車乘，指運載狹劣之根機，以達小果之教法，即於所修之教、理、行、果，與能修之根機均爲小劣之法門。費長房於〈小乘錄入藏目序〉云：「小乘錄者，聲聞藏也，教而辯佛。」〔註42〕此小乘錄所收者，爲記佛之生平及行跡等佛典。

　　大乘、小乘二詞之形成，係釋迦牟尼佛入滅後一段時期，由於大乘佛教之興起，始有大、小乘相互對立之情形，故而起此之名詞。一般而言，小乘乃大乘佛教徒對原始佛教與部派佛教之貶稱，其後學術界沿用之，並無褒貶之意。其教義主要以自求解脫爲目標。若以部派佛教之立場而言，大乘並非佛教；然由思想史之發展而言，小乘乃大乘思想之基礎。小乘爲自調自度，即滅除煩惱，證果開悟之聲聞、緣覺之道，異於大乘自利、利他二者兼顧之菩薩道。大乘諸經論中有比較大小二乘之別者。今統整其要，列舉一表如下：

出　　處	小　　乘	大　　乘
《大智度論》〔註43〕	1. 聲聞乘狹小。	1. 佛乘廣大。

〔註40〕《長阿含經》卷二，頁 12，云：「佛爲海船師，法橋渡河津，大乘道之輿，一切渡天人，亦爲自解結，渡岸得昇仙。」

〔註41〕隋・費長房《歷代三寶紀》，收錄於《大正新修大藏經》第 49 冊，卷 13，頁 109。

〔註42〕同上註，卷 14，頁 115。

〔註43〕龍樹菩薩造，鳩摩羅什譯《大智度論》卷四，頁 85，云：「欲辯二乘義故：佛乘及聲聞乘。聲聞乘陋小，佛乘廣大；聲聞乘自利自爲，佛乘益一切。復次，聲聞乘多説眾生空，佛乘説眾生空、法空。如是等種種分別説是二道故。」又，同書卷七十九，頁 619，云：「聲聞説法中，無大慈悲心；大乘法中，一句雖少，有大慈悲。聲聞法中皆自爲身；大乘法中廣爲眾生。聲聞法中無欲廣知諸法心，但欲疾離老、病、死；大乘法中欲了了知一切法。聲聞法功德有限量；大乘法中欲盡諸功德，無有遺餘。如是等大、小乘差別。」

		2. 聲聞乘自利自爲。	2. 佛乘益一切。
		3. 聲聞乘多說眾生空。	3. 佛乘則兼說眾生空與法空。
		4. 煖、頂、忍、法等四善根位爲小乘之初門。	4. 菩薩法忍爲大乘之初門
		5. 聲聞說法中無大慈悲心。	5. 大乘法中有大慈悲。
		6. 聲聞法中皆爲自身。	6. 大乘法中廣爲眾生。
		7. 聲聞法中無欲廣知諸法之心，但欲疾離老、病、死之心。	7. 大乘法中欲了知一切法。
		8. 聲聞法之功德有限量。	8. 大乘法中欲盡諸功德，無有遺餘。
《入大乘論》〔註44〕		1. 聲聞之學，僅斷結障，觀無常行，從他聞法。	1. 菩薩則志在斷盡一切微細諸習，乃至觀一切法空，不從他聞，得自然智、無師智。
		2. 聲聞之解脫，稱爲愛盡解脫，而非一切解脫，乃爲鈍根少智眾生而權假設說者。	2. 大乘之解脫，斷煩惱習，一切都盡，乃爲利根菩薩而廣分別說者。

《大乘莊嚴經論》卷一〈成宗品〉云：

> 聲聞乘與大乘有五種相違，一發心異，二教授異，三方便異，四住
> 持異，五時節異。聲聞乘若發心，若教授，若勤方便，皆爲自得涅
> 槃故。住持亦少，福智聚小故。時節亦少，乃至三生得解脫故。大
> 乘不爾，發心教授勤方便，皆爲利他故。住持亦多，福智聚大故。
> 時節亦多，經三大阿僧祇劫故。如是一切相違。〔註45〕

上記爲大乘經論所言與小乘即聲聞乘之別。小乘乃爲聲聞而設權門方便之教，
並視之爲佛教初門，然隨近世佛教研究法之改變，則稱所謂「小乘教」爲「原
始佛教」或「根本佛教」，其中多含佛陀直接口授之教說，其後之大乘佛教則爲
其教義之敷衍。今日東亞諸國中，以錫蘭、緬甸、泰國等專傳小乘佛教；尼泊

〔註44〕 堅意菩薩造，北涼三藏法師道泰等譯《入大乘論》卷1，頁37，云：「聲聞學
　　　　者，但斷結障，觀無常行，從他聞法。菩薩所斷，微細諸習，乃至空竟，觀
　　　　一切法，不從他聞，得自然智，無師智。以是義故，非以聲聞乘同大乘也。」
　　　　又云：「聲聞解脫，名愛盡解脫，非一切解脫，但爲鈍根少智眾生，假分別說。
　　　　大乘解脫，斷煩惱習，一切都盡，爲利根菩薩，廣分別說。」
〔註45〕 無著菩薩造，唐・波羅頗密多羅譯《大乘莊嚴經論》，收錄於《大正新修大藏
　　　　經》第31冊，卷1，頁591。

爾、西藏、蒙古、日本及中國等則主要遵奉大乘佛教，〔註46〕而兼學小乘。

小乘視釋迦爲教主，大乘則提倡三世十方有無數佛。小乘僅否定人我之實在性，大乘且否定法我之實在性。小乘以自己之解脫爲主要目標，大乘則認爲涅槃有積極之意義，乃自利、利他，兩面兼顧之菩薩道。小乘係指《四阿含》等諸經；《四分律》、《五分律》等諸律；《發智論》、《六足論》、《婆沙論》、《俱舍論》、《成實論》等諸論所宣說之法門，故《大智論》稱之爲「三藏教」。其中雖衍生出上座、大眾二十部等之別，主要仍在宣說「我空法有」，〔註47〕觀四諦之理，證阿羅漢果。至於大乘，則有《般若經》、《法華經》、《華嚴經》等經，《菩薩戒本》、《優婆塞戒本》等律，以及《中論》、《攝大乘論》等論。大乘教徒雖承認小乘三藏之價值，然以爲不如大乘經之殊勝，而大乘所以殊勝之理由，《菩薩善戒經》卷七云其要義如下：據十二部經中之最上者毘佛略（梵 vaipulya，方等）之教法，即是法大；發菩提心，是爲心大；領解其教法，是爲解大；發清淨心，是爲淨大；具足菩薩之福德與慧德，是爲莊嚴大；經過三大阿僧祇劫之修行，是爲時大；具足相好而得無上菩提，是爲具足大，此七大即爲大乘法門之核心要義。〔註48〕至此小大乘之殊已明矣！費長房首創「入藏錄」之體例，即依大小乘經律論而分，其旨爲「別識教小大之淺深」也。

〔註46〕印度之大乘，分中觀、瑜伽二系統及後期之密教。一、初期大乘，約一世紀至五世紀，集中闡發「假有性空」之理論，逐漸形成由龍樹、提婆創始之中觀學派。二、中期大乘，約五世紀至六世紀，以說如來藏緣起與阿賴耶識緣起爲特點，集中闡發「萬法唯識」之各類佛經，進而形成由無著、世親爲始祖之瑜伽學派。三、後期大乘，七世紀以後，佛教義學逐漸衰微，密教起而代之，至十三世紀初在印度絕跡。而由印度本土傳出之大乘佛教，屬北傳佛教，如尼泊爾、西藏、蒙古、日本及中國等是。

〔註47〕佛光大辭典，頁2941，釋「我空法有」：意指「我」爲空無，而「法」爲實有，乃說一切有部等之主張。眾生之肉體乃五蘊假合而成，故無常一性，亦無支配之能力，是爲「我空」。然對於其他存在之一切法，認爲並非空無，而實有其獨立之本質及實體，故說「法有」。

〔註48〕求那跋摩譯《菩薩善戒經》卷七，頁 999～1000，云：「菩薩法藏於十二部經最大最上，故名毘佛略，二者心大，心大者，謂發阿耨多羅三藐三菩提心。三者解大，解大者，解《菩薩藏毘佛略經》。四者淨大，淨大者，菩薩發心已其心清淨乃至得阿耨多羅三藐三菩提。五者莊嚴大，莊嚴大者，菩薩具足功德莊嚴、智慧莊嚴，得阿耨多羅三藐三菩提。六者時大，時大者，菩薩摩訶薩爲阿耨多羅三藐三菩提故，三阿僧祇劫修行苦行。七者具足大，具足大者，菩薩具足三十二相八十種好，以自莊嚴，得阿耨多羅三藐三菩提。法大、心大、解大、淨大、莊嚴大、時大，如是六大名之爲因，具足大者名之爲果，有八法能攝一切大乘。」

四、錄記全書之總目

　　《歷代三寶紀》第十五卷，首有〈上開皇三寶錄表〉，載進本書之表文。次爲〈開皇三寶錄總目序〉，爲本書總序及全書目錄，於末兼列宋、梁、魏、北齊、隋等六家及已佚古代二十四家經錄名稱與體例組織，保存古代佛典目錄豐富資料，使今人仍可據此研究亡佚書籍之內容。

　　本卷置於書末，據陳援菴先生認爲「猶是班、馬以來遺法」，〔註49〕意指費長房仿司馬遷《史記》及班固《漢書》之體例，將序文置於全書之末，此舉曹仕邦先先則認爲乃費長房以修史心態著書之證據。〔註50〕由此延伸出《歷代三寶紀》之歸類問題。另，本書各卷所載之譯經數與總目序所載，似有出入，於下分此二方面申述之。

（一）《歷代三寶紀》歸類問題

　　關於《歷代三寶紀》應歸「傳記類」或「目錄類」之問題，歷來學者各有所持。清‧釋智旭《閱藏知津》將本書列入傳記類，陳垣先生則認爲不合，應改入目錄類，其於《中國佛教史籍概論》中云：

> 此書亦名《開皇三寶錄》，卷末有〈上開皇三寶錄表〉，嚴可均收入《全隋文》二十八。《開元釋教錄》七、《法苑珠林》百著錄，亦名《開皇三寶錄》。《通志》六七〈藝文略〉釋家類既出《開皇三寶錄》，復出《歷代三寶記》，焦竑《國史經籍志》四同，所謂見名不見書也。
> 此書本爲目錄書，《閱藏知津》列入傳記類，不合，應改入目錄類。
> 〔註51〕

陳垣先生認爲應改入目錄類之理由，乃「見名不見書」，本文第三章已述，寫本藏經目錄均用《開皇三寶錄》之名。故以卷末有〈上開皇三寶錄表〉及費長房親載外題《開皇三寶錄》之書名而分，不以書之內容分，謂「見名不見書」，此法乃近代圖書分類所依據。基於此由，陳垣先生直指《閱藏知津》將其列入傳記類爲不合，應改入目錄類。然據阮忠仁先生之研究，知《歷代三

〔註49〕陳垣撰《中國佛教史籍概論》，上海：上海書店出版社，2001 年 8 月第一版，頁 6。

〔註50〕曹仕邦著《中國佛教史學史——東晉至五代》，台北：法鼓文化，1999 年 10 月，頁 280。

〔註51〕陳垣撰《中國佛教史籍概論》，上海：上海書店出版社，2001 年 8 月第一版，頁 4～5。

寶紀》爲一部具史學特質之作，〔註52〕故智旭將其列入傳記類並無不可。

　　智旭之分類不全然以書之內容分，其亦以「見名不見書」而分，蓋其所見之名爲內題之名。以《歷代三寶紀》稱之者，應歸於傳記類，反之，以《開皇三寶錄》稱之者，則屬目錄類。大致以北宋開雕大藏經爲分界，前此之唐代，均以《開皇三寶錄》之名錄入經錄中，顯而明之，即歸屬爲目錄類。於北宋之後，即以《歷代三寶紀》之名錄入大藏經中，此後皆沿用此名，至智旭時首將其歸於史傳部，直至今之《大正藏》均未更動其分類。

（二）〈總目序〉與各卷之對照

　　〈總目序〉羅列各卷之序目，「帝年」部份與卷內所載，大致相符，惟下列幾處有異。

序號	總　目　序　所　載	各　卷　內　容　所　載
1	後漢光武帝，二十三年，都雒陽。	卷二載後漢光武帝秀字文叔，高帝九世孫，立三十三年。徙都雒陽，號建武元。〔註53〕
2	西晉武帝，二十六年，都雒陽。西晉惠帝，十六年。	卷三載西晉武帝，二十五年，都雒陽。西晉惠帝，十六年。〔註54〕
3	周靜帝，十年。	卷三載周靜帝，一年。〔註55〕

　　1. 據《御定歷代紀事年表》目錄云：

　　　卷二十九，凡三十三年，起乙酉漢光武帝建武元年，止丁巳漢光武帝建武中元二年。

　　後漢光武帝在位應爲三十三年，以卷內所載爲正。而〈總目序〉之二十三年，疑爲筆誤也。

　　2. 西晉武帝在位起自乙酉泰始元年（西元 265 年），迄於己酉年泰康十年（西元 289 年）計二十五年，武帝於次年即庚戌年（西元 290 年）四月崩，惠帝即位，至永興三年（西元 306 年）止，惠帝在位應爲十七年。

　　3. 北周靜帝在位一年（西元 580 年），即禪位予隋朝，宋、元、明版大藏經均載一年。此疑爲《大正藏》之誤也。

〔註52〕阮忠仁〈從《歷代三寶紀》論費長房的史學特質及意義〉，《東方宗教研究》新一期，1990 年 10 月，頁 93-129。
〔註53〕隋・費長房《歷代三寶紀》，收錄於《大正新修大藏經》第 49 冊，卷 2，頁 32。
〔註54〕同上註，卷 3，頁 35。
〔註55〕同上註。

　　以上為〈總目序〉載「帝年」異於各卷內容部份，而其「代錄」凡九卷所載與〈總目序〉亦有出入，茲列一表如次：

卷　　別	譯經人數	總　目　序		代錄敘論末所載		代錄內容實際所列	
		部　數	卷　數	部　數	卷　數	部　數	卷　數
第　四　卷	12	359	575	359	427	359	464
第　五　卷	10	371	506	312	483	271	507
第　六　卷	13	450	717	451	717	451	719
第　七　卷	27	267	564	263	585	268	579
第　八　卷	16	163	914	164	914	164	913
第　九　卷	27	204	917	203	855	203	869
第　十　卷	23	210	490	210	490	210	495
第十一卷	51	169	1326	162	1326	169	1327
第十二卷	19	75	462	75	462	75	473
合　　計	198	2268	6471	2199	6259	2170	6346

　　由上之對照表，可發現〈總目序〉與代錄之部卷數差異頗大，尤以合計數較顯明，據〈總目序〉云：

　　　猶約世分，總其華戎，黑白道俗合有一百九十七人，都所出經律戒
　　　論傳，二千一百四十六部，六千二百三十五卷。〔註56〕

合撰譯人實為一百九十八人，而費長房此處言合一百九十七人，乃計算之誤也。又合二千一百四十六部與列出合計數為二千二百六十八部相差一百二十二卷之多，而卷數六千二百三十五卷與六千四百七十一卷，相差高達二百三十六卷，究其原因，於本節第二目「編鑒經翻譯之少多」中已詳述，或為後人恣意增修，〔註57〕或為計算之誤。總之，今所見之《歷代三寶紀》應與原始本有所差異。若欲細究考證，恐將另闢一書，而非本文所能容納，故僅申述至此。

　　接續「代錄」之後，為「大小乘入藏目」之總目，其所列之數與實際數亦有差異，如下表：

<hr>

〔註56〕同上註，卷15，頁120。
〔註57〕《歷代三寶紀》於「代錄」中有後人增修之跡甚明，尤以第九卷為最，於增
　　　　添佛典時，有同時修改該卷敘論末之總數，或僅修改總目之合計數，或二者
　　　　皆未修改之種種可能，此亦造成總計數前後不一之其中因素。

卷　別	類　名	總目序		內容實際所列		差異數	
		部　數	卷　數	部　數	卷　數	部　數	卷　數
第十三卷 大　乘	修多羅有譯一	234	885	223	846	11	39
	修多羅失譯二	235	402	233	392	2	10
	毘尼有譯三	19	40	19	40	0	0
	毘尼失譯四	12	14	12	14	0	0
	阿毘曇有譯五	49	238	51	260	-3	-23
	阿毘曇失譯六	2	7	2	7	0	0
	本卷合計	551	1586	540	1559	11	27
第十四卷 小　乘	修多羅有譯一	108	527	107	526	1	1
	修多羅失譯二	317	482	317	484	0	-2
	毘尼有譯三	39	285	40	288	-1	-3
	毘尼失譯四	31	67	30	66	1	1
	阿毘曇有譯五	21	351	21	351	0	0
	阿毘曇失譯六	10	27	10	27	0	0
	本卷合計	526	1739	525	1742	1	-3

　　上表所列大小乘經律論中，遇同本別譯異名者有數部時，僅記數為一部。而大小乘入藏目與實際所載部卷數之差異，疑為《大正藏》之誤者，如〈總目序〉云：

　　　　《開皇三寶錄》卷第十三（大乘錄入藏目）五百五十一部，一千五
　　　　百八十六卷。（大乘）修多羅有譯一：二百三十四部（八百八十五卷）。
　　　　修多羅失譯二：三百三十五部（四百二卷）。毘尼有譯三：一十九部
　　　　（四十卷）。毘尼失譯四：一十二部（一十四卷）。阿毘曇有譯五：
　　　　四十九部（二百三十八卷）。阿毘曇失譯六：二部（七卷）。〔註58〕

上之引文於「修多羅失譯二」之部份，《大正藏》載三百三十五部，並加注宋、明、元版載二百三十五部，合其總數若為五百五十一部，則此處當以二百三十五部為正。餘者小異處，大多為計數之訛誤。

　　〈總目序〉之末附錄《眾經別錄》、《出三藏集記錄》、《魏世眾經錄目》、《齊世眾經目錄》、《梁世眾經目錄》、《大隋眾經目錄》等六家費長房時見存

〔註58〕隋‧費長房《歷代三寶紀》，收錄於《大正新修大藏經》第49冊，卷15，頁125。

之經錄，並著錄其體例，使後人得以窺見其貌。此外，亦附錄未嘗見之二十四家經錄，提供後世研究經錄者不可或缺之參考資料。

綜上所述，《歷代三寶紀》之內容，具有目錄學與佛教史學之雙重特性。帝年部分以「張知佛在世之遐邇」爲旨，兼記當時史事，提供研究佛教史學之參考資料；代錄部分以「編鑒經翻譯之少多」爲旨，沿襲前此目錄學之體例加以修整創新而編纂，爲本書之主體，所佔篇幅最多，內容完備宏富，儼如一部佛教經典之翻譯史；入藏目部分以「別識教小大之淺深」爲旨，依據專科目錄之分類法予以分判大小乘之殊。整體而言，本書隨歷代寫本藏經及刊本大藏經傳世至今，內容上或有傳抄、版刻時產生之誤，或爲作者不諳算數產生計數之訛，然仍有其價值與創新之處，實爲一部甚具獨特性之佛教經錄。

第三節　本書之取材

《歷代三寶紀》既爲具獨特性之佛教經錄，必有其編纂特色，應不同於文學著作，以抒情見意，辭必己出；亦不同於哲理之作，以空言論道，設寓說理。本經錄之著作，當有鑒別古籍眞僞、考典籍存佚、核書名異同、察學術流變、驗篇卷分合之用。費長房依此原則，廣博蒐集史料，取材凡數十家，〔註59〕含史書、傳記、經錄等類書籍，及親自耳聞目見之事實，皆錄入《歷代三寶紀》中，茲分述如次：

一、史書及傳記類典籍之取材

《歷代三寶紀》取材自史、傳記類典籍，有明言者，如《春秋左傳》、《穆天子別傳》、《漢書》、《魏史》、《外國傳》、〔註60〕《阿育王傳》、《高僧傳》、《名

〔註59〕 隋·費長房《歷代三寶紀》卷十五〈總目序〉云：「今之所撰集，略準三書，以爲指南，顯茲三寶。佛生年瑞，依周夜明，經度時祥，承漢宵夢，僧之元始，城塹棟梁，毘贊光輝，崇於慧皎。其外傍採隱居、歷年、國志、典墳、僧祐集記、諸史傳等僅數十家，摘彼翠翎，成斯紀翮，扇之千載，風於百王。」故曰取材數十家。

〔註60〕 隋·費長房《歷代三寶紀》卷十，頁92，《外國傳》下譯者小傳云：「武帝世。永初元年黃龍國沙門曇無竭，宋言法勇，招集同志釋僧猛等二十五人，共遊西域二十餘年。自外並化，唯竭隻還於罽賓國，寫得前件梵本經來。元嘉末年達于江左，即於楊都自宣譯出。見《王宋》、《僧祐》、《慧皎》、《李廓》、《法上》等錄。」

僧傳》、《眞諦傳》、《像法正記》、《薩婆多記》等十一部，尚有長房未交代史料來源者，亦未說明史料取得方式，故此處所用之資料，均以書中明白顯示者爲主，現羅列費長房徵引上述傳記類典籍資料如下表：

取材典籍名稱	存佚	《歷代三寶紀》	
		卷 次	徵 引 內 容
《春秋左傳》	存	第一卷	即《左傳》說恒星不現夜明也。
			《左傳》又稱與雨偕也。
		第十一卷	《春秋左傳》曰：魯莊公七年，歲次甲午四月辛卯夜，恒星不見，星殞如雨，即周莊王十年也。〔註61〕
《穆天子別傳》	佚	第一卷	引《穆天子別傳》爲證，稱瑕子滿嗣位，穆王聞佛生迦維，遂西遊而不返。
《漢書》	存	第四卷	《漢書》言身毒國也，身毒即天竺。
《魏史》	存	第三卷	承明元。北臺有百餘寺，僧尼二千餘人，四方諸寺六千四百七十八，僧尼七萬七千二百五十人。見《魏史》。
			延昌二年。《魏史》云：此年攝天下僧尼寺，積有一萬三千七百二十七所。去承明來始三十餘年。
			正光三年。沙門慧生，凡歷七年，從西域還。得梵經論一百七十部，即就翻譯，並行於世。見《魏史》。
《外國傳》	佚	第二卷	元光六年。《外國傳》云：佛滅度後四百八十年，有神通羅漢名阿利難陀，國王之子，於優長國東北，造牛頭栴檀彌勒像，高八丈，將巧匠三人上兜率，看眞彌勒造，然後得成，甚有神驗。
《阿育王傳》	存	第一卷	周敬王二十六年。《阿育王傳》云：佛滅度後百十六年，出東天竺治華氏城，統閻浮提，爲鐵輪王。興隆佛法，起立八萬四千寶塔，當此歲也。

〔註61〕此乃費長房據今已不傳之道安《二教論》轉引。見隋·費長房《歷代三寶紀》，收錄於《大正新修大藏經》第49冊，卷11，頁101。

《高僧傳》	存	第二卷	《高僧傳》云：安世高從建初二年至靈帝建寧中，凡二十餘載。合譯《法句》等經一百七十四部、一百八十八卷。
			《高僧傳》云：《古維摩詰》等六部經，合十卷，並臨淮嚴佛調於洛陽出之。
			《高僧傳》云：《興起本行經》等五部合八卷，並康孟詳出。
			《高僧傳》云：《中本起經》二卷，曇果共孟詳此年出之。
			《高僧傳》云：《修行本起經》二卷，竺大力此年出之。
		第四卷	《般舟三昧經》二卷。《舊錄》云：《大般舟三昧經》。或一卷。第二出。見《高僧傳》。
			《小本起經》二卷。（或云《修行本起》，或云《宿行》，近來加小字耳，見《舊錄》及《高僧傳》）。
			《十慧經》一卷。（佛調自撰出并注序。亦云《沙彌十慧》，見《僧祐》、《寶唱》及《高僧傳》等三錄）。
	存	第五卷	《高僧傳》載，直云《郁伽長者》等四經。
			慧皎《高僧傳》述止云四十九經。
			《梵皇王經》一卷（見《祐錄》及《高僧傳》）。
		第六卷	而《高僧傳》唯云護出一百六十五部。
			惟逮《菩薩經》一卷（見《高僧傳》及《三藏記》）。
			《高僧傳》止云祖出一經。然其所出諸經，遭世擾攘，名錄罕存，莫紀其實。
		第七卷	《方便心論》一卷（共法業出見《高僧傳》）。
			《高僧傳》云：賢出《泥洹》及《修行》等一十五部，凡一百一十七卷。
		第八卷	（姚秦）《出曜經》一十九卷（建元十年出。見《二秦錄》及《高僧傳》、《寶唱錄》等）。
			《菩薩瓔珞經》一十四卷（建元十二年七月出。見《二秦錄》及《高僧傳》。或十三卷）。

《高僧傳》	存	第八卷	《十住斷結經》一十一卷（第二出。與漢世竺法蘭所譯八卷者小異，見《二秦錄》及《高僧傳》。或十卷）。
			《菩薩處胎經》五卷（亦直云《胎經》，見《二秦錄》及《高僧傳》）。
			《中陰經》二卷（見《二秦錄》及《高僧傳》）。
			《高僧傳》中唯載五部。
			而《高僧傳》乃云：法明從聲爲字，於理小僻。義熙中入長安，共天竺沙門曇摩掘多。
	存	第十卷	《新無量壽經》二卷（於道場寺出。是第七譯，與支謙、康僧鎧、白延、法護、羅什、法力等出者各不同。見《道慧宋齊錄》及《高僧傳》）。
			《大般涅槃經》三十六卷（見《寶唱錄》及《高僧傳》）。
			《菩薩善戒經》二十卷（於祇洹寺譯。第二出與識所翻八卷者小異，見《竺道祖錄》及《高僧傳》）。
			《雜阿毘曇心》十三卷（初伊葉波羅出至擇品停。今續譯都訖成三十三卷，見《高僧傳》）。
			《四分羯磨》一卷（元嘉八年於祇洹寺出。是第二譯，與魏曇帝出者同。見《高僧傳》、《別錄》、《寶唱錄》等）。
			《優婆塞五戒略論》一卷（元嘉八年於祇洹寺出。亦云《五戒相》，亦云《五戒略論》，見《高僧傳》及《唱錄》）。
			《善信二十二戒》一卷（亦云《離欲優婆塞優婆夷具行二十二戒》，亦云《三歸優婆塞戒》，見《高僧傳》）。
			《請聖僧浴文》一卷（並見《高僧傳》及《別錄》）。
			《現在佛名經》三卷（元嘉二十九年正月七日，於荊州爲南譙王劉義宣譯。亦名《華敷現在佛名》，見《始興錄》及《高僧傳》）。
			西域沙門畺良耶舍，宋言時稱性剛直，寡嗜慾，善三藏學，多所識知，尤工禪思。元嘉年初達京邑，帝深加賞，勅住鍾山道林精舍。……並見《道慧宋齊錄》及《高僧傳》。

		第十卷	孝武帝世。北涼河西王沮渠蒙遜，從弟安陽侯京聲，屬涼運終，爲元魏滅。京聲竄竊，南奔建康，晦志卑身，不交人世，常遊止塔寺，以居士自卑。絕妻孥，淡榮利，從容法侶，宣通正教。是以黑白咸嘉敬焉。所譯前件雜要眾經。既諷習久，對眾弘宣。臨筆綴文，曾無滯礙。丹陽尹孟顗見而善之，深加賞接，資贍隆厚。見《高僧傳》。
《高僧傳》	存		
		第十一卷	《灰河經》一卷（見《始興錄》。及《高僧傳》、《三藏記》等亦出）。 故《高僧傳》云：釋曇諦者，俗姓康氏，其先康居人。漢靈帝時，移附中國。獻帝末亂，移止吳興。
《名僧傳》	佚	第四卷	《佛本生經》二卷（見《名僧傳》）。 正觀寺扶南沙門僧伽婆羅，梁言僧養，亦云僧鎧。幼而穎悟，十五出家，偏學阿毘曇，心具足以後，廣尋律藏。聞齊國弘法，隨舶至都，住正觀寺。爲求那跋陀弟子，復從跋陀研精方等，博涉多通。……並《寶唱錄》及《名僧傳》載。
《眞諦傳》	佚	第十一卷	《仁王般若經》一卷（第二出。與晉世法護出者少異同，三年在寶田寺翻，見《眞諦傳》）。
《像法正記》	佚	第一卷	如來滅後二十餘年，長老迦葉住持法藏，付囑阿難，然後入滅。出《像法正記》。
			周靈王三年，迦葉滅後二十年，阿難住持法藏，然後付囑末田地，方始入滅。亦出《像法正記》。
《薩婆多記》	佚	第一卷	《薩婆多記》云：馬鳴菩薩佛滅後三百餘年，生東天竺婆羅門種，出家破諸外道，造《大莊嚴論》數百偈，盛弘佛教，有別傳載，計當此時。

　　上列取材大多引用於「帝年」中，凡《春秋左傳》、《穆天子別傳》、《魏史》、《外國傳》、《阿育王傳》、《高僧傳》、《像法正記》、《薩婆多記》等是，亦有一部分用於「代錄」之經典考證及譯者小傳上。其中，尤以《高僧傳》橫跨「帝年」與「代錄」二類，引用最廣，庶幾爲撰作《歷代三寶紀》之藍本。

二、佛經目錄之取材

　　《歷代三寶紀》爲佛家經錄之一，於佛典目錄中，其引有當時見存之六家目錄，即似劉宋時《眾經別錄》、僧祐《出三藏記集》、李廓《魏世眾經目錄》、法上《齊世眾經目錄》、寶唱《梁世眾經目錄》、法經等撰《大隋眾經目錄》。此六家目錄中，僅《出三藏記集》、《大隋眾經目錄》二部今存，而《眾經別錄》則殘存一部分，即敦煌殘卷，餘魏、齊、梁三家目錄已亡佚。此外，費長房亦間接引用《古錄》、《舊錄》、《朱士行漢錄》、《聶道眞錄》、《趙錄》、《二秦錄》、《道安錄》、《竺道祖錄》、《支敏度錄》、《王宗錄》、《宋齊錄》、《始興錄》、《正度錄》、《菩提流支錄》、《靈裕錄》、《東錄》、《一乘寺錄》、《南來新錄》等，早已不存之目錄。茲將所引古代經錄及引用數目表之於次：

經　　錄	後漢	三國	兩晉	三秦	北涼	北魏	宋	齊	梁	合計
古錄		1	1		2					4
舊錄	8	81	14				1	1		105
別錄	10	22	19	41	1	1	12	1		107
朱士行漢錄	24		2							26
聶道眞錄	1		58							59
趙錄			6	1			7			14
二秦錄		1	2	37	1					41
道安錄	4	2	7	1			1			15
竺道祖錄	12	50	63	4	11	1	9	2		152
支敏度錄	7	1	5	1						14
王宗錄			2		1		1	1		5
道慧宋齊錄		1	1	4	6		19	2		33
始興錄	3	6	13	9	1	1	22	2		57
僧祐錄	54	30	12	2		3	36	15	1	153
李廓錄	2		2	11	1	1	17		2	36
法上錄		1	2		3	7	19	3		35
寶唱錄	6	10	19	10	3	2	18	6	18	92
正度錄			3							3
菩提流支錄							1			1
靈裕錄		1	1							2
東錄							1			1
一乘寺錄						1				1
南來新錄			4							4

　　上表為統計「代錄」合九卷內容引用之情形。其中以僧祐《出三藏記集》引用次數最甚，足見費長房以此錄為主，他錄為輔，進行資料之蒐集徵引。其於編撰「代錄」徵引資料時，首列佛典名稱，次列卷數，後詳注出處，舉例如下：

　　　　《修行道地經》七卷（或六卷。初出漢永康元年譯支敏度制〈序〉。
　　　　見《寶唱錄》及《別錄》。或云《順道行經》）〔註62〕

此種取材自前朝佛經目錄之義例，不但可保存已佚目錄之些微面目，亦可提供研究古代經錄及譯經史之重要參考資料。

　　除上表所列之經錄外，費長房又據法經等撰《大隋眾經目錄》（以下簡稱《法經錄》）編纂「入藏目」，詳見附錄二「《歷代三寶紀》入藏目取材一覽表」，由此表獲悉費長房首創之「入藏目」，內載大小乘佛教典籍，大致依《法經錄》增減而成。如〈大乘修多羅有譯第一〉凡二二三部，〔註63〕庶幾出自《法經錄》〈大乘修多羅藏錄‧眾經一譯〉及〈大乘修多羅藏錄‧眾經異譯〉，間有取自《法經錄‧西方諸聖賢所撰集》；〈大乘修多羅失譯第二〉凡二三三部，取自《法經錄》〈大乘修多羅藏錄‧眾經失譯〉及〈大乘修多羅藏錄‧眾經別生〉，〔註64〕間有取自〈眾經疑惑〉、〈西方諸聖賢所撰集〉；〈大乘毗尼有譯第三〉凡十九部，則取自《法經錄》〈大乘毗尼藏錄‧眾律一譯〉及〈大乘毗尼藏錄‧眾律異譯〉，其中《優婆塞戒本》一卷，取自《法經錄》〈大乘毗尼藏錄‧眾律別生〉；〈大乘毗尼失譯第四〉凡十二部，均取自《法經錄‧大乘毗尼藏錄‧眾律失譯》；〈大乘阿毗曇有譯第五〉凡五十一部，取自《法經錄‧大乘阿毗曇藏‧眾論一譯》，間或取自《法經錄‧大乘阿毗曇藏錄‧眾論異譯》、及《法經錄‧西方諸聖賢所撰集》，其中《大乘起信論》一卷，取自《法經錄‧大乘阿毗曇藏錄‧眾論疑惑》；〈大乘阿毗曇失譯第六〉凡二部，取自《法經錄》〈大乘阿毗曇藏錄‧眾論失譯〉及〈大乘阿毗曇藏錄‧眾論別生〉。小乘經律論亦同大乘分六類，取材自《法經錄》

〔註62〕　隋‧費長房《歷代三寶紀》，收錄於《大正新修大藏經》第49冊，卷4，頁50。

〔註63〕　此數乃依前章第二節第四目所統計之實際部數，同本別異者僅計一部。

〔註64〕　〈大乘修多羅藏錄‧眾經別生〉，意謂大乘經藏中貸別生經而言。而別生經，則指於大部經中，抄出部分經文或別出抄譯而成者。此乃典籍紛綸，法門浩瀚，後人為隨宜化誘，應物施緣而設，故多隨己意取捨、刪略；即於大部經中抄出別行，或持偈句，以成卷部者。如《淨行品經》、《大般若第二會經》、《菩薩地持戒經》等皆是。

小乘經律論藏錄之一譯、異譯、失譯、別生及西方諸聖賢所撰集、此方諸德抄集等與大乘之取材法大致相同。然其中卻有一部取自僞妄經，乃〈小乘修多羅失譯〉所錄入之《法句譬喻經》三十八卷，《法經錄》以其另一名《法句譬經》三十八卷稱之。〔註65〕長房把《法經錄》審定爲僞妄經之《法句譬經》三十八卷收編入藏，似有欠謹愼。此外，另有《法經錄》所無，而取自《出三藏記集》者，如《大阿育王經》、《僧伽羅刹集經》、《無量清淨平等覺經》、《十四意止經》、《迦旃延偈經》、《摩訶神呪經》、《決定毘尼經》、《菩薩齋法》、《五門禪經要用法》、《耶祇經》、《栴檀樹經》、《僧祇比丘戒本》等十二部，間有取自已亡佚之經錄者，如《一乘寺藏眾經目錄》之《大乘寶雲經》八卷、《晉世雜錄》之《仁王般若波羅蜜經》二卷等；亦有長房拾遺補入者，如《雜問律事》二卷、《僧祇比丘尼戒本》一卷、《四分雜羯磨》一卷等，及隋代新增之譯經，揀擇四十部入藏。復次，入藏目疑有後人增列之跡，如《四分尼戒本》一卷，爲唐‧西太原寺沙門懷素所集出，〔註66〕乃智昇《開元釋教錄》新編入錄者，前此並無此書也。又，《五分尼戒本》一卷爲唐‧慧琳所撰，其與前《四分尼戒本》同爲後人所增列。綜上所言，《歷代三寶紀》之入藏目，可謂承襲《法經錄》，校以《出三藏記集》，兼錄當代之新譯經典，於體例上爲首創，然於取材資料之揀擇辨僞上，仍有疏失不夠嚴謹之處。

《歷代三寶紀》除取材自上述佛經目錄外，又引《文殊師利般泥洹經》、《普曜經》、《過去現在因果經》、《瑞應本起經》、《佛本行集經》、《十二遊經》、《彌沙塞律》、《大集經》等八部佛經，其中僅《文殊師利般泥洹經》引用於此書卷二外，餘皆引用至卷一，以考證釋尊之生平行誼。其引用書籍範圍之廣，亦反應出費長房用博通之法，編撰此書，冀達援據精博，信而有徵之效。

三、親身聞見之引用

經錄典籍之著述，首貴求眞，爲免僅憑載籍或貽閉門造車之譏，費長房致力搜羅舊聞，以爲考信之證據。《歷代三寶紀》既是費長房所撰就而成，其內容自有體現本人親身聞見之處。故嗣傳記、目錄類及佛典之取材後，續論

〔註65〕梁‧僧祐《出三藏記集》卷四，頁31，云：「《法句譬喻經》一卷（凡十七事，或云《法句譬經》）」。

〔註66〕唐‧智昇《開元釋教錄》卷十三，頁619，云：「《四分比丘尼戒本》一卷，（亦云《四分尼戒本》）大唐西太原寺沙門懷素依律集出（新編入錄）。」

「房親驗見」，〔註67〕以明治學親身聞見之重要。

　　據《歷代三寶紀》卷十一云：

　　　　太學博士江泌女，小而出家，名僧法，年八九歲，有時靜坐，閉目
　　　　誦出前經。揚州道俗，咸稱神授。房驗經論，斯理皎然，是宿習來，
　　　　非關神授。〔註68〕

對於太學博士江泌女之事，應是長房親所耳聞，為求證之，云「房驗經論」，
故而得「是宿習來，非關神授」之結論。

　　同卷《僧崖菩薩傳》一卷條下注云：

　　　　保定二年，於城都燒身，當燒身日，數百里內，人悉集看，肉骨俱
　　　　盡，唯留心在。天花瑞相，具在傳載。房親驗見。〔註69〕

僧崖菩薩本獽人也，雖居夷俗，然威容端儼，舉止閑雅。礙於父兄，好行殺
獵，不受教化，遂辭而行焉。來至益州，投充闍梨。〔註70〕保定二年（西元
562年），於成都燒身。〔註71〕當時情形及所現種種瑞相，因長房居成都，「數
百里內，人悉集看」，長房定是集看者之一，因而云「親驗見」，即親眼目睹，
故能述之翔實。

　　以上為費長房親身聞見之例證，此外，《歷代三寶紀》卷十二，即譯經大
隋卷，所列之譯出經均加注譯出年月，或筆受者，或制序者，此大抵為長房
因職務之便，而親見者，舉一例略云如下：

　　　　《發覺淨心經》二卷（開皇十五年九月翻，十月訖。沙門僧琨等筆
　　　　受）

　　　　《一向出生菩薩經》一卷（開皇十五年十一月翻，十二月訖。沙門

〔註67〕隋・費長房《歷代三寶紀》，收錄於《大正新修大藏經》第49冊，卷11，頁
　　　　101。

〔註68〕同上註，頁97。

〔註69〕同上註，頁101。

〔註70〕唐・惠詳《弘贊法華傳》，收錄於《大正新修大藏經》第51冊，卷5，頁25。

〔註71〕宋・延壽《萬善同歸集》卷2，頁971，云：「僧崖菩薩燒身云：『代一切眾生
　　　　苦，先燒其手。』眾人問曰：『菩薩自燒，眾生罪熟，各自受苦，何由可代？』
　　　　答曰：『猶如燒手，一念善根，即能滅惡，豈非代耶？』又告眾曰：『我滅度後，
　　　　好供養病人。並難可測其本，多是諸佛聖人，乘權應化；自非大心平等，何能
　　　　恭敬？此是實行也。』天台宗滿禪師，一生講誦《蓮經》，感神人現身，正定
　　　　經呪文字；後焚身供養《法華經》。又智者門人淨辯禪師，於懺堂前焚身，供
　　　　養普賢菩薩。雙林傅大士，欲焚身救眾生苦；門人等前後四十八人，代師焚身，
　　　　請師住世，教化有情。傳記廣明，不能備引。」由此可知菩薩何以燒身之理。

僧曇筆受。沙門彥琮制序）〔註72〕

上列二部經爲三藏法師闍那崛多所譯，長房當時亦與其同在一譯場，曾筆受
其五部經典，故對闍那崛多譯經之始末，甚爲瞭解，其小傳云：

> 大隋受禪，佛法即興。暹等齎經，先來應運，開皇元年，季冬屆止。
> 勅旨付司，訪人令翻。崛多四年，方果入國。處之興善，將事弘宣。
> 五年勅旨，即令崛多共婆羅門沙門若那竭多、開府高恭、恭息、都
> 督天奴、和仁，又婆羅門毘舍達等道俗六人，令於內史內省，翻梵
> 古書及乾文等。於時廣濟寺，唯獨耶舍一人譯經。至七年別勅崛多，
> 使兼翻經。兩頭來往，到十二年翻書訖了，合得二百餘卷，……。
> 〔註73〕

此爲費長房將親身之聞見，錄入譯者傳中之第一手資料，頗資後世參考之用。
此外，親身聞見之引用，亦將詔書包括在內。費長房於第十二卷末，著錄當
時隋文帝於開皇年間所下之詔書，略述如次：

> 開皇元年閏三月，詔曰：「門下法無內外，萬善同歸，教有淺深，殊
> 途共致。朕伏膺道化，念好清靜，其五嶽之下，宜各置僧寺一所。」
>
> 七月，又詔曰：「門下風樹弗靜，隙影如流。空切欲報之心，徒有終
> 身之慕。伏惟太祖武元皇帝，窮神盡性，感穹昊之靈：膺籙合圖，
> 開炎德之紀。魏氏將謝，躬事經綸；周室勃興，同心匡贊。間開二
> 代，造我帝基，積德累功，福流後嗣。……其襄陽、隋郡江陵、晉
> 陽，並宜立寺一所，建碑頌德。庶使莊嚴寶坊，比虛空而不壞；導
> 揚茂實，同天地而長久。所以每年至國忌日，廢務設齋，造像行道，
> 八關懺悔，奉資神靈。」
>
> 八月，又詔曰：「門下昔歲，周道既衰，群兇鼎沸，鄴城之地，寔
> 爲禍始。或驅逼良善，或同惡相濟，興言震悼，日久逾深。永念
> 群生，蹈兵刃之苦；有懷至道，興度脫之業。物我同觀，愚智俱
> 愍。思建福田，神功祐助。……可於相州戰地，建伽藍一所，立
> 碑紀事。」
>
> 開皇三年降勅旨云：「好生惡殺，王政之本，佛道垂教，善業可憑，

〔註72〕隋・費長房《歷代三寶紀》，收錄於《大正新修大藏經》第49冊，卷12，頁
103。

〔註73〕同上註，頁104。

稟氣含靈，唯命為重，宜勸勵天下，同心救護。其京城及諸州官立
寺之所，每年正月、五月、九月，恒起八日至十五日，當寺行道。
其行道之日，遠近民庶，凡是有生之類，悉不得殺。」

四年又勅旨：「周武之時，悉滅佛法。凡諸形像，悉遣除之，號令一
行，多皆毀壞，其金銅等，或時為官物，如有見存，並可付隨近寺
觀安置，不得轉有損傷，於時木石之像，皆將別用，有司亦存意，
知則移安。公寺私家，遣迎供養，所以興心屑意，皆崇福基，布令
吐言，必懷善誘。」

十一年，又詔曰：「門下如來設教，義存平等，菩薩用心，本無差別，
故能津梁庶品，濟渡群生。朕位在人王，紹隆三寶，永言至理，弘
闡大乘，諸法豁然，體無彼我。況於福業，乃有公私。自今已後，
凡是營建功德，普天之內，混同施造。隨其意願，勿生分別，庶一
切法門，同歸不二，十方世界，俱至菩提……。」

十五年六月，詔曰：「朕比臨朝聽政，乃有群鹿來遊，馴擾宮門，前
後非一，逼近人眾，安然不驚。但往經罹亂，年世久遠，聖人之法，
敗絕不行，習俗生常，專事殺害。朕自受靈命，撫臨天下，遵行聖
教，務存愛育，由王公等用心助朕，宣揚聖法，所以山野之鹿，今
遂來馴。官人等但以至誠化導，民俗自可，編戶之人，皆為君子，
宜存心仁善，副此休祥。」〔註74〕

由詔書內容可獲悉隋文帝於即位伊始，為顯示新統一之國家面貌，順利推展
中央集權政策。於建國十三年間，滅胡族王朝北齊、亡周及漢族王朝後梁、
陳等四國，然如何處理被滅王朝之遺臣，則成隋之一大問題，為解決胡漢兩
民族反目對立，及緩和隋朝中央官府中潛在之多元勢力摩擦，文帝一方面以
有功隋之北周系官僚為中心，一方面優遇胡族遺臣，並引進超越一切差別觀
念且絕對平等之佛教思想，作為統一國家之精神基礎，或新政策之指導原理，
以朝協和統一國家之路邁進。此外，隋文帝亦以北周廢佛為契機，致力復興
佛教，此意味超越印度佛教之新發展，其歷史意義為統合南北佛教，由印度
佛教脫胎換骨，使之成為中國人之佛教，然後加入新因素，以建立適合中國
思想與感情之新宗派。若未經過北周之廢佛，中國新佛教成立之基礎將無法

〔註74〕同上註，頁107〜108。

確立，殆非言過其詞。隋代佛教復興與輝煌發展，文帝之復興佛教事業應居首功。〔註75〕費長房取材於詔書，即是有鑒於此。

綜上所述，《歷代三寶紀》之取材，有著嚴密之佛教史學意義及目錄學撰作義例，而其主旨乃爲成一家之言。總之，費長房之取材義例，不僅表現其創造精神和卓越史識，而所採用之方法，更多爲後世所取法與借鑒。

〔註75〕野上俊靜等著、鄭欽仁譯《中國佛教通史》，台北：牧童出版社，1978 年 5 月初版，頁 45～46。

第五章　學者之評價及對後世經錄之影響

由前章知《歷代三寶紀》一書取材之廣，故訛誤自所不免。而歷來學者對其評價亦以負面居多，諸如「瓦玉雜摻」、「真偽淆亂」、「謬誤湊合」等，然客觀之事實為何？此問題將於第一節中探討，第二節擬分析本書之價值所在，而《歷代三寶紀》對後世經錄產生何種影響？亦值得關注，故擬於第三節中申說之。

第一節　歷來學者之批評

《歷代三寶紀》面世以來，甚受治佛典目錄者重視，惟歷來學者之批評，瑕瑜互見。由於費長房有意使其經錄，作為毀佛劫難後按目求書之依據，因此不免濫收，而為後世所詬病。如唐道宣於《續高僧傳》卷二云：

> 《三寶錄》一十五卷，始於周莊之初，上編甲子，下錄年號，并諸
> 代所翻經部卷目，軸別陳敘，亟多條例。然而瓦玉雜糅，真偽難分，
> 得在通行，闕於甄異。〔註1〕

於《大唐內典錄》卷十亦云：

> 《房錄》後出，該瞻前聞，然三寶共部，偽真淆亂。〔註2〕

無獨有偶梁任公撰〈佛家經錄在中國目錄學之位置〉一文亦評是書，略謂：

> 今案《法經錄》成於開皇十四年，《長房錄》成於十七年，相去不過
> 三年，《法經》著錄四〇九四卷，並存目合計亦不過五二三四卷；而
> 《長房錄》乃驟增六二三五卷，實可驚異。大抵長房為人，貪博而

〔註1〕唐‧道宣《續高僧傳》，收錄於《大正新修大藏經》第50冊，卷2，頁436。
〔註2〕唐‧道宣《大唐內典錄》，收錄於《大正新修大藏經》第55冊，卷10，頁338。

寡識，其書蓋鈔撮諸家之錄而成，蒐采雖勤，別裁苦尠。其最可觀者實惟前三卷之年表，雖考證事實，舛訛尚多，然體例固彼所自創也。〔註3〕

此外，尚有近代學者陳士強認為本書不足之處為「考核不精，偽濫甚多」，〔註4〕《歷代三寶紀》出於《出三藏記集》之後，雖然內容完備豐富，確有真偽淆亂之缺憾。其帝年中，未載周代悼王、〔註5〕哀王、思王，及後漢之弘農王，與正史有異。紀年亦有訛誤之處，如魏高貴鄉公甘露元年之干支應推遲一年，蕭齊・永明元年、延興元年、永泰元年、永元元年之干支應提前一年。其他如梁之承聖，苻秦之皇始、壽光、永興、甘露、建元、大安、太初、延初，姚秦之皇初、弘始，乞伏秦之建義、更始、太初、永康、永宏，後魏之正平、後元，北涼之永安、玄始、承玄、義和、永和，陳之永定、至德，紀年或提前或推後，有以少作多或以多作少者之不同差誤。

其代錄則為纂集上代經錄而成，所著錄翻譯家及佛教經典，較過去各家目錄顯著增加，亦比《出三藏記集》所載自後漢至梁翻譯人數增多一倍以上。若以著錄之譯經而言，如後漢・安世高，《出三藏記集》作譯經三十五部、四十一卷，本書則作一七六部、一九七卷；吳・支謙，於《出三藏記集》作譯經三十六部、四十八卷，本書則作一二九部、一五二卷；晉・竺法護，於《出三藏記集》作譯經一五四部、三〇九卷，本書則作二一〇部、三九四卷；姚秦・鳩摩羅什，於《出三藏記集》作譯經三十五部、二九四卷，本書則作九十四部、四二五卷等。類似此情形甚多，部分釋智昇已於《開元釋教錄》卷一至卷四各本條內指出。然代錄中仍有不少經由長房搜尋研究之後才收入，如安世高譯經下云：

> 房廣詢求，究檢眾錄，紀述世高，互有出沒。……今總群篇，備搜雜記，有題注者，多是河西、江南道路，隨逐因緣，從大部出。錄目分散，未足致疑。彼見故存，此寧不績？敢依集編，緝而維之，冀廣法流，知本源注。〔註6〕

〔註3〕梁啓超著〈佛家經錄在中國目錄學之位置〉收錄於《佛教目錄學述要》，張曼濤主編《現代佛學學術叢刊》，台北：大乘文化出版社，1981 年 11 月二版，頁 44。

〔註4〕陳士強撰《佛典精解》，上海：上海古籍出版社，1992 年 11 月第一版，頁 41。

〔註5〕《史記》云：「景王十八年，后太子聖而早卒，二十年，景王愛子朝，欲立之，會崩。子丐之黨與爭立，國人立長子猛為王，子朝攻殺猛，猛為悼王。」

〔註6〕隋・費長房《歷代三寶紀》，收錄於《大正新修大藏經》第 49 冊，卷 4，頁 52。

又於支謙之譯經下云：

> 僧祐《三藏記集》錄載唯三十六部，慧皎《高僧傳》述止四十九經。
> 房廣檢括眾家雜錄，自《四十二章》已下，並是別記所顯雜經，以
> 附今錄。……錄目廣狹，出沒多異，各存一家，致惑取捨。兼法海
> 淵曠，事方聚渧，既博搜見聞，故備列之。〔註7〕

由於費長房對佛教史籍甚有研究，故於其書編纂過程中，參考群書，綜合各
家目錄，採取審慎之態度。〔註8〕故云「房廣詢求，究檢眾錄」及「博搜見聞，
故備列之」。又，《歷代三寶紀》卷五中，魏‧竺律炎之名，各家記載不一，
或云將炎，或云持炎，或云律炎；卷九中，乞伏秦‧聖堅，或云堅公，或云
法堅，長房因「未詳孰是，故備舉之」。〔註9〕再者，東晉譯出之《大方等如
來藏經》、《觀佛三昧經》等十五部經，長房僅見一一五卷，而《高僧傳》載
覺賢譯出《泥洹》及《修行》等十五部凡一一七卷經，故長房再據《寶唱錄》
考知部數雖滿，尚少二卷，未詳何經，故盼「來哲博聞，或希續繼，冀補遺
漏」。〔註10〕復次，「菩提流支」和「瞿曇般若流支」，時代有先後，眾經目相
傳抄寫，去菩提及瞿曇般若字，唯云流支譯，致有些書籍無法確知爲那位流
支所譯，故長房云：「今群錄交涉相參，謬濫相入，難得詳定，後賢博採，幸
願討之」。〔註11〕由上亦可窺見費長房儘量先多收錄經目，以期後人再作參詳
訂正補充之意。

　　此外，費長房對過去目錄曾出現之錯誤，於編寫時亦下功夫考證，如《放
光般若經》二十卷，長房言《竺道祖》、《僧祐》、《王宗》、《寶唱》、《李廓》、《法
上》、《靈裕》等錄都作朱士行譯，然經其校勘《支敏度錄》、《高僧傳》、《出經
後記》及諸雜別目等，乃是無羅叉、竺叔蘭等三人詳譯，朱士行當時，身留停
於闐，仍於彼化，唯遣弟子奉齎經來到晉地，斯豈得稱士行出也。〔註12〕復
次，僧祐《出三藏記集》載沙門曇摩羅察與沙門竺法護爲二人，費長房云：

> 《僧祐錄》云：「天竺菩薩譯經，數同群錄，唯名不同，而祐下注支

〔註7〕同上註，卷5，頁59。

〔註8〕妙淨〈佛經目錄解題筆記〉，《佛教圖書館館訊》第29期，2002年3月，頁
　　　52～63。

〔註9〕隋‧費長房《歷代三寶紀》，收錄於《大正新修大藏經》第49冊，卷5，頁
　　　57。

〔註10〕同上註，卷7，頁71。

〔註11〕同上註，卷9，頁87。

〔註12〕同上註，卷6，頁65。

菩薩共竺法護譯。」檢上翻名曇無羅察，晉言即是法護，然支菩薩
六部經目，並入《法護錄》中，支竺姓乖，始末異耳，言菩薩者，
蓋美其號。究檢群錄，其支菩薩即竺法護，無別二人，《出三藏記》
便成二舉，小非詳審。〔註13〕

由上可見費長房注重於探討譯經源流，及其於編纂時求是之態度。惟此精神
未貫徹於全書中，有些部分還存著缺失，駁雜不一，是乃必然。況其取材之
廣泛，訛誤自所不免，故長房於〈大乘錄序〉自云：

自從後漢迄我大隋，其間譯經凡十六代，所出之典，諸大小乘，或
處經同，緣人致別，或是世異，而人出同，或止一翻，或復重譯，
無問人撰，傳錄集記，但是一言，讚述三寶，語誠鄙野，意在光揚，
疑妄偽真，註解論記，依括群目，稊稗皆存，合彼金沙，為其錄體，
可謂蘭艾共篋，龍蛇未分者焉。〔註14〕

材料繁富著實為本書最珍貴之部分，然其每經以卷帙多寡為次，非以譯出年
為次，不無遺憾。又，各代有譯、失譯經，或重出經，錯誤者頗多，均有小
瑕。至入藏錄，乃本書較不完備部分，蓋費長房之前有代錄可稽，故此部分
僅簡載經名，判其大小乘，餘均不詳，〔註15〕故智昇《開元釋教錄》卷十，
評之云：

入藏之中，瓦玉相謬，得在繁富，未可斟通，非無憑準，未可遍削。

又舉其十誤，謂：

入藏錄中，事實雜謬，其闕本疑偽，皆編入藏，竊為不可。又如大
乘錄中，《賢劫經》、《賢劫三昧經》此是一經兩名，今存二部，一誤。
《須菩提品》及《長安品》，此並《般若鈔》之異，今別存兩部，二
誤。《須真天子經》、《須真天子問四事經》，亦一經兩名，重載二部，
三誤。《象步經》即《無所希望經》異名，二名各存，四誤。《菩提
無行經》即《文殊問菩提經》異名，存其二本，五誤。以《僧佉外
道論》入大乘中，六誤。小乘錄中《達摩多羅禪經》與《不淨觀經》，

〔註13〕 同上註。

〔註14〕 隋‧費長房《歷代三寶紀》，收錄於《大正新修大藏經》第 49 冊，卷 13，頁
109。

〔註15〕 蘇晉仁著〈《歷代三寶紀》之研究〉收錄於《中國佛教史學史論集》，張曼濤
主編《現代佛學學術叢刊》，台北：大乘文化出版社，1978 年 9 月初版，頁
97。

總是一經，其不淨觀，約法爲名，達摩多羅人立稱，二部俱存，七誤。《十誦律》六十一卷，《十誦律》五十九卷，二本不殊，其六十一卷者，卑摩羅又伽毘尼序置之於後，餘並無異，今云重譯，二本俱存，八誤。《律二十二》在於律中，《明了論》在於論錄，一題分二，九誤。其《律二十二》乃是《明了論》之半題，今存律二十二卷，誤中重誤也。眾事分《阿毘曇論》，代錄之中即言宋朝求那跋陀羅共菩提耶舍譯，入藏之內，則言失源，前後差違，十誤。〔註16〕

其錯誤之處，尤不僅此。前已述及，是書爲綜合前代經錄而成，雖所費之力甚多，然囿於時地所限，無法完全見到所著錄之書，致有以訛傳訛之處。如《二百六十戒合異》，本書據《別錄》作竺法蘭譯，〔註17〕智昇則據《合異》序文，勘正應爲東晉・竺曇無蘭撰。〔註18〕又，支婁迦讖譯經中，本書列有《古品遺日說般若經》一卷、《寶積經》一卷，乃據《出三藏記集》卷二而有，智昇則考證二經「既是同本，不合再出」。〔註19〕諸如此類者尚多，亦有費長房自己疏忽而造成之舛錯，如西晉・法立及法炬共譯者，僅有《法句本末經》與《福田經》，此於《出三藏記集》卷二中記載甚明，〔註20〕然費長房將法炬

〔註16〕唐・釋智昇《開元釋教錄》，收錄於《大正新修大藏經》第 55 冊，卷 10，頁 576。上一引文同。

〔註17〕同上註，卷 4，頁 50。

〔註18〕唐・智昇《開元釋教錄》卷十五，頁 649，《二百六十戒合異》條下注云：「右《合戒》序云：『晉太元六年辛巳六月二十五日，比丘竺曇無蘭在謝鎮西寺合此三戒到七月十八日訖，故記之。』又《長房》、《內典》二錄及靖邁《經圖》之中，並云漢明帝時沙門竺法蘭譯《二百六十戒合異》二卷。今詳此說，理定不然，當佛法初興，戒律未備，戒之合異，從何而來？今愚見所裁，只是竺曇無蘭所合之者。二人名姓俱同，錄家誤上曇無即法，還是法蘭，故《高僧傳》法蘭所譯，但標餘部，無此戒名。今此錄中，廢之不立，其曇無所合，非是正翻，此錄之中，亦不合載。但以二說差誤，故存而記之。」

〔註19〕唐・智昇《開元釋教錄》卷一，頁 478，《佛遺日摩尼寶經》條下注云：「安公云出方等部，初出。與《寶積》、《普明》、《菩薩會》等同本，一名《古品遺日說般若經》，一名《大寶積經》，一名《摩訶衍寶嚴經》，見《僧祐》、《長房》二錄。」頁 479，又云：「又《長房》等錄支讖譯中，復有《大寶積經》一卷。今以與《佛遺日摩尼寶經》既是同本，不合再出。」

〔註20〕《樓炭經》六卷（《別錄》所載《安錄》先闕），《大方等如來藏經》一卷（《舊錄》云《佛藏方等經》），《法句本末經》四卷（一名《法句喻經》或六卷或云《法句譬經》），《福田經》一卷（或云《諸德福田經》）右四部，凡十二卷。晉惠懷時，沙門法炬譯出。其《法句喻》、《福田》二經，炬與沙門法立共譯出。見梁・僧祐《出三藏記集》，收錄於《大正新修大藏經》第 55 冊，卷 2，

所譯《樓炭經》與《大方等如來藏經》二經，一併誤作兩人共譯。〔註21〕後漢・嚴佛調爲沙門，本書誤作清信士；西晉・竺叔蘭爲居士，本書則誤作沙門。此外於各代譯經中，或有譯人名誤作失譯人名，失譯人名誤作有譯人名，或失譯經誤加年代，或一經重見複出，或異經誤作同本，此訛誤《開元釋教錄》中均已分別指出，〔註22〕然小瑕不足掩宏瑜也。姚名達《中國目錄學史・宗教目錄篇》盛譽此書云：

在兼有考年、分代、入藏三體。既能包羅古今存佚，纖悉無遺，對
於翻譯時代，尤爲詳盡；又能簡擇重要經論，抄集入藏。〔註23〕

及蘇晉仁〈《歷代三寶紀》之研究〉一文中亦云：

今日吾人研究隋以前佛教典籍之存逸，當以此書爲最重要也。〔註24〕

按《歷代三寶紀》與前此經錄有異，前代經錄專紀法寶，此書則三寶通紀，體例多所新創，樹後代之法式，實爲佛典目錄劃時代之作。

另於僞疑經典之考辨，費長房採三種方法，其一，前人已辨者隨順成例，於其經名下說明。如《寶車菩薩經》一卷，其據僧祐「《三藏集記》及諸別錄」，指出該經「世多注爲疑」。〔註25〕又，《眾經要覽法偈二十一首》一卷，於經下說明「《三藏集記》，注以爲疑，故依舊編」。〔註26〕其二，若遇新出僞經，亦隨順時人之考辨，註明其僞妄。如《占察經》二卷，爲隋初一種以行塔懺法占人之善惡，並撲法以爲滅罪，世人告官言其爲妖術，然占者辯稱塔懺法

頁9。

〔註21〕《樓炭經》六卷，（第二出。見《別錄》與法護出五卷者小異。出《長阿含》。《安錄》無），《大方等如來藏經》一卷（《舊錄》云《佛藏方等經》見《三藏記》），《法句本末經》五卷（第二出。亦云《法句譬喻》，亦云《法喻法》或四或六卷），《諸德福田經》一卷（亦直云《福田經》），右四經合一十三卷，惠帝世沙門釋法立共法炬等於洛陽出。見隋・費長房《歷代三寶紀》，收錄於《大正新修大藏經》第49冊，卷6，頁66。

〔註22〕妙淨〈佛經目錄解題筆記〉，《佛教圖書館館訊》第29期，2002年3月，頁52～63。

〔註23〕姚名達著《中國目錄學史》，台北：臺灣商務印書館，2002年5月臺一版，頁274。

〔註24〕蘇晉仁著〈《歷代三寶紀》之研究〉收錄於《中國佛教史學史論集》，張曼濤主編《現代佛學學術叢刊》，台北：大乘文化出版社，1978年9月初版，頁98。

〔註25〕隋・費長房《歷代三寶紀》，收錄於《大正新修大藏經》第49冊，卷9，頁85。

〔註26〕同上註，卷11，頁98。

引自《占察經》，敕不信就寶昌寺問諸大德法經等，報云：「《占察經》，目錄無名及譯處，塔懺法與眾經復異，不可依行」，故費長房進一步仔細考察，亦以「檢群錄無目，而經首題云，菩提登在外國譯」，註明該經「似近代出，妄注」。〔註27〕其三，疑則存錄。費長房對一時未能釋疑或分辨之問題，採存錄以明疑。如，後漢諸失譯經《大方便報恩經》、《分別功德經》、《梵本經》……等共一二五部一四八卷之源流問題，即以存錄之方法，並加之說明云：

> 諸經部卷甚廣，讎校群目，蕪穢者眾，出入相交，實難詮定。未覩
> 經卷，空閱名題，有入有源，無入無譯，詳其初始，非不有由，既
> 涉年遠，故附此末，冀後博識，脫覩本流，希還收正，以為有據。
> 澄澄法海，使靜濤波焉。〔註28〕

復次，三國魏世所譯《羅摩伽經》三卷、《大般涅槃經》二卷，因「不辯何帝年」，故長房乃「依編於末」。

　　綜觀前述，費長房於《歷代三寶紀》一書中，充分表露客觀致知之方法與精神。歷來學者對長房之考辨多有疵議，如前道宣云「瓦玉雜糅」、「偽真淆亂」，智昇之舉出「十誤」。然此非顯示長房缺乏客觀之方法與精神，梁任公評論云「大抵長房為人，貪博寡識」、「雖考證事實，舛訛尚多」，此即說明長房具有客觀之方法與精神，只因技術不甚精湛，於實際操作上仍錯誤頻出。〔註29〕而費長房是否不問真偽便濫採博收？上文已述，其實長房已盡力考證事實，只是許多有問題之經目或經本，僅憑一己之力，於時間上來不及全部加以審檢和考據，故把握機會先行儘量收容，以備後賢據此搜訪經本，更加以考證檢定而已，〔註30〕而非如梁任公所指之「貪博寡識」焉。

第二節　《歷代三寶紀》之價值

　　費長房於「執筆暇隙」、「詢訪舊老，搜討方獲」，費時十餘年完成《歷代三寶紀》一書，歷來學者雖有「瑕瑜互見」之評，然小瑕不足掩宏瑜，前節

〔註27〕同上註，卷9，頁106。

〔註28〕隋・費長房《歷代三寶紀》，收錄於《大正新修大藏經》第49冊，卷4，頁55。

〔註29〕阮忠仁〈從《歷代三寶紀》論費長房的史學特質及意義〉，《東方宗教研究》新一期，1990年10月，頁93-129。

〔註30〕曹仕邦著《中國佛教史學史──東晉至五代》，台北：法鼓文化，1999年10月初版，頁275。

已述及，現就其價值問題賡論之。

「價值」一詞，謂人之觀念與社會生活中用以判斷事物或行為之標準，即哲學上所言之屬性範疇，指在特定歷史條件下，外界事物之客觀屬性對人所產生之效應及作用，以及人所作之評價。因之，任何一種事物之價值，從廣義而言，應包含兩個互相聯繫之方面：一是事物之存在對人所起之作用或意義；二是人對事物有用途之評價，而此處所探討者為《歷代三寶紀》之積極作用。梁啟超於〈佛家經錄在中國目錄學之位置〉一文，指出佛經目錄之特色為歷史觀念甚發達、辨別真偽極嚴、比較甚審、蒐采遺逸甚勤、分類極複雜而周備，故經錄於目錄學研究及中國目錄學發展史甚至中國佛教譯經史上，佔有重要之地位，故其價值更不在話下。今以本書為主，試探一二如次：

一、北朝譯經之入錄

中國於南北朝時期，無論是佛教譯經事業或佛典目錄之形成，均處於蓬勃發展階段。所謂南北朝，乃指自西元四二○年，劉裕篡晉，自建宋國起，至西元五八九年，隋兵滅陳，文帝統一天下為止，前後歷時一百六十八年。此段期間，中國南北分裂，南有宋、齊、梁、陳四朝二十四帝，篡弒頻仍；北則有北魏、東魏、西魏、北齊、北周五朝二十七帝，攻伐不斷；直至楊堅篡周，南下滅陳，天下復歸於統一。於此分裂戰亂時代裡，佛教譯經事業不但未曾中輟，且日益充實增長，由南北之譯場眾多，可見一斑。〔註31〕

南北朝時代，因北土較接近西域，故兩地僧人往來頻繁，促使譯業之興盛，在中國佛教史上成為隆盛期。從北齊史官魏收（西元 506 至 572 年）編纂《魏書》，專設〈釋老志〉，即可得知佛教於當時社會中勢力如何之大，〔註32〕譯經事業隨勢發展，亦是必然，而佛經目錄之編纂，更應運而生。於此時期迄於費長房《歷代三寶紀》止，所出之經錄，有《眾經都錄》、《眾經別錄》、《宋齊錄》、《釋弘充錄》、《眾經目錄》、《始興錄》、《出三藏記集》、《華林佛殿眾經目錄》、《梁代眾經目錄》、《釋正度錄》、《王車騎錄》、《岑號錄》、《菩提留支錄》、《元魏眾經目錄》、《釋道憑錄》、《高齊眾經目錄》、《譯經錄》、《隋眾經目錄》（《法

〔註31〕 于凌波著《簡明佛學概論》，台北：東大圖書公司，2007 年 5 月二版二刷，頁 244～245。

〔註32〕 鎌田茂雄著、關世謙譯《中國佛教史》，台北：新文豐出版社，1991 年 12 月一版三刷，頁 77。

經錄》)等十八部,其中多數經錄今已亡佚,僅《出三藏記集》及《法經錄》二部存有全本,然偏載南朝之譯經,對北朝譯經多語焉不詳。相對於此,費長房《歷代三寶紀》則新闢北涼、元魏、高齊、北周等四代之譯經錄,使後人得以知悉北朝譯經之情形。

　　長房新闢之北涼一錄中,有譯僧八人,譯出佛經三十二部、二百六十六卷。譯僧中含僧伽陀、曇無讖、浮陀跋摩等外國僧人,另有道龔、法眾、京聲、智猛、曇覺等中土僧人,其中,以曇無讖之影響最大。《歷代三寶紀》卷九云:

> 天竺國三藏法師曇摩讖,或云無讖,涼言法豐,齎《大涅槃》,前分十卷,并《菩薩戒》等到姑藏,止於傳舍。……時沮渠蒙遜,潛據涼土,稱河西王,聞讖德,呼與相見,一面交言,禮遇甚厚,仍請宣譯。涼土英俊沙門慧嵩親承筆受,西州道俗,將數百人,欣覩明能,縱橫問難,讖釋疑滯,清辯若流,仍出《寶坊》諸經戒等六十餘萬言。涅槃三分之一,前後首尾,來往追尋,涉歷八年,凡經三度,譯乃周訖,雖四十卷,所闕尚多。〔註33〕

西晉末,曇無讖攜《大般涅槃經》前分十卷,併《菩薩戒經》、《菩薩戒本》等往姑藏,其時沮渠蒙遜據河西稱王,待曇無讖甚厚,併請譯經。曇無讖以未通方言,又無傳譯,恐言舛於理而未允,因而學漢語三年,於北涼玄始三年(西元414年)始譯《大般涅槃經》。後又以此經品數不全,復還天竺尋求該經中、後二分。後從于闐獲得《大般涅槃經》中、後二分梵本,曇無讖始譯全《大般涅槃經》。《高僧傳》載,曇無讖譯經時,慧嵩筆受,道俗數百人,疑難縱橫,而曇無讖臨機釋滯,清辯若流,《大般涅槃經》初分譯畢,慧嵩、道郎二位更請廣出諸經,是以再譯《大方等大集經》、《菩薩地持經》、《優婆塞戒經》、《方等大雲經》、《海龍王經》、《金光明經》、《菩薩戒本》等,六十餘萬言。〔註34〕曇無讖所翻譯之北本《大般涅槃經》,形成涅槃學,傳入南朝後,弘揚更廣。慧嚴、慧觀和謝靈運等人又對它進行品目調整,而成南本《涅槃經》,義學僧對包括此一譯本之涅槃類經之研習,形成涅槃學派。此譯本亦證實竺道生「一闡提人〔註35〕皆有佛性」之孤明先發之觀點,起決定性作用,

〔註33〕隋・費長房《歷代三寶紀》,收錄於《大正新修大藏經》第49冊,卷9,頁84。

〔註34〕參梁・慧皎《高僧傳》,收錄於《大正新修大藏經》第50冊,卷2,頁336。

〔註35〕一闡提為梵語 icchantika 或 ecchantika 之音譯。又作一闡底迦、一顛迦、一闡提柯、闡提。另有阿顛底迦、阿闡提或阿闡底迦等詞,當為一闡提同類語

因此經明確宣布，一闡提人都有佛性。另，其《金光明經》於後世非常流行，天台、三論、唯識諸宗均對該經大加闡發，曇無讖亦是第一位把大乘戒律傳入中國之譯僧，所譯律典對中國佛教而言，甚具開創性。〔註36〕

此外，《歷代三寶紀》所著錄之北朝譯經，含括北魏外國僧人吉迦夜譯出凡五部、二十五卷經論，及中土僧人曇曜凡三部、七卷經傳、曇靖凡一部、二卷經、曇辯凡一部、一卷經等；西魏外國僧人曇摩流支譯出凡三部、八卷經、菩提流支譯出凡三十九部、一百二十六卷經論錄、勒那婆提譯出凡六部、二十四卷經論方、佛陀扇多譯出凡十部、十一卷經論，及中土僧人法場凡一部、一卷經等；東魏外國僧人瞿曇般若流支譯出凡十四部、八十五卷經論、月婆首那譯出凡三部、八卷經、中土楊衒之寺記一部、李廓佛經目錄一部等；北齊外國僧人那連提耶舍譯出凡七部、五十二卷經論，及中土居士萬天懿凡一部、一卷經等；北周外國僧人攘那跋陀譯出凡一部、一卷論、達摩留支譯出凡一部、二十卷梵天文、闍那耶舍譯出凡六部、十七卷經、耶舍崛多譯出凡三部、八卷經、闍那崛多譯出凡四部、五卷經，及中土僧人曇顯凡二部、二十三卷經要、僧偘凡二部、二卷傳、慧善凡一部、八卷論、忘名凡十二部、十二卷論銘傳、淨藹凡一部、十一卷三寶集、道安凡一部、一卷二教論等。其中，以西魏菩提流支最為突出。《歷代三寶紀》卷九云：

> 北天竺國三藏法師菩提流支，魏云道希，從魏永平二年至天平年，
> 其間凡歷二十餘載，在洛及鄴譯。《李廓錄》稱三藏法師，房內婆羅
> 門經論本，可有萬甲，所翻經論，筆受草本，滿一間屋。〔註37〕

菩提流支博通經、律、論三藏，又名道希，西元五〇八年經蔥嶺達關中洛陽，後又隨東魏遷都至鄴。孝明帝時，太后稱制，建永寧大寺，內供梵僧七百，菩提流支即居永寧寺為譯經領袖，其出經甚多，為南北朝時譯經名家。李廓《眾經目錄》載菩提流支譯經，室內梵本萬夾，譯稿滿屋。〔註38〕翻譯經論有《深密解脫經》、《入楞伽經》、《金剛般若波羅蜜經》、《金剛般若經論》、

之訛音。此語原意為「正有欲求之人」，故譯為斷善根、信不具足、極欲、大貪、無種性、燒種，即指斷絕一切善根、無法成佛者。簡言之，「一闡提人」即指失去善根之惡人。

〔註36〕 潘桂明、董群、麻天祥著《中國佛教百科叢書——歷史卷》，台北：佛光文化事業有限公司，1999年8月初版，頁142～143。

〔註37〕 隋·費長房《歷代三寶紀》，收錄於《大正新修大藏經》第49冊，卷9，頁86。

〔註38〕 王鐵鈞著《中國佛典翻譯史稿》，北京：中央編譯出版社，2006年12月第一版，頁203。

《妙法蓮華經論》、《無量壽優波提舍經論》等三十餘部，其所譯者均傳承無著、世親一系之新大乘佛教學，尤以與勒那摩提、佛陀扇多共譯《十地經論》〔註39〕最為重要。蓋地論學派之形成，係以研究《十地經論》為基礎。另，其所譯出之《入楞伽經》，乃禪觀最重要之經典依據。又，依《無量壽優波提舍經論》產生曇鸞之《往生論註》，亦帶給淨土宗勃興之契機。

　　上文所述，乃《歷代三寶紀》錄入北朝譯經之情形，由於南北朝時期，南北分立，當時僧侶往來與經本之流通，均受某程度之限制，故南北朝時代編撰之經錄，不免有偏於一隅，無法包舉全國。何以言之？《法經錄》卷七云：

> 諸家經錄，多是前代賢哲修撰，敬度前賢，靡不皆號一時稽古，而所修撰，不至詳審者，非彼諸賢才不足而學不周，直是所遇之日，天下分崩，九牧無主，名州大郡，各號帝畿，疆場艱關，並為戰國，經出所在，悉不相知，學者遙聞，終身莫覩，故彼前哲，雖有才能，若不逢時，亦無所申述也。〔註40〕

由於「天下分崩，九牧無主」，因之「經出所在，悉不相知，學者遙聞，終身莫睹」。《歷代三寶紀》出於隋代統一天下之後，經本已無蒐集及流通障礙之存在，故費長房把歷來因時空阻隔而被忽略之北朝譯經搜集入錄，深具佛典目錄學之價值，亦是其最大之貢獻。

二、撰補史志之利用

　　《歷代三寶紀》除具佛典目錄學之價值外，於文獻史料之著錄方面，亦頗為豐富，可作為填補史志之用，陳垣《中國佛教史籍概論》卷一「《歷代三寶紀》十五卷」條下云：

> 本書卷四〈後漢錄〉，有經二百五十九部；卷五〈魏、吳錄〉，有經二百七十一部；卷六、七〈東、西晉錄〉，有經七百十八部；卷八、九〈前後西秦、北涼錄〉，有經二百二十三部，皆可為補《後漢》、《三

〔註39〕唐‧智昇《開元釋教錄》卷六，頁540，《十地經論》條下注云：「初譯論時，未善魏言，名器世間，為蓋子世間，後因入殿，齋見諸宿德，從弟子索器，乃總授鉢幞，因悟器是總名，遂改為器世間，此《十地論》長房等錄，勒那菩提二處俱載，今按〈崔光論序〉乃云菩提留支、勒那摩提在洛陽殿內，二人同譯，佛陀扇多傳語，帝親筆受，二錄各存，理將未可，今合為一，本在《留支錄》中。」
〔註40〕隋‧法經等撰《眾經目錄》，收錄於《大正新修大藏經》第55冊，卷7，頁149。

國》、《晉・藝文志》者之用，惜乎利用之者尚未有其人也。〔註41〕
上之引文明白指出於《歷代三寶紀》代錄部分，〈後漢錄〉可補《後漢書》；〈魏、
吳錄〉可補《三國志》；〈東、西晉錄〉、〈前後西秦、北涼錄〉可補《晉書》
等史書〈藝文志〉之用，陳垣先生感嘆利用者尚未有其人，蓋清代學者致力
於補撰藝文志之工作，〔註42〕然所據之資料均未采用及《歷代三寶紀》也。
如曾樸《補後漢書藝文志》一卷，乃以《梁高僧傳》漢時譯經諸人傳鈎出所
譯之經名；姚振宗《後漢書藝文志》四卷，集部末附錄釋家類，全採自《開
元釋教錄》，其另撰《三國藝文志》末附佛書二百零一部，亦以《開元釋教錄》
為底本；文廷式《補晉書藝文志》釋家類，則採自《出三藏記集》。陳垣先生
羅列代錄之譯經部數，乃冀有人以《歷代三寶紀》代錄所錄入之經籍，撰補
上述三部正史之〈藝文志〉或〈經籍志〉，足見《歷代三寶紀》代錄中保存著
可供撰補之豐富譯經史料。

　　此外，《歷代三寶紀》卷九，錄有勒那摩提《龍樹菩薩和香方》一卷凡五
十法，《隋書・經籍志》卷三十四醫方類有目，著錄為《龍樹菩薩和香法》二
卷。姚振宗《隋書經籍志考證》一書，未有考證。而費長房則於此書作者小
傳中云：

> 梁武帝世，中天竺國三藏法師勒那摩提，或云婆提，魏言寶意，正
> 始五年來，在洛陽殿內譯。〔註43〕

上引書目著錄於元魏錄，引文中之「正始」（西元 504～508 年）為元魏宣武帝
元恪第二個年號，前冠「梁武帝世」為何因？據《歷代三寶紀》卷三年表，費
長房載晉後繼以宋、齊、梁，梁後繼以北周、大隋，此紀年尊齊、梁而黜北魏
之意顯明。其以為隋承周，周承梁，實得中國正統。北周能奉璽歸隋，乃將取
之中國者還之中國，此非止於僧人之所知，乃當時之一般心理耳。〔註44〕因之，

〔註41〕陳垣著《中國佛教史籍概論》，上海：上海書店出版社，2001 年 8 月第一版，
　　　　頁 7。
〔註42〕劉兆祐著《中國目錄學》，頁 235，云：「在二十六種正史中（包括《清史稿》），
　　　　有〈藝文志〉、〈經籍志〉者，僅《漢書》、《隋書》、《兩唐書》、《宋史》、《明
　　　　史》及《清史稿》，《後漢書》原有〈藝文志〉，晉秘書袁山松撰，今已佚而不
　　　　存，清代學者多致力於補撰藝文志之工作。藝文志之補撰，其資料多據史書
　　　　之列傳、公私藏書目錄、碑傳及別集所載序跋等輯補。」
〔註43〕隋・費長房《歷代三寶紀》，收錄於《大正新修大藏經》第 49 冊，卷 9，頁 86。
〔註44〕陳垣著《中國佛教史籍概論》，上海：上海書店出版社，2001 年 8 月第一版，
　　　　頁 6～7。

長房於作者小傳前，冠以「梁武帝世」，乃以梁爲正朔也，此異於《太平御覽》、《冊府元龜》及《資治通鑑》所載之以宋、齊、梁、陳爲紀年，亦異於《元經》所載帝北魏而黜齊、梁，甚爲特殊，堪稱其撰著最大之特色。

續上之引文，費長房載中天竺三藏法師勒那摩提，於洛陽殿內譯出《龍樹菩薩和香方》一卷，唐釋智昇據《歷代三寶紀》亦將此經錄入《開元釋教錄》卷六中，然其於此經目條下注云：「凡五十法。今以非三藏教，故不錄之」〔註45〕而將其置入諸應刪典籍之列。姚振宗《隋書經籍志考證》未查此條，致無考證，故可校補之。

本書同卷，錄有北魏楊衒之所撰《洛陽地伽藍記》五卷，即今存之《洛陽伽藍記》，《隋書・經籍志》卷三十三地理類有目。費長房於作者小傳中錄有該書之序，與今本之序有異，其中攸關史實者云：

> 暨永熙多難，皇輿遷鄴，諸寺僧尼，亦與時徙。至武定元年中，余因行役，重覽洛陽。〔註46〕

此處「武定元年中」句，今本作「武定五年，歲在丁卯」，〔註47〕《歷代三寶紀》無「歲在丁卯」四字，據陳垣《中國佛教史籍概論》云：

> 《三寶記》作武定元年中，無「歲在丁卯」四字，諸家皆未校出。
>
> 據藏本，則此四字當爲後人所加。〔註48〕

上文所言「諸家皆未校出」，乃指號稱最善之吳若準《洛陽伽藍記集證》本、嚴可均《全北齊文》等，因未見《歷代三寶紀》之故，所以未校出無「歲在丁卯」四字，而陳垣先生考據藏本，亦無此四字，故疑爲後人所加。近人范祥雍先生則指出陳垣先生未明言武定五年與元年二者孰是，揣其意似以《歷代三寶記》爲然。並認爲楊氏寫此記，乃因行役洛陽有感而作，寫成時期當距此極近，其卷三報德寺下記武定四年，高歡遷石經於鄴，卷四永明寺下記武定五年，孟仲暉爲洛州開府長史。若依《歷代三寶記》作元年，則作記之時，相距似覺過遠。且武定元年，高歡與宇文泰戰於邙山，洛州復入於東魏，

〔註45〕唐・智昇《開元釋教錄》，收錄於《大正新修大藏經》第55冊，卷6，頁540。

〔註46〕隋・費長房《歷代三寶紀》，收錄於《大正新修大藏經》第49冊，卷9，頁87。

〔註47〕元魏・楊衒之《洛陽伽藍記》卷1，頁999，云：「暨永熙多難，皇輿遷鄴，諸寺僧尼，亦與時徙。至武定五年，歲在丁卯，余因行役，重覽洛陽。」

〔註48〕陳垣著《中國佛教史籍概論》，上海：上海書店出版社，2001年8月第一版，頁10。

以事理論之，此際兵馬倥傯，恐非炫之重遊洛陽之時，故仍從今本作五年爲是。〔註49〕范先生此說亦有理，究竟爲武定元年或五年，尚有研究空間，此亦顯示《歷代三寶紀》之著錄具史料價值。

本書卷十一，錄有釋忘名著《至道論》一卷、《淳德論》一卷、《遣執論》一卷、《不殺論》一卷、《去是非論》一卷、《修空論》一卷、《影喻論》一卷、《法界寶人銘》一卷、《厭食想文》一卷、《僧崖菩薩傳》一卷、《韶法師傳》一卷、《驗善知識傳》一卷，凡十二卷論、銘、傳。《隋書・經籍志》卷三十五別集類則合集著錄爲後周沙門《釋忘名集》十卷。費長房於釋忘名小傳中略云：

> 武帝世，沙門釋忘名，俗姓宗，諱闕殆，南陽人。……有集十卷。
>
> 文多清素，語恒勸善，存質去華，見重於世。〔註50〕

釋忘名，俗姓宗氏，即宗懍〔註51〕宗人，爲南陽望族。姚振宗《隋書經籍志考證》引明・馮惟納《詩記》及嚴可均《全後周文》，均誤載忘名俗姓宋；《南藏》、《北藏》本亦誤；無錫丁福保編纂《全北周詩》亦然，且把釋忘名與無名法師分爲二人。惟《麗藏》不誤，而《頻伽藏》本出於《麗藏》亦無誤。《後漢書》卷七十一錄有宋均傳，此亦應作宗均。據宋趙明誠《金石錄》卷十八〈漢司空宗俱碑〉云：

> 諱俱，字伯儷，南陽安衆人也，而其額題「漢故司空宗公之碑」。按《後漢書》宋均傳，均族子意，意孫俱。靈帝時爲司空，余嘗得宗資墓前石獸膊上刻字，因以《後漢・帝紀》及《姓苑》、《姓纂》等諸書參考，以謂自均而下，其姓皆當作宗，而列傳轉寫爲宋，誤也。後得此碑，益知前言之不謬。碑已殘缺，不成文理，而官秩姓名，鄉里特完可考，故詳著之。〔註52〕

〔註49〕范祥雍校注《洛陽伽藍記校注》，上海：上海古籍出版社，1978 年 12 月新 1版，卷首原序。

〔註50〕隋・費長房《歷代三寶紀》，收錄於《大正新修大藏經》第 49 冊，卷 11，頁 101。

〔註51〕《梁書》卷四十一，〈宗懍傳〉云：「宗懍字元懍，八世祖承晉，宜都郡守，屬永嘉東徙子孫，因居江陵焉。懍少聰敏好學，晝夜不倦，鄉里號爲童子學士。普通中爲湘東王府兼記室，轉刑獄仍掌書記，歷臨汝、建成、廣晉等令，後又爲世祖荆州別駕。及世祖即位，以爲尚書郎，封信安縣侯，邑一千戶，累遷吏部郎中。」

〔註52〕此說於《金石錄》卷十八〈漢宗資墓天祿辟邪字〉中述之甚詳，云：「右漢天祿辟邪字，在南陽宗資墓前，石獸膊上歐陽公集古錄。按《黨錮傳》云：『資祖均，自有傳。』今《後漢書》有〈宋均傳〉云：『南陽安衆人。』而無宗均，傳疑〈黨錮傳〉轉寫宗爲宋爾。《蜀志》有宗預，南陽安衆人，豈安衆當漢時

由上引文知「自均以下，其姓皆作宗」，又據漢宗資墓石刻，知宋均之宋姓爲訛，應作宗均。依此推之，南陽人釋忘名之俗姓亦爲宗，宋姓應是轉寫之訛。此亦可印證《麗藏》及《頻伽藏》所載宗姓不誤。而姚振宗、嚴可均、丁福保等記載爲姓宋，皆未詳查及利用上述二藏本之《歷代三寶紀》之故。

又，釋忘名之「諱闕殆」，不知其本名爲何，故稱之「忘名」，亦作「亡名」。〔註53〕唐代道宣《續高僧傳》卷七載有周渭濱沙門〈釋亡名傳〉，列於〈義解篇〉，而宋代《景德傳燈錄》作者道原，則視亡名爲重要之禪者，將其所著〈息心銘〉，與傅大士〈心王銘〉、菩提達摩〈略辨大乘入道四行〉、三祖僧璨大師〈信心銘〉、法融禪師〈心銘〉、神會〈顯宗記〉、希遷〈參同契〉、玄覺〈證道歌〉，同錄於《景德傳燈錄》卷三十。其中之〈息心銘〉，費長房於《歷代三寶紀》中作〈法界寶人銘〉，乃取其首句之「法界有如意寶人焉」爲題，此爲同本異名也。另，《隋書‧經籍志》史部舊事類亦錄有釋亡名所撰之書，爲《天正舊事》三卷。天正者，乃梁末豫章王及武陵王之年號，二人均以天正紀元，時人謂「天者二人，正者一止」，二人一年而止也。語見《梁書》卷五十五〔註54〕及《南史》卷五十三。〔註55〕釋亡名所撰，殆即梁末時舊事。亡名乃梁之遺民，抱有國破家亡之痛也。章宗源《隋志考證》一書，此條下不著半字。姚振宗雖知其爲《隋書‧經籍志》別集類著錄之周沙門釋亡名，然因未見《續高僧傳》，未能道其詳。不知《歷代三寶紀》亦有〈釋亡

有，見章懷太子注。宗、宋二族，而字與音皆相近，遂至訛謬耶。此說非是余按《後漢書》均族子意傳云：『意孫俱，靈帝時爲司空，而靈帝紀建寧四年，書太常宗俱爲司空。』注云：『俱字伯儦，南陽安衆人。延平二年，書司空宗俱薨。』又《姓苑》載南陽安衆宗氏云：『後漢五官中郎將伯，伯子司隸校尉河內太守均，均族兄遼東太守京，京子司隸校尉意，意孫司空俱元。』和《姓纂》所書亦同，則均姓爲宗，無可疑者。當章懷太子爲注，及林寶撰《姓纂》時尚未差謬，至後來始轉寫爲宋爾，余既援據詳審，遂于家藏《後漢書》均列傳用此說改定云。」

〔註53〕「亡」爲「忘」之被通假字，常互用之。《尚書‧大誥》：「敷前人受命，茲不忘大功。」 王引之《經義述聞‧尚書上》：「忘，與『亡』同，言不失前人之大功也。」《漢書‧戾太子劉據傳》：「子胥盡忠而忘其號，比干盡仁而遺其身。」顏師古注：「忘，亡也。吳王殺之，被以惡名，失其善稱號。」由上可知「忘」通「亡」也。

〔註54〕唐‧姚思廉《梁書》卷五十五，云：「天正與蕭棟暗合，僉曰天字二人也，正字一止也，棟紀僭號，各一年而滅。」

〔註55〕唐‧李延壽《南史》卷五十三，云：「天正暗與蕭棟同名，識者尤之。以爲於文，天爲二人，正爲一止，言各一年而止也。」

名傳〉，且爲《續高僧傳》卷七所自出，〔註56〕故可補姚振宗《隋書經籍志考證》，其史料之價值，尤爲可貴。

本書卷十二，錄有釋靈裕著《安民論》一十二卷、《陶神論》一十卷、《因果論》二卷、《聖跡記》二卷、《塔寺記》一卷、《經法東流記》一卷、《十德記》一卷、《僧尼制》一卷，凡三十卷論、記。《隋書·經籍志》卷三十五別集類著錄爲陳沙門《釋靈裕集》四卷。姚振宗《隋書經籍志考證》引《法苑珠林》、馮惟納《詩紀》，知靈裕爲相州大慈寺沙門。費長房《歷代三寶紀》錄有〈釋靈裕傳〉亦云：「相州大慈寺沙門釋靈裕，裕即道憑法師之弟子也。」相州，即今之彰德，屬北齊所轄之地。周滅北齊，復爲隋所滅，靈裕棲身於此中，飽受憂患，乃杜門不出。至開皇十年，隋文帝降勅召靈裕入京。費長房詳載云：

> 降勅所部，追裕入京，至見闕庭，勞問懃重。方應攀龍鱗以布法雲，
> 使蒼生蒙潤；附鳳翼以揚慧吹，令黔首獲涼。到未幾何，頻辭請退，
> 乃云：「不習水土，屢覺病增。」十一年春，放還歸鄴。〔註57〕

由上引文知靈裕可謂沙門之有篤識高行者。裕軌道憑法師之德量，「善守律儀，慧解鉤深，見聞弘博，兼內外學，爲道俗師，性愛傳燈，情好著述」。〔註58〕其所著之三部論，均有關人心世道之書，並以佛教之言出之。靈裕未嘗受陳之供養，《隋書·經籍志》將其列入陳朝，殆爲錯誤，可以《歷代三寶紀》證之也。《續高僧傳》卷九〈靈裕傳〉，亦本于《歷代三寶紀》而加詳。〔註59〕

除上述所載史料可供撰補史志之利用外，《歷代三寶紀》中尚著錄現已不傳之書，如北周曇顯《菩薩藏眾經要》、《一百二十法門》，慧善《散華論》，隋朝釋靈裕《塔寺記》、《僧尼制》，僧粲《十種大乘論》，彥琮《通極論》、《辯教論》、《通學論》，慧影《傷學論》、《存廢論》、《厭修論》，劉虯《內外傍通比較數法》及開皇十五年勅有司所撰之《眾經法式》等，並附有扼要之說明，使後人得知其梗概。並可由所載之著述中，窺見各時期佛教發展之趨向，此史料之意義與價值不言而喻。

〔註56〕陳垣著《中國佛教史籍概論》，上海：上海書店出版社，2001年8月第一版，頁8。

〔註57〕隋·費長房《歷代三寶紀》，收錄於《大正新修大藏經》第49冊，卷11，頁105。

〔註58〕同上註。

〔註59〕陳垣著《中國佛教史籍概論》，上海：上海書店出版社，2001年8月第一版，頁9～10。

第三節　《歷代三寶紀》對後世經錄之影響

　　費長房之《歷代三寶紀》於成書後，即上呈朝廷，隋文帝曾下令流通，自唐開元以後遂收入《大藏經》中流傳於世。後出之《大唐內典錄》、《古今譯經圖記》、《開元釋教錄》、《貞元新定釋教目錄》等，或模仿其體例，或承襲其部分內容，或於其即有之基礎上加以勘正提昇，足見本書對後出之佛經目錄產生極大影響，茲將其影響歸納爲二，分述如後。

一、代錄體例之沿襲

　　代錄爲《歷代三寶紀》獨創之體例，乃作者費長房於過去經錄基礎上，加以綜合提昇，並吸收儒家目錄如劉歆《七略》之優點，予以組織發展而成。歷記自東漢以迄隋世所譯佛典及撰述，本文第四章第一節中已述及，其依年代及譯經者先後爲次，首陳敘論，次列經卷，經卷後附譯經者小傳。改變僧祐《出三藏記集》將譯典與譯者小傳分開之缺失，即前者置於卷二至卷五「詮名錄」，後者置於卷十三至卷十五「述列傳」之做法，把名錄、經序及傳記三者合而爲一，除去尋檢時之不便。此體例爲後世撰作經錄者所認同，故多承襲沿用之。如道宣《大唐內典錄》中之〈歷代眾經傳譯所從錄〉共五卷，占全書十卷之一半，其隋前之譯經，多迻錄費長房之代錄，舉數例如下：

《大唐內典錄》	《歷代三寶紀》
《問地獄事經》一卷（見《朱士行漢錄》）右一經一卷，中國沙門康巨。以靈帝中平四年，於雒陽譯。並言直理詣，不加潤飾。〔註60〕	《問地獄事經》一卷（見《朱士行漢錄》）右一經一卷，外國沙門康巨。靈帝中平四年，於洛陽譯。並言直理詣，不加潤飾。〔註61〕
《曇無德羯磨》一卷（初出見《竺道祖·魏錄》）右一卷。曇無德者，魏云法藏。藏師地梨茶由。是阿踰闍第九世弟子。藏承其後。即四分律主也。自斯異部興焉。此當佛滅後二百年中。後安息國沙門曇諦，以高貴鄉公正元二年，屆于洛沐。妙善律學，於白馬寺眾請譯出。〔註62〕	《曇無德羯磨》一卷（初出見《竺道祖·魏錄》）右一卷。曇無德者，魏云法藏。藏師地梨茶由，是阿踰闍第九世弟子。藏承其後，即四分律主也，自斯異部興焉。此當佛後二百年中，後安息國沙門曇諦，以高貴鄉公正元二年，屆乎洛沐（妙善律學，於白馬寺眾請譯出）。〔註63〕

〔註60〕唐·道宣《大唐內典錄》，收錄於《大正新修大藏經》第55冊，卷1，頁224。
〔註61〕隋·費長房《歷代三寶紀》，收錄於《大正新修大藏經》第49冊，卷4，頁54。
〔註62〕唐·道宣《大唐內典錄》，收錄於《大正新修大藏經》第55冊，卷2，頁227。

《悲華經》十卷（見《古錄》似是先譯冀更刪改）	《悲華經》十卷（見《古錄》似是先譯冀更刪改）
《寶梁經》二卷（見《竺道祖·河西錄》）右二部，合一十二卷。晉安帝世，沙門釋道龔，於張掖爲河西王沮渠氏出。〔註64〕	《寶梁經》二卷（見《竺道祖·河西錄》）右二部，合一十二卷。晉安帝世，沙門釋道龔，於張掖爲河西王沮渠氏出。〔註65〕
《眾經錄目》右梁武帝世，雒陽清信士李廓，魏永平年奉勅撰。廓通內外學，注述經錄，甚有條貫。〔註66〕	《眾經錄目》一卷右一錄一卷。武帝世，雒陽信士李廓，魏永平年奉勅撰。廓負內外學，注述經錄，甚有條貫。〔註67〕
《大乘寶雲經》八卷（第二出，與梁世曼陀羅所出七卷，同本異出）右周武，扶南國沙門須菩提，陳言善吉，於揚都城內至敬寺，爲陳主譯。見《一乘寺藏》。〔註68〕	《大乘寶雲經》八卷（第二出，與梁世曼陀羅所出者七卷《寶雲》，同本異出）右一部，合八卷。周武帝世，扶南國沙門須菩提，陳言善吉，於楊都城內至敬寺，爲陳主譯。見《一乘寺藏眾經目錄》。〔註69〕

　　由上所引數例比對之，明顯可見兩者內容庶幾無差，故曰迻錄《歷代三寶紀》之代錄也。不僅如此，其〈歷代眾經傳譯所從錄〉之體例亦承襲自《歷代三寶紀》。以朝代爲單位，分卷一：後漢；卷二：前魏、南吳、西晉；卷三：東晉、前秦、後秦、西秦、北涼；卷四：宋、前齊、梁、後魏、後齊；卷五：後周、陳、隋、皇朝等傳譯佛經錄，並於每朝代前以「序曰」爲始，概括性敘述該朝之佛教歷史，以爲「敘論」，次列經卷，經卷後附譯經者之小傳，此體例可同時知悉譯經者事跡及其所譯佛經之數量，道宣認同此優點，故承襲沿用之。

　　其後，堪稱佛教經錄最完善者之《開元釋教錄》凡二十卷。於中，題爲〈總括群經錄〉者，迄自卷一至卷十佔全書之半。其體例亦淵源於《歷代三寶紀》首創之代錄。智昇於〈總括群經錄〉下自注云：

　　　　右從漢至唐，所有翻述，具帝王年代，並譯人本事，所出教等，以

　　　　人代先後爲倫，不依三藏之次，兼敘目錄新舊同異。〔註70〕

〔註63〕隋·費長房《歷代三寶紀》，收錄於《大正新修大藏經》第49冊，卷5，頁56。
〔註64〕唐·道宣《大唐內典錄》，收錄於《大正新修大藏經》第55冊，卷3，頁255。
〔註65〕隋·費長房《歷代三寶紀》，收錄於《大正新修大藏經》第49冊，卷9，頁84。
〔註66〕唐·道宣《大唐內典錄》，收錄於《大正新修大藏經》第55冊，卷4，頁270。
〔註67〕隋·費長房《歷代三寶紀》，收錄於《大正新修大藏經》第49冊，卷9，頁87。
〔註68〕唐·道宣《大唐內典錄》，收錄於《大正新修大藏經》第55冊，卷5，頁274。
〔註69〕隋·費長房《歷代三寶紀》，收錄於《大正新修大藏經》第49冊，卷9，頁88。
〔註70〕唐·智昇《開元釋教錄》，收錄於《大正新修大藏經》第55冊，卷1，頁477。

由上之引文知〈總括群經錄〉之編排，相當於譯經史，係以朝代爲篇，先後
敘載。每朝代篇首，先開列朝代之始末紀年，譯人及譯經之多寡，次開列該
朝所有譯者姓名，名下注記其譯經部數、卷數。繼之，以譯者之年代先後爲
序，各自成一單元，單元前先羅列該譯者所譯諸經名目，是爲個人譯經目錄，
〔註71〕於每一部經名下，均附詳注，其末則附譯者小傳，舉例如下：

> 周宇文氏都長安，從閔帝元年丁丑（依古無號直稱元年），至靖帝大
> 定元年辛丑，凡經五帝，二十五年。沙門四人，所出經論一十四部、
> 二十九卷（於中，六部、一十一卷見在，八部、一十八卷闕本）。
>
> 周沙門攘那跋陀羅（一部、一卷論）
>
> 沙門闍那耶舍（六部、一十五卷經）
>
> 沙門耶舍崛多（三部、八卷經論）
>
> 沙門闍那崛多（四部、五卷經）
>
> 《五明論》合一卷（一，〈聲論〉。二，〈醫方論〉。三，〈工巧論〉。
> 四，〈呪術論〉。五，〈符印論〉。見《長房錄》）
>
> 右一部，一卷本闕。沙門攘那跋陀羅，周云智賢，波頭摩國人，雖
> 善達三藏，而偏精律部。以明帝二年戊寅，於長安舊城婆伽寺，共
> 闍那耶舍譯《五明論》一部。耶舍崛多、闍那崛多等傳譯，沙門智
> 僊筆受（又《長房》等錄云：周武帝代，天和四年己丑，摩勒國沙
> 門達摩流支，周言法希，爲大冢宰。晉蕩公宇文護，譯《婆羅門天
> 文》二十卷，今以非三藏教，故不存之）。〔註72〕

此體例乃受《歷代三寶紀》代錄之影響，集其大成，復有創新，故爲佛教目
錄學中體例之典範。另，唐圓照《貞元新定釋教目錄》共三十卷，其中〈總
集群經錄〉，自卷一至卷十九佔全書過半之數，因其內容大多承襲《開元釋教
錄・總括群經錄》而加詳，孰不知〈總括群經錄〉體例即源自《歷代三寶紀》
之代錄，故此體例有其獨到特色，爲後世撰經錄者所採用，或輾轉沿用之。

　　此外，尚有唐釋靖邁《古今譯經圖記》，其原非一部書，乃玄奘於長安大
慈恩寺翻經堂中之牆壁上命人畫上古來譯經僧俗主譯之圖像，而靖邁因在每

〔註71〕杜潔祥著《佛教文獻與文化述論》，宜蘭：佛光人文社會學院，2004年5月第
　　　　一版，頁27。
〔註72〕唐・智昇《開元釋教錄》，收錄於《大正新修大藏經》第55冊，卷7，頁544。

一位譯人之畫像旁，爲譯人生平作簡略文字敘述，使見到譯人圖像時，便可知其事蹟，〔註73〕此即受《歷代三寶紀》代錄體例之影響，並據其所載撰者小傳之內容，而加之圖像旁。由此可知，《歷代三寶紀》代錄體例對後世經錄影響之深遠。

二、大藏經之結構化

大藏經之結構化體系乃於長期之實踐過程中逐漸形成。從歷代佛經目錄之發展觀之，佛教初傳至東晉道安撰作《綜理眾經目錄》止，大藏經處於蘊釀時期，因當時佛教典籍尚未形成體系及有機之結構，故將所有之佛典稱爲「眾經」，即是「一批經典」之意。進入南北朝後，佛教目錄學家企圖對佛典進行分類，並安排其結構，或從中國佛教之判教理論出發；或從戒、定、慧等小乘三學出發；或詳細爬梳經典之內容等，各自由不同角度進行多方面之嘗試。直至隋朝，佛典之分類，以大小乘、經律論爲基本格局漸而形成，此乃借鑒印度佛教經典理論之後始出現之分類法，首部代表經錄爲《法經錄》。除大小乘經律論外，尚有西域賢聖及此方諸德著述。〔註74〕然其明顯之缺失，即未能及時反映當時漢文大藏經已形成之佛經全貌。

費長房《歷代三寶紀》則不然，其糾正前此之各經錄把應入藏之經典同「別生」、「疑惑」、「僞妄」諸經並列之慣例，首創〈入藏錄〉體例，適時標示出當時大藏經形成之歷史需求。其收錄包括單本和重翻，分爲大乘入藏錄與小乘入藏錄，其中亦按經、律、論分有譯及失譯。並將大藏經由實際流傳形態，提昇至理論形態，故此時大藏經無論從實際或理論上，均已卓然成形。因之，《歷代三寶紀》可謂大藏經正式形成之一塊里程碑；漢文佛教大藏經目錄之第一個原型；亦是大藏經最初之目錄依據，爲後世經錄編撰者所承襲，影響至爲深遠。

唐代道宣《大唐內典錄》、明佺等《大周刊定眾經目錄》、智昇《開元釋教錄》、圓照《貞元新定釋教目錄》等均依倣《歷代三寶紀》而設立〈入藏錄〉。於結構方面雖有所調整，然基本上仍依《歷代三寶紀》之分類爲主，尤以《開元釋教錄》集其大成，爲迄今最完善之〈入藏錄〉分類法，設計出漢文大藏

〔註73〕曹仕邦著《中國佛教史學史——東晉至五代》，台北：法鼓文化，1999年10月，頁281。

〔註74〕方廣錩著《佛教典籍百問》，高雄：佛光出版社，1992年5月第二版，頁167。

經之結構化體系如下：

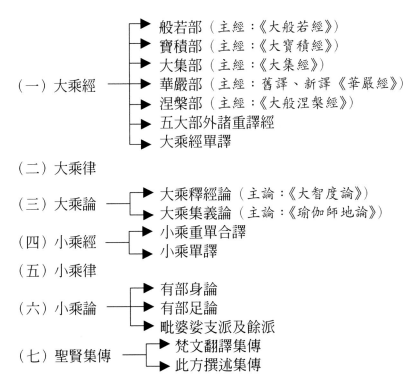

（一）大乘經
　　般若部（主經：《大般若經》）
　　寶積部（主經：《大寶積經》）
　　大集部（主經：《大集經》）
　　華嚴部（主經：舊譯、新譯《華嚴經》）
　　涅槃部（主經：《大般涅槃經》）
　　五大部外諸重譯經
　　大乘經單譯

（二）大乘律

（三）大乘論
　　大乘釋經論（主論：《大智度論》）
　　大乘集義論（主論：《瑜伽師地論》）

（四）小乘經
　　小乘重單合譯
　　小乘單譯

（五）小乘律

（六）小乘論
　　有部身論
　　有部足論
　　毗婆娑支派及餘派

（七）聖賢集傳
　　梵文翻譯集傳
　　此方撰述集傳

　　上表係參酌方廣錩先生根據敦煌遺書中《開元錄簡目》增補所製。〔註75〕於中可知悉智昇以經典內容特徵爲決定其歸屬之分類法，即大部經譯出時，所有之枝分經典才能據此而有歸屬。此分類法不但反映出佛教典籍所代表之知識內容與思想傾向，更組織成一個富含內在邏輯聯繫之完整體系。此種把性質內容相近之佛典排於相近之位置，既便於人們從整體上把握佛教，亦有利於檢閱、查索佛經，使之觸類旁通，以明某一佛經於整個佛教中之地位。因此，智昇所編排大小乘經體系之出現，於漢文大藏經結構化過程中，已取得決定性之成果。而此亦證明《歷代三寶紀》之撰就於中國藏經史上爲一大關鍵，代表著漢文經典邁入結構化之時期，其對後世經錄之影響，至爲重大。

〔註75〕方廣錩著《中國寫本大藏經研究》，上海：上海古籍出版社，2006 年 12 月第
　　　　1 版，頁 62～65。

第六章　結　論

　　中國典籍浩如烟海，於中釋家文獻可謂深廣淵博，除傳譯、注疏等源於印度之典籍，尚有本土文化下衍生之各類撰述，〔註1〕經錄即是其中之一。而中國佛教經錄之嚆矢，爲西晉竺法護《眾經錄》，乃專記一朝之目錄。其後歷代經錄，或爲彙載各代之通錄；或爲斷代之目錄；或爲綜合性目錄，種類漸呈多樣發展，演進至隋朝，經錄於體例、分類、組織等各方面已趨成熟完備，《歷代三寶紀》即是此時期之作品。

　　《歷代三寶紀》作者費長房，乃四川成都人。有關其確切之生卒年，因史料闕如，筆者僅能從《歷代三寶紀》卷十一《僧崖菩薩傳》條下長房親自注載「保定二年，於城都燒身」爲「房親驗見」之事，判斷保定二年（西元562年）長房已存在之事實爲起年，至《歷代三寶紀》於開皇十七年（西元597年）「錄成陳奏，下敕行之」止，知其生存年代約爲西元562年至597年。

　　費長房本爲僧人，因周武廢教被迫還俗。隋興，搜訪知其精佛學，亦通諸子百家，故被敕召入京，爲翻經學士，任筆受之職。史料首載費長房此略歷者，乃唐朝釋道宣。其於《續高僧傳》及《大唐內典錄》中均略載之，雖非詳盡，然其首錄資料，爲後出之作所承襲，甚爲寶貴。另，考察長房所筆受之佛經凡八部、九十五卷。其中《大方等大集日藏經》與《佛本行集經》二部非長房一人筆受。又，《合部金光明經》八卷，非全譯本，僅爲補闕，亦非別翻，故長房於《歷代三寶紀》中不言筆受。實因該經之序，已載明原由及筆受者。

〔註 1〕 本土文化下衍生之各類撰述，如經錄、佛史、傳記、燈錄、語錄、論辯、遊記、志書、音義、雜記、文獻纂集等，內容廣博。

此外，費長房於筆受暇隙，鑒於戰亂後經錄散落難收，有重行整理編寫之必要，以及「身經毀佛之劫」，並基於護法心切，期於論證佛教遠比道教殊勝，更深切體悟如經論不存，則佛法無傳之理，故於執筆暇隙，費時十餘春秋，撰就《歷代三寶紀》，除紀述佛教傳入中國之歷史，尚蒐訪歷代譯出之經目，作爲按目求書之依據，斯殆爲本書撰述之緣起。

其次，爲知悉《歷代三寶紀》版本流傳之演變過程，本文以《昭和法寶總目錄》爲主，考察歷代寫本藏經目錄及刊本大藏經所載《歷代三寶紀》之情形，以及書名、卷數之異同，得出結論如次：

一、道宣《大唐內典錄》分別於〈歷代眾經傳譯所從錄〉、〈歷代道俗述作注解錄〉、〈歷代所出眾經錄目〉等三處收錄《歷代三寶紀》，且均以《開皇三寶錄》稱之，蓋道宣之時，應以此「外題之名」流傳於世。

二、道宣《大唐內典錄》立有〈歷代眾經總撮入藏錄〉，據道宣自云「猶依舊例，未敢大分」，即承襲費長房《歷代三寶紀》首創之入藏錄體例，僅收經、律、論三藏，未將經錄類納入其內。直至智昇《開元釋教錄》始將《歷代三寶紀》新編入藏，錄入〈小乘入藏錄下・賢聖集〉，使其得隨藏經流傳至今，此乃智昇肇端之功也。

三、智昇《開元釋教錄》收錄《歷代三寶紀》有六處，雖以《開皇三寶錄》爲名，然首次加注「內題云《歷代三寶紀》」之語，足見以智昇爲始，漸注意內題名所表達之涵義，較接近其書之體例。

四、圓照《貞元新定釋教目錄》收錄《歷代三寶紀》有五處，然皆迻錄自《開元釋教錄》。經由列表比對，發現二處有異。其一，《歷代三寶紀》成書年，《貞元新定釋教目錄》載開皇七年，殆「七」字前脫一「十」字，以開皇十七年爲正。其二，爲成書日，《貞元新定釋教目錄》載「二十三日」，而今之《大正藏》收錄之《開元釋教錄》則云「十三日」，下注宋、元、明版載「二十三日」，經核對長房親載成書之日，以「二十三日」爲正。

五、《歷代三寶紀》無刊刻單行本流通，僅隨歷代刊本大藏經傳世。自宋《開寶藏》以降，所收錄之《歷代三寶紀》，由於分類編排之次第不同，分注不同之千字文號，以示順序，此源於《開元釋教錄略出》。又，千字文之編帙，乃按篇幅之多寡而分，每帙約爲一百至二百張

紙左右，或爲十卷經。《歷代三寶紀》十五卷，據智昇載有三百八紙，依分帙法而分，不足二帙，超出一帙部份，則與小經合帙，故於刊本大藏經中，此書分爲二帙，其中一帙大多與法經等著《眾經目錄》合帙。

六、《歷代三寶紀》一書，經考察寫本藏經目錄及刊本大藏經所載，發現其書名微有差異，如《歷代三寶記》、《曆代三寶紀》及《開皇三寶錄》等，然此「紀」與「記」；「歷」與「曆」之差異，乃互爲通假字。而《開皇三寶錄》則爲此書卷外之題名，寫本藏經均以此稱之；刊本大藏經多以卷內之題名《歷代三寶紀》稱之。

七、《歷代三寶紀》傳本考異，於卷數上歷代藏經均記載爲十五卷，僅《龍藏》一部，記載爲一卷。由於御制序謂《北藏》版本訛舛，因重校刊。故其據《北藏》重修後，僅收十五卷中最末卷之「總目」而爲一卷。

《歷代三寶紀》就體制方面而言，可總結如下二點：其一，本書僅從書之題名，即可得知此書之性質。其以「紀」爲體裁，以「三寶」爲主體，前冠之「歷代」一詞，以通古今，組織成一部中國佛教史書，載佛之年表與教法，錄佛典著作及其譯者序傳，爲受「三寶」思想影響之典型著作。費長房認爲「三寶」具佛教宏觀之時間序列，理當含攝中國佛教歷史，而佛、法、僧三寶有益於四生最深者，莫過於「法」寶，長房自云「法是佛母，佛從法生」，法具有超越時間遷流之永恆性，然須賴佛、僧之開導甫能興於世，佛、僧亦受時間遷流制約之影響而有生滅及止利一時之限，爲使法教津流以傳萬代，長房傾力撰作《歷代三寶紀》，力顯三寶於世間開展之歷程與歷史性涵義，殆爲其宗旨。

其二，本書之體例，甚爲特殊，有首創之帝年、代錄及入藏錄。前三卷，帝年體例，爲年表形式，每卷前有敘論，後列年代，下按朝代年歲以簡記時事、佛事及所出經典，利於檢閱。然此體例已超出中國目錄學目錄之體制範圍，即篇目、敘錄、小序三項範疇，爲費長房自創之體例。卷四至卷十二代錄體例，含敘錄、各朝譯經論著之譯作目錄、個人譯作之經籍目錄、作者列傳、失譯經目錄等，自後漢迄隋，始末俱見其要，並修整僧祐《出三藏記集》將譯典與譯者小傳分開之缺失，使每代譯經之譯主，一目了然；每一譯主翻譯之佛典，條貫有序，儼如一部由漢末至隋初完備之中國譯經史，爲中國佛

教目錄學獨創且最具特色之體例。卷十三至卷十四入藏錄，專記見存之大小乘經典，又以經、律、論而分，再分有譯及失譯，亦是首創之體例。卷十五爲總目，乃仿馬、班二史之例而自爲序傳。卷末兼記前此各種經錄名稱及體例組織概況，含見存者六家及未見之歷代經錄二十四家，保存上代經錄極其豐富而又寶貴之資料。

於內容方面，本文分帝年、代錄、入藏錄、總目四項分述，並以長房所云「帝年，張知佛在世之迢遰；代錄，編鑒經翻譯之少多；入藏，別識教小大之淺深」爲基礎，解析其內容，得出如次之結論：

一、費長房對爭議已久之釋迦如來降生之年，著力甚深，爲排除僞說，其致力考證，認爲佛生於周莊王十年（西元前 687 年），即魯莊公七年。持同論者尚有南齊王簡棲與梁之智者，而宋智圓《維摩經略疏垂裕記》亦依費長房之說，不取諸家年代。輓近西士於內典籍討論佛生年，終莫指實，獨云先耶穌生約六百年耳，依此長房所推論近之，故於今尚無定論之佛生年，長房之見亦值得參考。

二、代錄之內容以「編鑒經翻譯之少多」爲旨，然於各卷敘論中所載經卷數與內容所列實際經卷數，多所出入。表面上看爲加總時之錯誤，細究之，乃因後人增列之跡顯明而造成前後不一之情形。而入藏錄亦有此現象。

三、入藏錄之內容以「別識教小大之淺深」爲旨，依據專科目錄分類法以判別佛典之大小乘爲主，即分判「大小之殊」，而非深淺，亦無褒貶之意。

四、費長房將「總目序」置於全書之末，仿司馬遷《史記》及班固《漢書》之體例，此乃說明其以修史心態著書之證據。

五、關於《歷代三寶紀》歸類問題，以陳垣「見名不見書」之法而分，大抵以北宋開雕大藏經爲分界，前此之唐代寫本藏經，均以《開皇三寶錄》爲名收錄之，即歸屬爲目錄類。於北宋之後，即以《歷代三寶紀》爲名收錄於大藏經中，此後皆沿用此書名，至智旭撰《閱藏知津》，首將其歸於史傳部，直至今之《大正藏》均未更動其分類。

六、由本書之內容，可獲悉其具有目錄學與佛教史學之雙重特性。

於取材方面，費長房依經錄著作原則，廣博蒐集史料，取材凡數十家，含史書、傳記、經錄等類書籍，及親自耳聞目見之事實，均錄入《歷代三寶

紀》中。而史、傳記類書之引用，以梁慧皎《高僧傳》爲最，橫跨「帝年」
與「代錄」二部分，庶幾爲撰作本書之藍本。佛經目錄類，則以隋法經等撰
《眾經目錄》引用最廣，《歷代三寶紀》之「入藏錄」大抵依此增減而成。對
於親身聞見之引用，含「房驗經論」即長房所聞者、「房親驗見」即親自目睹
者及當時皇帝之詔書等。另，本書卷十二〈大隋錄〉一卷，均記當代之事，
如那連提耶舍、闍那崛多等人之譯經，詳載翻譯之起訖年月、譯經場所及度
語、筆受、制序人等，皆爲第一手資料，極新穎翔實可貴。總之，本書取材
具嚴密之佛教史學意義及目錄學撰作義例，亦突顯費長房之創造精神和卓越
史識，其主旨乃冀成一家之言也。

　　關於歷來學者對《歷代三寶紀》之評價，以負面居多，如「瓦玉雜糅」、
「僞眞淆亂」及智昇舉出之「十誤」等，然客觀之事實證明，費長房非「貪
博寡識」之人，其乃把握佛教再興之兆機，先行盡量收容佛典，以備後賢據
此搜訪經本，更加以考證檢定之，此於其書內多處提及。再者，梁任公對其
評論曰「雖考證事實，舛訛尚多」，即說明長房具客觀之方法與精神，對所蒐
集之經典，已盡力考證事實，只因技術不甚精湛，於實際操作上仍有錯誤出
現。對於許多有問題之經目或經本，囿於僅憑一己之力於時間上不及全部加
以審檢和考據而已，非學者所認爲之濫採博收也，此亦說明歷來學者未深究
此書所以產生之社會歷史環境背景之故。

　　本書之價值，除把歷來因時空阻隔而被忽略之北朝譯經搜集入錄外，其
於文獻史料之著錄方面，頗爲豐富，可作爲撰補《後漢書》、《三國志》、《晉
書》等史書〈藝文志〉及校補楊衒之《洛陽伽藍記》、姚振宗《隋書經籍志考
證》之用。復次，其載釋忘名之俗姓爲宗氏，經考證不誤，可校《南藏》、《北
藏》載作姓宋氏之訛，故其資料甚爲珍貴。另，《隋書·經籍志》將釋靈裕列
入陳朝，然其未嘗受陳之供養，殆爲訛誤，此據費長房所載釋靈裕小傳可證
之。此外，本書尚著錄現已不傳之書數十種，並附扼要之說明，使後人知其
梗概，窺見各時期佛教發展趨向，其於保存文獻史料之價值不言可喻。

　　《歷代三寶紀》於經錄史上乃一次大突變，全書之體例均爲獨創，影響
後世經錄之發展深遠。尤以代錄體例爲後出經錄道宣《大唐內典錄·歷代眾
經傳譯所從錄》、智昇《開元釋教錄·總括群經錄》及圓照《貞元新定釋教錄·
總集群經錄》之撰作者所認同，並承襲沿用之。另，靖邁《古今譯經圖記》，
原非一部書，乃長安大慈恩寺翻經堂中牆壁所畫古來譯經僧俗主譯之圖像，

靖邁即受《歷代三寶紀》代錄體例之影響，並據其所載撰者小傳內容，加於每一位譯者之畫像旁，使見到譯者圖像時，便可知其事蹟。除此之外，《歷代三寶紀》入藏錄體例，適時標示出當時大藏經形成之歷史需求，可謂漢文大藏經目錄之第一個原型，道宣《大唐內典錄》、明佺等《大周刊定眾經目錄》、智昇《開元釋教錄》、圓照《貞元新定釋教目錄》等均依倣而設立〈入藏錄〉，尤以《開元釋教錄》所編排大小乘經體系於大藏經結構化過程中，取得決定性成果。此亦證明《歷代三寶紀》之撰就，於中國藏經史上為一大關鍵，代表漢文大藏經邁入結構化之時期，其對後世經錄之影響至為重大。

　　總而言之，若對費長房《歷代三寶紀》一書做梳理，則誠如梁啓超所云：

> 經錄之學，至隋而殆已大成，綜其流別，可分兩派，其一、專注分類及真偽，自僧祐、李廓以下皆是，至隋法經集其成，入唐則靜泰、明佺衍其緒。其二、專注重年代及譯人，竺道祖以下，凡以朝代冠錄名者皆是，至隋費長房集其大成，入唐則靖邁衍其緒。〔註2〕

中國佛經目錄發展至隋朝大抵已臻成熟，而《歷代三寶紀》於目錄學上則為佛教經錄之轉捩點，具承先啓後之功能，其重要性自不在話下。於專注譯經年代及譯者此一系，《歷代三寶紀》乃集其大成，故於中國佛教經錄發展史上，其地位實不可磨滅。不論於體例、分類、藏經形成、佛經目錄學及中國佛教史學上更是如此。歷來學者，批評本書雖具收錄廣博之功，然亦有瓦玉雜糅、真偽淆亂之弊。但筆者認為，若從歷史之客觀條件而論，隋文帝統一南北朝後，原分流於南北之經典重新合流，此時見書錄而成籍當比辨別經典真偽，更為急切且重要。再者，佛教歷經北朝魏太武帝及周武帝廢佛後，經典散失亡佚之情形嚴重，須廣求存書，以免佛典斷絕，故本書之弊，乃受其時代條件影響而不得已也。由另一角度觀之，其正反映當代佛典真實存佚之情形，值得肯定，此亦是本書價值之所在。

　　上為筆者重申本文之論述、考證結果及作扼要之總結，然本文尚有待延伸之課題者三。其一，隋前經錄大抵專紀經典，而本書則是三寶通紀，體例亦為新創，而功力最深者則屬代錄部分。此代錄提供隋前譯經與撰述之豐富資料，並保存一部分過去已佚經錄之面貌，然於取材方面不夠謹嚴，所收多有混雜，尚有待揀別之，本文囿於篇幅，無法逐一考證。其二，古代典籍，

〔註2〕梁啓超著《佛學研究十八篇》，台北：台灣中華書局，1871年3月第三版，頁20。

多有後人羼雜之跡，本書亦然。其流傳既久，於帝年、代錄、入藏錄中均見後人羼雜之部分，致總目所載經典部、卷數與內文實際數不合之現象，亦有待考證釐清，以還《歷代三寶紀》之原來面目。其三，本書「代錄」保存豐富之文獻史料，自卷四至卷九，可撰補《後漢書》、《三國志》、《晉書》等三部正史之〈藝文志〉或〈經籍志〉，然陳垣先生慨嘆利用者尚未有其人，深值深思。筆者自認才學不足，仍須努力鑽研。總之，前列三項有待延伸之課題，均值得關注與再研究。

參考書目

一、古　籍（以經、史、子、集類排列）

經

1. 周・孟軻，《孟子》，收錄於清阮元校勘《十三經注疏》第 8 冊，台北：藝文印書館，2001 年 12 月初版 14 刷。

2. 《尚書》，收錄於清阮元校勘《十三經注疏》第 1 冊，台北：藝文印書館，2001 年 12 月初版 14 刷。

史

1. 西漢・司馬遷，《史記》，收錄於《百衲本二十四史》，台北：台灣商務印書館，1981 年 1 月臺五版。

2. 東漢・班固，《漢書》，收錄於《百衲本二十四史》，台北：台灣商務印書館，1981 年 1 月臺五版。

3. 南朝宋・范曄，《後漢書（二）》，收錄於《百衲本二十四史》，台北：臺灣商務印書館，1981 年 1 月臺五版。

4. 北齊・魏收等，《魏書（三）》，收錄於《百衲本二十四史》，台北：臺灣商務印書館，1981 年 1 月臺五版。

5. 唐・令狐德棻等，《周書》，收錄於《百衲本二十四史》，台北：台灣商務印書館，1981 年 1 月臺五版。

6. 唐・姚思廉，《梁書》，收錄於《百衲本二十四史》，台北：台灣商務印書館，1981 年 1 月臺五版。

7. 唐・李延壽，《南史》，收錄於《百衲本二十四史》，台北：台灣商務印書館，1981 年 1 月臺五版。

8. 唐・魏徵等，《隋書》，收錄於《百衲本二十四史》，台北：台灣商務印書館，1981 年 1 月臺五版。

9. 唐・劉知幾，《史通》，輯入《景印文淵閣四庫全書》第 685 冊。

10. 宋・趙明誠，《金石錄》，台北：台灣商務印書館，1966 年。

11. 元・脫脫等，《宋史（九）》，收錄於《百衲本二十四史》，台北：台灣商務印書館，1981 年 1 月臺五版。

子

1. 宋・沈括，《夢溪筆談》，輯入《景印文淵閣四庫全書》第 862 冊。

2. 宋・葉夢得，《石林燕語》，輯入《景印文淵閣四庫全書》第 863 冊。

集

1. 宋・葉適，《水心集》，輯入《景印文淵閣四庫全書》第 1164 冊。

2. 明・賀復徵，《文章辨體彙選》，輯入《景印文淵閣四庫全書》第 1409 冊。

3. 明・梅鼎祚，《四庫全書珍本—釋文紀》第 35 冊，台北：台灣商務印書館。

二、佛教典籍（以作者時代為序）

1. 後秦・佛陀耶舍共竺佛念譯，《長阿含經》，收錄於《大正新修大藏經》第 1 冊。

2. 龍樹菩薩造，鳩摩羅什譯《大智度論》，收錄於《大正新修大藏經》第 25 冊。

3. 堅意菩薩造，北涼道泰等譯《入大乘論》，收錄於《大正新修大藏經》第 32 冊。

4. 元魏・楊衒之《洛陽伽藍記》，收錄於《大正新修大藏經》第 51 冊。

5. 劉宋・求那跋摩譯，《菩薩善戒經》，收錄於《大正新修大藏經》第 30 冊。

6. 梁・僧祐，《出三藏記集》，收錄於《大正新修大藏經》第 55 冊。

7. 梁・慧皎，《高僧傳》，收錄於《大正新修大藏經》第 50 冊。

8. 隋・法經等撰，《眾經目錄》，收錄於《大正新修大藏經》第 55 冊。

9. 隋・費長房，《歷代三寶紀》，收錄於《大正新修大藏經》第 49 冊。

10. 隋・費長房，《歷代三寶紀》，收錄於《高麗大藏經》第 31 冊，韓國：東國學校附設東國譯經院，2002 年 9 月。

11. 隋・費長房，《歷代三寶紀》，收錄於釋仰宗主編《頻伽大藏經》第 87 冊，北京：九州出版社，1998 年。

12. 隋・寶貴合，《合部金光明經》，收錄於《大正新修大藏經》第 16 冊。

13. 唐・志鴻，《四分律搜玄錄》，收錄於《卍新纂續藏經》第 41 冊。

14. 唐・惠詳，《弘贊法華傳》，收錄於《大正新修大藏經》第 51 冊。

15. 唐・景霄，《四分律鈔簡正記》，收錄於《卍新纂續藏經》第 43 冊。

16. 唐・智昇，《開元釋教錄》，收錄於《大正新修大藏經》第 55 冊。

17. 唐・智昇，《開元釋教錄略出》，收錄於《大正新修大藏經》第 55 冊。

18. 唐・智儼，《華嚴經內章門等雜孔目章》，收錄於《大正新修大藏經》第 45 冊。

19. 唐・圓照，《貞元新定釋教目錄》，收錄於《大正新修大藏經》第 55 冊。

20. 唐・道世，《法苑珠林》，收錄於《大正新修大藏經》第 53 冊。

21. 唐・道宣，《大唐內典錄》，收錄於《大正新修大藏經》第 55 冊。

22. 唐・道宣，《釋迦方志》，收錄於《大正新修大藏經》第 51 冊。

23. 唐・道宣，《續高僧傳》，收錄於《大正新修大藏經》第 50 冊。

24. 無著菩薩造，唐・波羅頗蜜多羅譯，《大乘莊嚴經論》，收錄於《大正新修大藏經》第 31 冊。

25. 宋・元照，《四分律行事鈔資持記》，收錄於《大正新修大藏經》第 40 冊。

26. 宋・本覺，《釋氏通鑑》，收錄於《卍新纂續藏經》第 76 冊。

27. 宋・志磐，《佛祖統紀》，收錄於《大正新修大藏經》第 49 冊。

28. 宋・宗鑑，《釋門正統》，收錄於《卍新纂續藏經》第 75 冊。

29. 宋・延壽《萬善同歸集》，收錄於《大正新修大藏經》第 48 冊。

30. 宋・智圓，《維摩經略疏垂裕記》，收錄於《大正新修大藏經》第 38 冊。

31. 宋・贊寧，《宋高僧傳》，收錄於《大正新修大藏經》第 50 冊。

32. 元・普瑞，《華嚴懸談會玄記》，收錄於《卍新纂續藏經》第 8 冊。

33. 元・熙仲，《歷朝釋氏資鑑》，收錄於《卍新纂續藏經》第 76 冊。

34. 元・覺岸，《釋氏稽古略》，收錄於《大正新修大藏經》第 49 冊。

35. 明・心泰，《佛法金湯編》，收錄於《卍新纂續藏經》第 87 冊。

36. 清・誅震，《金剛三昧經通宗記》收錄於《卍新纂續藏經》第 35 冊。

37. 清・釋通醉，《錦江禪燈》收錄於《卍新纂續藏經》第 85 冊。

38. 《昭和法寶總目錄》，日本東京大藏經刊行會，台北：世樺出版社，1990 年。

三、專　書（以姓氏筆劃爲序）

1. 于凌波著，《簡明佛學概論》，台北：東大圖書公司，2007 年 5 月二版。

2. 小野玄妙著、楊白依譯，《佛教經典總論》，台北：新文豐出版公司，1983 年元月初版。

3. 方廣錩著,《中國寫本大藏經研究》,上海:上海古籍出版社,2006 年 12 月第 1 版。

4. 方廣錩著,《佛教典籍百問》,高雄:佛光出版社,1992 年 5 月第二版。

5. 方廣錩輯校,《敦煌佛教經錄輯校(上)》,南京:江蘇古籍出版社,1997 年第 1 版。

6. 水野弘元著、劉欣如譯,《佛典成立史》,台北:東大圖書,2007 年 7 月修訂二版。

7. 水野弘元著、許洋主譯,《佛教文獻研究——水野弘元著作選集(一)》,台北:法鼓文化事業,2003 年 5 月初版。

8. 王文顏著,《佛典漢譯之研究》,台北:天華出版公司,1984 年 12 月初版。

9. 王文顏著,《佛典疑偽經研究與考錄》,台北:文津出版社,1997 年 4 月初版。

10. 王鐵鈞著,《中國佛典翻譯史稿》,北京:中央編譯出版社,2006 年 12 月第一版。

11. 宇井伯壽著、李世傑譯,《中國佛教史》,台北:協志工業叢書出版公司,1977 年 12 月再版。

12. 何廣棪著,《碩堂文存五編》,台北:里仁書局,2004 年 9 月初版。

13. 余嘉錫著,《目錄學發微》,北京:中國人民大學出版社,2004 年 9 月初版。

14. 呂紹虞著,《中國目錄學史稿》,台北:丹青圖書,1986 年台一版。

15. 呂澂著,《中國佛學源流略論》,台北:大千出版社,2003 年 1 月初版。

16. 呂澂著,《歷朝藏經略考》,台北:大千出版社,2003 年 3 月初版。

17. 李曰剛編著,《中國目錄學》,台北:明文書局,1983 年 8 月初版。

18. 李清志著,《古書版本鑑定研究》,台北:文史哲出版社,1986 年 9 月初版。

19. 李瑞良著,《中國目錄學史》,台北:文津出版社,1993 年 7 月初版。

20. 杜潔祥著,《佛教文獻與文化述論》,宜蘭:佛光人文社會學院,2004 年第一版。

21. 汪辟疆著,《目錄學研究》,台北:文史哲出版社,1983 年 6 月三版。

22. 周世輔著,《中國哲學史》,台北:三民書局,1998 年 10 月修訂八版。

23. 昌彼得、潘美月著,《中國目錄學》,台北:文史哲出版社,1986 年 9 月初版。

24. 昌彼得著,《中國目錄學講義》,台北:文史哲出版社,1973 年 10 月初版。

25. 姚名達著,《目錄學》,台北:臺灣商務印書館,1988 年 5 月臺 4 版。

26. 姚名達著，《中國目錄學史》，台北：臺灣商務印書館，2002 年 5 月臺 1 版。

27. 姚振宗撰，《隋書經籍志考證》，杭州：浙江省立圖書館，1931 年。

28. 胡楚生著，《中國目錄學》，台北：文史哲出版社，1995 年 9 月初版。

29. 胡適著，《白話文學史上卷第一編（唐以前）》，台北：遠流出版公司，1986 年 6 月遠流 1 版。

30. 范祥雍校注，《洛陽伽藍記校注》，上海：上海古籍出版社，1978 年 12 月新 1 版。

31. 曹之著，《中國古籍版本學》，台北：洪葉文化事業有限公司，1994 年 11 月初版。

32. 曹仕邦著，《中國佛教史學史——東晉至五代》，台北：法鼓文化，1999 年 10 月初版。

33. 曹仕邦著，《中國佛教譯經史論集》，台北：東初出版社，1992 年 1 月第一版。

34. 梁啓超著，《中國佛教研究史》，台北：新文豐出版公司，1984 年 7 月初版。

35. 梁啓超著，《佛學研究十八篇》，台北：台灣中華書局，1871 年 3 月第三版。

36. 郭朋著，《中國佛教史》，台北：文津出版社，1993 年 7 月初版。

37. 野上俊靜等著、鄭欽仁譯，《中國佛教通史》，台北：牧童出版社，1978 年 5 月初版。

38. 陳士強著，《中國佛教百科叢書——經典卷》，台北：佛光文化事業有限公司，1999 年 8 月初版。

39. 陳士強撰，《佛典精解》，上海：上海古籍出版社，1992 年 11 月第一版。

40. 陳垣撰，《中國佛教史籍概論》，上海：上海書店出版社，2001 年 8 月第一版。

41. 湯用彤著，《隋唐佛教史稿》，台北：木鐸出版社，1988 年 9 月初版。

42. 湯用彤著，《漢魏兩晉南北朝佛教史》上冊，台北：臺灣商務印書館，1998 年 7 月臺二版。

43. 湯用彤著，《漢魏兩晉南北朝佛教史》下冊，台北：臺灣商務印書館，1998 年 7 月臺二版。

44. 楊惠南著，《佛教思想發展史論》，台北：東大圖書，1993 年 6 月初版。

45. 葉德輝等著，《書林清話》，台北：文史哲出版社，1973 年。

46. 劉兆祐著，《中國目錄學》，台北：五南圖書出版公司，1998 年 7 月初版。

47. 劉保金著，《中國佛典通論》，石家莊：河北教育出版社，1997 年 5 月第 1

版。

48. 潘桂明、董群、麻天祥著,《中國佛教百科叢書——歷史卷》,台北:佛光文化事業有限公司,1999 年 8 月初版。

49. 蔣伯潛編著,《校讎目錄學纂要》,台北:正中書局,1978 年 4 月臺七版。

50. 蔡運辰編著,《二十五種藏經目錄對照考釋》,台北:中華佛教文化館,1983 年 12 月初版。

51. 藍吉富著,《隋代佛教史述論》,台北:臺灣商務印書館,1993 年 10 月二版。

52. 鎌田茂雄著、關世謙譯,《中國佛教史》,台北:新文豐出版社,1991 年 12 月一版。

53. 譚世保著,《漢唐佛史探真》,廣州:中山大學出版社 ,1991 年 6 月。

54. 蘇晉仁著,《佛教文化與歷史》,北京:中央民族大學出版社,1998 年 1 月。

四、論　文（以姓氏筆劃為序）

1. 白化文,〈從歷史上看漢文佛教經籍分類編目中形成的問題〉,《佛教圖書館館訊》第 28 期,2002 年 12 月,頁 18～21。

2. 余嘉錫,〈北周毀佛主謀者衛元嵩〉,收錄於《漢魏兩晉南北朝篇（上）》,張曼濤主編《現代佛學學術叢刊》,台北:大乘文化出版社,1977 年 6 月初版。

3. 妙淨,〈佛經目錄解題筆記〉,《佛教圖書館館訊》第 29 期,2002 年 3 月,頁 52～63。

4. 阮忠仁,〈從《歷代三寶紀》論費長房的史學特質及意義〉,《東方宗教研究》新一期,1990 年 10 月,頁 93～129。

5. 吳嘯英,〈“本”的發展史略和我們的善本觀〉,《廈門大學學報》(哲社版)第 1 期,1989 年,頁 129～135。

6. 周叔迦,〈大藏經雕印源流紀略〉收錄於《大藏經研究彙編（上）》,張曼濤編《現代佛學學術叢刊》,台北:大乘文化出版社,1977 年 6 月初版。

7. 河惠丁,《歷代佛經目錄初探》,台灣大學圖書館學研究所碩士論文,1988 年 6 月。

8. 胡適,〈記美國普林斯敦的葛思德東方書庫藏的「磧砂藏經」原本〉收錄於《大藏經研究彙編（上）》,張曼濤編《現代佛學學術叢刊》,台北:大乘文化出版社,1977 年 6 月初版。

9. 徐建華,〈中國古代佛教目錄著錄特徵分析〉,《佛教圖書館館訊》第 30 期,2002 年 6 月,頁 58～63。

10. 參話，〈初期佛教翻譯事業的概況〉，收錄於《佛典翻譯史論》，張曼濤編《現代佛學學術叢刊》，台北：大乘文化出版社，1981 年 7 月第二版。

11. 梁啟超，〈佛家經錄在中國目錄學之位置〉，收錄於《佛教目錄學述要》，張曼濤編《現代佛學學術叢刊》，台北：大乘文化出版社，1981 年 7 月第二版。

12. 陳莉玲，《中國佛教經錄譯典之分類研究》，淡江大學中國文學研究所碩士論文，1993 年 12 月。

13. 陳雅貞，《《大唐內典錄》——目錄體例探究》，中國文化大學史學研究所碩士論文，1993 年 12 月。

14. 馮承鈞，〈大藏經錄存佚考〉，收錄於《大藏經研究彙編（上）》，張曼濤編《現代佛學學術叢刊》，台北：大乘文化出版社，1977 年 6 月初版。

15. 黃志洲，〈《大唐內典錄·歷代眾經總撮入藏錄》序說〉，《佛教圖書館館訊》第 29 期，2002 年 3 月，頁 32～47。

16. 黃志洲，〈隋代敕編佛經目錄體制探究〉，《春和學報》第 6 期，1999 年 7 月，頁 75～84。

17. 黃志洲，《出三藏記集研究》，高雄師範大學中國文學研究所碩士論文，1991 年 6 月。

18. 楊曾文，〈佛教在中國的流傳和發展〉，收錄於趙樸初、任繼愈等著《佛教與中國文化》，台北：國文天地雜誌社，1990 年 3 月初版。

19. 葉恭綽，〈歷代藏經考略〉收錄於《大藏經研究彙編（上）》，張曼濤編《現代佛學學術叢刊》，台北：大乘文化出版社，1977 年 6 月初版。

20. 蔣唯心，〈金藏雕印始末考〉收錄於《大藏經研究彙編（上）》，張曼濤編《現代佛學學術叢刊》，台北：大乘文化出版社，1977 年 6 月初版。

21. 蔡念生，〈三十一種藏經目錄解說〉收錄於《大藏經研究彙編（下）》，張曼濤編《現代佛學學術叢刊》，台北：大乘文化出版社，1977 年 9 月初版。

22. 魏申申，〈佛教經錄文獻之目錄學價值管窺〉，《江西社會科學》第 9 期，2003 年 1 月，頁 58～59。

23. 蘇晉仁，〈《歷代三寶紀》之研究〉收錄於《中國佛教史學史論集》，張曼濤主編《現代佛學學術叢刊》，台北：大乘文化出版社，1978 年 9 月初版。

附錄一：《歷代三寶紀》帝王年表

卷一：帝年上　周、秦			
西元前	甲子	年號	記　　事
【周】莊王　名他（佗），在位十五年。			
六八七	甲午	十	十年二月八日，釋迦如來降神託生中天竺國迦毘羅城淨飯王宮。是時放光普照三千大千世界，皆悉大明，即魯《春秋左傳》云：恒星不現夜明時是也。
【周】僖王　名胡齊，在位五年。			
六八一	庚子	元	《普曜經》第三卷云：悉達太子年七歲，乘羊車詣學堂就師，師名選友，即此年。
六七八	癸卯	四	《現在因果經》云：悉達太子年十歲時，與諸釋種同年齒者凡五百人共捔氣力，即此年也。
【周】惠王　名閬，在位二十五年。			
六七六	乙巳	元	佛年十二。
六七四	丁未	三	《瑞應本起經》上卷云：太子年至十四，啓父王出遊，到城東門見病人迴，即此歲也。
六七一	庚戌	六	《瑞應本起經》上卷云：太子年十七，王爲納妃，名求夷，即此年也。
六六九	壬子	八	《踰城出家瑞應本起經》上卷云：太子年至十九，四月八日夜半天，於窓中叉手白言，時可去矣，即命馬行，與《過去現在因果經》同。即此年。
六五九	壬戌	十八	《佛本行集經》云：菩薩六年苦行既滿，至春二月十六日，內心自惟，須得上食乃證菩提。天化二女，令煮十六分乳糜施，至二月二十三日晨朝，乞食而食。
六五八	癸亥	十九	《佛初成道普曜經》第六云：菩薩明星出時，崔然大悟。又云：十九出家，三十成道，功成志就，莫不大明，即此年。《十二遊經》云：佛從四月八日至七月十五日坐樹下，以爲一年。

六五七	甲子	二十	第二年，於鹿野苑中爲阿若拘隣等說法。《彌沙塞律》第二十一云：佛念欲爲欝鞞藍弗說法，天子白言，昨已命終。
六五六	乙丑	二十一	第三年，爲優樓頻螺迦葉兄弟三人說法，并度其弟子，合滿千比丘也。
六五五	丙寅	二十二	第四年，於伽耶山頂上爲諸龍鬼說法，即象頭山是也。
六五四	丁卯	二十三	第五年中舍利弗作婆羅門，見佛弟子馬師比丘問云：「何道？」答：「吾佛弟子廣爲其說得初果。」還報目連，同至佛所，舍利弗上智，經七日便得阿羅漢，目連經十五日乃得。
六五三	戊辰	二十四	第六年，須達長者與太子祇陀，共爲佛作精舍、十二浮圖寺、七十二講堂、三千六百間房、五百樓閣，並須達作祇陀，唯起門樓屋也。
六五二	己巳	二十五	第七年在拘耶尼園，爲婆陀和菩薩等八人說《般舟經》也。
【周】襄王　名鄭，在位三十三年。			
六五一	庚午	元	第八年，佛在柳山中，爲純眞陀羅王弟說法得道也。佛年三十七。
六五〇	辛未	二	第九年，在穢澤，爲阿掘魔說法也。
六四九	壬申	三	第十年，還摩竭提國爲弗沙王說法也。
六四八	癸酉	四	第十一年，在恐怖樹下，爲彌勒說《本起經》。即《修行本起》等經是。
六四七	甲戌	五	第十二年，還本生國，爲釋種說法，八萬四千人得須陀洹道。《十二遊經》作如是說。《普曜經》第八云，王遣梵志名優陀令迎佛，還辭稱闊別已來十二年，思想見也。
六四三	戊寅	九	《大集經》第一云，如來成道始十六年，知諸菩薩堪能任持大乘法藏，即於欲色二界中間大寶坊內說《大集經》，即此年也。
【周】傾王　名臣，在位六年。			
六一八	癸卯	元	佛年七十。
【周】匡王　名斑，在位六年。			
六一二	己酉	元	佛年七十六。
六〇九	壬子	四	佛年七十九。
			以匡王四年二月十五日後夜，於中天竺拘尸那城力士生地，娑羅樹間入涅槃。

【周】定王	名瑜，在位二十一年。		
六○六	乙卯	元	佛入涅槃來四年。
五八九	壬申	十八	如來滅後二十餘年，長老迦葉住持法藏，付囑阿難，然後入滅。出《像法正記》。

【周】簡王	名夷，在位十四年。		
五八五	丙子	元	佛入涅槃來二十五年。

【周】靈王	名泄心，在位二十七年。		
五七一	庚寅	元	佛入涅槃來三十九年。
五六九	壬辰	三	迦葉滅後二十年，阿難住持法藏，然後付囑末田地，方始入滅。亦出《像法正記》。
五五一	庚戌	二十一	十一月庚子孔子，生於魯。是襄公二十二年。
五四九	壬子	二十三	末田地滅後，舍那婆修住持法藏，亦二十年，付優波掘多，然後入滅。

【周】景王	名貴，在位二十五年。		
五四四	丁巳	元	吳王子季札來朝，請觀周樂。 佛入涅槃來六十六年。
五四○	辛酉	五	晉韓宣子來，躬觀書於太史氏。
五三五	丙寅	十	孔子問禮於老聃。
五二九	壬申	十六	舍那婆修滅後，優婆崛多住持法藏，亦二十年，付提多迦，一名尸羅難陀，然後入滅。

【周】敬王	名正，在位四十三年。		
五一九	壬午	元	佛入涅槃來九十一年。
五○九	壬辰	十一	優波崛多滅後，尸羅難陀住持法藏。經一百年，此即第二百年初，而提多迦聰明智慧，三日得阿羅漢道，凡度十二億人得道。
四九八	癸卯	二十二	孔子出衛，子路為季氏宰。
四九六	乙巳	二十四	孔子適陳。
四九四	丁未	二十六	《阿育王傳》云：佛滅度後百十六年，出東天竺治華氏城統閻浮提為鐵輪王，興隆佛法，起立八萬四千寶塔，當此歲也。
四八五	丙辰	三十五	孔子自陳之衛。
四八四	丁巳	三十六	召孔子還，定六經，時年六十八，是魯哀公十一年。
四八一	庚申	三十九	魯哀公十四年二月獲麟，孔子自此絕筆。
四七九	壬戌	四十一	孔子卒，時年七十三歲。魯史《春秋》經孔子絕筆，止於獲麟庚申之歲，凡二百四十二年，弟子又申後二年至卒時。

【周】元王　名仁，在位八年。			
四七六	乙丑	元	佛涅槃來一百三十四年。
【周】貞定王　名亮，在位二十八年。			
四六八	癸酉	元	左丘明撰《春秋傳記》。 此年佛入涅槃來一百四十二年。
【周】孝王　名隗，在位十五年。			
四四〇	辛丑	元	佛入涅槃來一百七十年。
【周】威烈王　名午，在位二十四年。			
四二五	丙辰	元	佛入涅槃來一百八十五年。
四〇四	丁丑	二十二	九鼎震。
四〇三	己卯	二十四	一本午有三十一年。
【周】元安王　名驕，在位二十六年			
四〇一	庚辰	元	佛入涅槃來二百一十年。
【周】夷烈王　名喜，在位七年。			
三七五	丙午	元	佛入涅槃來二百三十六年。
【周】顯聖王　名扁，在位四十八年。			
三六八	癸丑	元	佛入涅槃來二百四十三年。
【周】順靜王　名定，在位六年。			
三二〇	辛丑	元	佛入涅槃來二百九十一年。
【周】赧王　名誕，在位五十九年。			
三一四	丁未	元	佛入涅槃來二百九十七年。
三〇八	癸丑	七	秦昭襄王立。
二九六	乙丑	十九	《薩婆多記》云：馬鳴菩薩，佛滅後三百餘年，生東天竺婆羅門種，出家破諸外道，造《大莊嚴論》數百偈，盛弘佛教，有別傳載，計當此時。
【秦】昭襄王　名勒，在位五年。			
二五五	丙午	元	廢周赧王為庶人。 佛入涅槃來三百五十六年。
【秦】孝文王　名柱，在位一年。			
二五〇	辛亥	元	佛入涅槃來三百六十一年。
【秦】莊襄王　名子楚，在位三年。			
二四九	壬子	元	孝文子，治三年。 佛入涅槃來三百六十二年。

【秦】始皇帝　姓嬴，名政，在位三十七年。			
二四六	乙卯	元	莊襄子，治三十七年。呂不韋爲相。 佛入涅槃來至此三百六十五年。
二三九	壬戌	八	封嫪毐爲長信侯。
二三八	癸亥	九	辛冠誅嫪毐，徙其家於蜀。
二三七	甲子	十	呂不韋免相，徙太后於南宮，后任李斯。
二三六	乙丑	十一	徙呂不韋於河南。
二三〇	辛未	十七	是歲滅韓，以其地爲穎川郡。
二二五	丙子	二十二	其歲滅魏，以其地置梁郡。
二二三	戊寅	二十四	是歲滅楚，定江東置會稽郡。
二二二	己卯	二十五	是歲滅燕，又滅趙。
二二一	庚辰	二十六	是歲滅齊，六國并吞爲一國，乃自立爲皇帝。改正朔，以建亥爲歲首。
二二〇	辛巳	二十七	名河爲德水，名民曰黔首。分天下爲三十六郡。同一文軌。
二一九	壬午	二十八	東巡登泰山封禪，刻石紀功，遭大風雨。遣徐氏入海，求三神山；使千人沒泗水，求周鼎不得。
二一七	甲申	三十	改臘日嘉平。嘗夜微行至蘭池，遇見盜甚窘迫，武子擊殺乃獲免。
二一五	丙戌	三十二	使蒙恬將二十萬人，北擊胡，取河南地。築長城。
二一四	丁亥	三十三	傍河以來至陰山，爲四十四縣。以河爲塞，起臨洮訖遼水。
二一三	戊子	三十四	讁治獄吏不直，助以築長城。李斯奏焚諸典籍，坑儒士。
【秦】二世皇帝　名胡亥，在位三年。			
二〇九	壬辰	元	始皇帝子。治三年。 佛入涅槃來至此四百二年。
二〇七	甲午	三	始皇帝孫，子嬰立。四十六日爲漢滅。 佛入涅槃至四百四年。
卷二：帝年次　前漢（西漢）、新王、後漢（東漢）			
西元前	甲子	年號	記　　事
【前漢】高帝（高祖）　姓劉，名邦，在位十二年。			
二〇六	乙未	元	劉氏名邦，字阿季，堯後。治十二年，都長安。 佛入涅槃來至此已四百五年。
二〇〇	辛丑	七	改咸陽爲長安。

【前漢】惠帝　名盈，在位七年。			
一九四	丁未	元	高帝子，治七年。
一九二	己酉	三	佛入涅槃來至此已四百一十五年。 春發長安六百里男女，十四萬六千人，築長安城舊城西面，三十日了。六月，又發諸侯率一十二萬人築南面。
一九〇	辛亥	五	正月，又發六百里男女，十四萬五千人築城北面，三十日了。夏，又發一十二萬五千人築城東面，三十日了。秋九月，長安城四面一切悉訖。
【前漢】呂后　高帝后，攝政八年。			
一八七	甲寅	元	高帝后，攝政八年。 佛入涅槃來至此已四百二十二年。
【前漢】文帝　名恒，在位二十三年。			
一七九	壬戌	元	高帝庶子，治二十三年。 佛涅槃來至此已四百三十二年。
一七六	辛巳	後元四	《文殊師利般泥洹經》云，佛滅度後四百五十年，文殊師利當至雪山爲五百仙人說十二部經訖，還本生地，入涅槃。 五月大赦。免官奴婢爲庶人。
【前漢】景帝　名啓，在位十六年。			
一五六	乙酉	元	文帝子，治十六年。 佛入涅槃來至此已四百五十四年。
【前漢】武帝　名徹，在位五十四年。			
一四〇	辛丑	建元元	景帝子，治五十四年。自此始建年號，稱建元元年。東方朔上書日進，時年二十二。民，年九十已上，復子孫，令侍養。
一三九	壬寅	二	佛入涅槃至此已四百七十年。置茂陵邑，徙郡，國豪傑居之，賜徙民戶，錢二十萬，田二頃。
一三五	壬子	六	《外國傳》云：佛滅度後四百八十年，有神通羅漢名呵利難陀，國王之子，於優長國東北，造牛頭栴檀彌勒像，高八丈，將巧匠三人上兜率，看眞彌勒造，然後得成，甚有神驗。
一二二	己未庚申	元狩元	十月，帝幸雍，獵得一白狩如麑五蹄，改元云。
一二一		二	霍去病北討匈奴，過居延山，擒休屠王，獲其金人以爲大神，列置甘泉宮，燒香禮之，此即漢地佛像先來也。
一二〇	辛酉	三	掘昆明池，其下悉是炭墨，武帝以問東方朔，令辯所由，朔答云：「非臣所知，陛下可問西域梵人。」

一一六	乙丑	元鼎元	六月汾陰得寶鼎水中，鼎大八尺一寸，高三尺六寸，故改元云。昔秦遣人入水，求鼎不得，漢乃自出，可謂神物，有應則彰，無感則隱，豈人求哉！
一一〇	辛未	元封元	正月甲子，帝祭嵩山，起道宮齋，七日祀訖還。四月帝閑居，方朔等侍，忽見一青衣女子來告帝云：從今去百日清齋，至七月七日，西王母許降，至期二更，果來赴帝。
一〇八	癸酉	三	帝先承王母言，以是年七月齋戒，以《五嶽圖》授董仲君，董仲君登即寫受。
一〇七	甲戌	四	帝又先承上元夫人言，四年七月齋戒，以《五帝》、《六甲靈飛十二事》授李少君，登即寫受。此二書傳行世者由先傳此二君，所以存矣。
一〇四	丁丑	太初元	十一月己酉，天父焚柏梁臺，於是《真形圖》、《五帝》、《六甲靈飛十二事》并帝所受集訣，凡四卷共函，並為火燒失本。
九十三	戊子	太始四	三月，帝幸太山祠西王母求靈，而神不應。
【前漢】昭帝　名弗陵，在位十三年。			
八十六	乙未	始元元	武帝子，治十三年。始元元年。 佛入涅槃至此已五百二十四年。
【前漢】宣帝　名詢，在位二十五年。			
七十三	戊申	太始元	武帝曾孫，治二十五年。太始元年。 佛入涅槃來至此已五百三十年。
五十三	戊辰	甘露元	一云甘始元。
【前漢】元帝　名奭，在位十六年。			
四十八	癸酉	初元元	宣帝子，治十六年。初元元年。 佛入涅槃來至此已五百六十二年。
三十八	癸未	建明元	一云建昭元。
【前漢】成帝　名驁，在位二十六年。			
三十二	己丑	建始元	元帝子，治二十六年。稱建始元年。 佛入涅槃來至此已五百七十八年。
二十四	丁酉	陽明元	一云陽朔。
十八	癸卯	鴻嘉三	大夫劉向刪《列仙傳》云：七十四人已見佛經。
【前漢】哀帝　名欣，在位六年。			
六	乙卯	建平元	元帝孫，治六年。稱建平元。 佛入涅槃來至此六百四年。
二	己未	元壽元	景憲使大月支國，受得《浮圖經》，浮圖者即佛陀也。豈非如來，相續久矣！

【前漢】平帝　名衍，在位五年。			
西元元	辛酉	元始元	哀帝子，治五年。稱元始元。 佛入涅槃來至此六百一十年。
【新王】王莽　名即眞，攝政三年，在位十四年。			
六	丙寅	居攝元	莽立宣帝玄孫嬰號孺子。莽爲丞相，攝行政事。莽廢孺子，謚爲幼帝。 佛入涅槃來至此六百一十五年。
九	己巳	建國元	新王莽即眞，號建國元。
【新王】更始帝　姓劉，名玄，在位二年。			
二十三	癸未	更始元	劉玄字聖公，滅莽，治二年。爲赤眉所殺。玄，景帝六世孫。 佛入涅槃至此六百三十二年。
【後漢】光武帝　名秀，在位三十三年。			
二十五	乙酉	建武	秀字文叔，高帝九世孫，立三十三年。徙都雒陽，號建武元。 佛入涅槃來至此六百三十四。
四十五	乙巳	二十一	西域莎車王等十六國，悉遣子來入侍，奉獻方物。
五十六	丙辰	中元元	二月帝東巡太山，柴祭刻石，有雲氣成宮闕，封禪梁甫訖迴，過魯祠孔子宅。九月醴泉出，京師飲者，痼疾皆差也。
五十七	丁巳	二	是歲取天下民戶，凡四百二十七萬九千六百四十四，民口二千一百萬七千八百二十。
【後漢】明帝　名莊，在位十八年。			
五十八	戊午	永平元	光武第四子，立十八年，號永平元。 佛入涅槃至此已六百六十七年。
六十四	甲子	七	是年帝夢金人，飛來殿庭，即佛像經法應也。命使西行尋求佛經。
六十七	丁卯	十	使還。得迦葉摩騰來到雒陽，即翻《四十二章經》，以白馬馱經來，即起白馬寺。
六十八	戊辰	十一	竺法蘭出《佛本行經》五卷。陶隱居年歷云：帝夢金人遣使，是此年與諸家小異，據終亦不爽。
七十	庚午	十三	竺法蘭出《十地斷結經》四卷。

【後漢】章帝　名坦，在位十三年。			
七十六	丙子	建初元	明帝子，立十三年，號建初元。 佛入涅槃至此六百八十五年。
七十九	己卯	四	永平初，通議郎班固作《漢書》訖，此年始就，凡二十餘載。
八十七	丁亥	章和元	詔遣曹襃定《禮儀》，凡一百五十篇。

【後漢】和帝　名肇，在位十七年。			
八十九	己丑	永元元	章帝子，立十七年，號永元元。 佛入涅槃至此六百九十八年。
一〇一	辛丑	十三	安息國獻師子。

【後漢】殤帝　名隆，在位一年。			
一〇六	丙午	延平元	和帝子，立一年，號延平元。 佛入涅槃至此七百一十五年。

【後漢】安帝　名祐，在位十九年。			
一〇七	丁未	永初元	章帝孫，立十九年，號永初元。 佛入涅槃至此七百一十六年。
一一四	甲寅	元初元	九眞徼外，夜郎等國內附，闢境千八百里。
一二〇	庚申	永寧元	四月，帝詔謁者僕射劉珍，作〈建武已來名臣傳〉。

【後漢】順帝　名保，在位十九年。			
一二六	丙寅	永建元	安帝子，立十九年，號永建元。 佛入涅槃至此七百三十五年。
一二七	丁卯	二	二月，帝詔有司備玄纁，聘南陽樊英及黃瓊、楊厚等。詣公車，設壇席，問得失訖，還，以禮遣之。
一四一	辛巳	永和六	時有張陵在蜀號天師，作《道書》二十四卷，論章醮之法，道士章醮起此。

【後漢】沖帝　名炳，在位一年。			
一四五	乙酉	永嘉元	順帝孫，立一年，號永嘉元。張陵子衡爲保師。 佛入涅槃來至此七百五十四年。

【後漢】質帝　名纘，在位一年。			
一四六	丙戌	本初元	章帝玄孫，立一年，號本初元。 佛入涅槃至此七百五十五年。

【後漢】桓帝　名志，在位二十一年。			
一四七	丁亥	建初元	章帝曾孫，立二十一年，號建初元。 佛入涅槃來至此已七百五十六年。 《朱士行漢錄》云：支婁迦讖此年譯《阿閦佛經》二卷。
一四八	戊子	二	《高僧傳》云：安世高從建初二年至靈帝建寧中，凡二十餘載，合譯《法句》等經一百七十四部一百八十八卷。
一五一	辛卯	元嘉元	《朱士行漢錄》云：世高此年譯《五十校計經》二卷，《七處三觀經》二卷。
一五二	壬辰	二	《朱士行漢錄》云：世高此年譯《普法義經》一卷，《內藏經》一卷。
一五六	丙申	永壽二	《朱士行漢錄》云：世高此年譯《人本欲生經》一卷。
一六七	丁未	永康元	《支敏度錄》云：世高此年譯《修行道地經》七卷或六卷。
【後漢】靈帝　名閎，在位二十二年。			
一六八	戊申	建寧元	章帝玄孫，立二十二年，號建寧元。 佛入涅槃至此七百七十七年。
一七〇	庚戌	三	世高譯經至此年方訖，非止一處，在所即出。
一七二	壬子	嘉平元	《朱士行漢錄》云：竺佛朔此年於洛陽譯《道行經》一卷，道安為之注序。（年號熹平）
一七五	乙卯	四	帝好書，自造〈羲皇篇〉五十章。
一七九	己未	光和二	《支敏度錄》云：支婁迦讖七月八日譯《般若道行品》等十卷。
一八〇	庚申	三	《聶道真錄》云：支婁迦讖十月八日於洛陽譯《般舟三昧經》二卷，《寶積經》一卷。
一八一	辛酉	四	都尉安玄譯《法鏡經》二卷，《阿含口解》一卷。於洛陽出，嚴佛調筆受。
一八三	癸亥	六	竺佛朔於洛陽譯《道行經》一卷，支讖傳語，孟福、張蓮筆受。
一八五	乙丑	中平二	支曜於洛陽譯《成具光明》等十一部經，十一卷。
一八六	丙寅	三	《朱士行漢錄》云：支婁迦讖二月八日於洛陽譯《首楞嚴經》二卷。
一八七	丁卯	四	康巨於洛陽譯《問地獄事經》一卷。魏文帝生。
一八八	戊辰	五	《高僧傳》云：《古維摩詰》等六部經，合十卷。並臨淮嚴佛調於洛陽出之。
一八九	己巳	六	正月改光嘉元，十月改昭寧元，十二月改永隆元。

【後漢】獻帝 名協，在位三十年。			
一九○	庚午	初平元	靈帝子，立三十年，號初平元。二月董卓劫帝，令還長安，袁紹起兵勃海，孫堅起兵江南。
			佛入涅槃至此七百九十九年。
一九四	甲戌	興平元	《竺道祖漢錄》云，此年康孟詳於洛陽譯《四諦經》一卷。與世高出者小異。
一九七	丁丑	建安二	三月，沙門竺大力於洛陽譯《修行本起經》二卷。
一九九	己卯	四	《高僧傳》云：《興起本行經》等五部，合八卷。並康孟詳出。
二○五	乙酉	十	詔遣荀悅撰《漢記》。
二○七	丁亥	十二	《高僧傳》云：《中本起經》二卷，曇果共孟詳，此年出之。
二一一	辛卯	十六	《高僧傳》云：《修行本起經》二卷，竺大力此年出之。
二一四	甲午	十九	有張陵、孫魯更造章符，自稱師君，率眾反，拜爲鎮夷中郎將。

卷三：帝年下　魏、晉、宋、齊、梁、周、大隋			
西元	甲子	年號	記　　事
【魏】文帝 姓曹，名丕，在位七年。			
二二○	庚子	黃初元	曹氏字子桓，黃初元，都雒陽。
			佛入涅槃來至此已八百二十九年。
二二二	壬寅	三	【吳】孫權，字仲謀，立二十八年，都建業，號黃武元，稱太皇帝。
二二四	甲辰	五	【吳】黃武三年。維祇難於武昌郡譯《阿差末菩薩經》等二部，合六卷。
【魏】明帝 名叡，在位十三年。			
二二七	丁未	泰和元	文帝子泰和元
二三○	庚戌	四	【吳】黃龍二年。竺律炎於楊都出《三摩竭》等經二卷。
二三七	丁巳	景初元	【吳】嘉禾六年。一本嘉禾止五年。
【魏】少帝 名芳，在位十四年。			
二四○	庚申	正始元	正始元
二四二	壬戌	三	【吳】赤烏五年。立子禾爲太子。
二四七	丁卯	八	【吳】赤烏十年。康僧會，感得舍利放光，孫權信伏，即爲會造建初寺，此江東寺之先也。

二四九	己巳	嘉平元	【吳】赤烏十二年。廢太子禾，立子亮爲太子。
二五〇	庚午	二	曇柯羅於雒陽譯《僧祇戒本》一卷。
二五一	辛未	三	【吳】太元元年。康僧會於楊都建初寺譯《六度集》等經四部，十六卷。
二五二	壬申	四	康僧鎧於雒陽譯《郁伽長者所問經》二卷。
			【吳】神鳳元年。權薨。建興元年四月，亮立，改元。
二五三	癸酉	五	【吳】建興二年。支謙，從黃武年至此，凡《出明度經》等一百二十部，一百四十九卷，如《吳錄》所載。
【魏】高貴鄉公 名髦，在位六年。			
二五四	甲戌	正元元	廢帝，高貴鄉公，髦。正元元年，曇諦於雒陽出《曇無德羯磨》一卷。
二五七	丁丑	甘露三	白延於雒陽出《首楞嚴》等五部六卷。
二五八	戊寅	甘露四	【吳】泰平三年。八月亮薨，九月休立。是爲景帝改永安元。
二五九	己卯	甘露五	穎川朱士行，最先出家，即漢地沙門之始也。
【魏】元帝陳留王 名奐，在位五年。			
二六〇	庚辰	景元元	景元元
二六四	甲申	咸熙元	魏禪晉。
			【吳】永安七年。六月休薨，七月皓立，改元興元年。
【晉】武帝 姓司馬名炎，在位二十五年。			
二六五	乙酉	泰始元	泰始元，司馬氏字安世，都雒陽。
二六六	丙戌	二	十一月八日，竺法護於長安白馬寺譯《須眞天子經》二卷。
二六九	己丑	五	七月二十五日，竺法護出《大般泥洹經》二卷。
二七〇	庚寅	六	九月護又出《寶藏經》二卷，《光德太子經》一卷《賴吒和羅所問光德太子經》一卷。
二七二	壬辰	八	護又出《新道行經》十卷。
二七四	甲午	十	護又出《無盡意經》四卷。
二八〇	庚子	泰康元	【吳】天紀四年。爲晉將王濬所滅。入雒，封皓爲歸命侯。合五十八年。凡獲四州四十三郡，三百一十三縣，五十二萬戶，三百四十萬口，兵士二十三萬，吏三萬二千，後宮婇女五千人，盡以賜將士。
二八一	辛丑	二	彊良婁至出《十二遊經》一卷。

二八四	甲辰	五	二月二十三日，護出《修行經》七卷。
二八五	乙巳	六	七月十日，護出《海龍王經》四卷。
二八六	丙午	七	八月十日，護出《正法華經》十卷，十月二十七日出《普超經》四卷，十一月二十五日出《光讚般若經》十卷。
二八七	丁未	八	正月十一日，出《普門品經》一卷，四月二十七日出《寶女問經》一卷。
二八九	己酉	十	四月八日，護出《文殊師利淨律經》一卷，十二月二日，出《離垢施女經》一卷，并《魔逆經》等，並在洛陽白馬寺出。

【晉】惠帝　名衷，在位十七年。

二九〇	庚戌	泰熙元	泰熙元，四月武帝崩，太子衷立，是爲惠帝，改元永平年。
三〇一	辛酉	始元元	正月倫篡改永寧元，四月帝反正改。
三〇二	壬戌	二	十二月改元安元。
三〇三	癸亥	永安元	永安元正月改，建武元七月改。
三〇四	甲子	永興元	永興元八月改。

【晉】懷帝　名熾，在位六年。

三〇七	丁卯	永嘉元	懷帝熾，惠帝弟，稱永嘉元。
三〇八	戊辰	二	法護出《普曜經》八卷。
三一一	辛未	五	帝爲劉曜所執，送向平陽。

【晉】愍帝　名業，在位四年。

三一三	癸酉	建興元	愍帝業，武帝孫，建興元，都長安。
			吳縣民朱鷹，共東雲寺帛尼及信者數人，於松江滬瀆口接得二石像，背有銘誌，一名維衛佛，二名葉佛，將還安置在通玄寺。

【東晉】元帝　名睿，在位六年。

三一七	丁丑	建武元	東晉元帝睿，武帝從子，建武元，都建康。
三一八	戊寅	泰興元	泰興元，二年三月帝崩，元帝方即位改元。
三二二	壬午	永昌元	閏十二月帝崩。

【東晉】明帝　名紹，在位三年。

三二三	癸未	太寧元	明帝紹，元帝子，稱太寧元。
三二五	乙酉	三	閏八月帝崩。

【東晉】成帝　名衍，在位十七年。			
三二六	丙戌	咸和元	成帝衍，明帝子，稱咸和元。
三二九	己丑	四	丹陽尹高悝，且行至張疾橋望，浦中有五色光，出水上高數尺，悝往看異之，遣人入水，乃得一金像。無光趺，工製殊常，悝乃下車，載像將還，至長干寺安置。委曲具在《高僧・劉薩何傳》。臨海人張係世，常於海中捕魚，見水上有光，往視，乃是銅蓮華趺，即表上帝，勅安此像腳下，齊同如一，其趺上有梵書，外國僧讀云：「是阿育王第四女造」。開皇九年平陳，此像今在京大興善寺。
三四二	壬寅	八	六月帝崩。
【東晉】康帝　名嶽，在位二年。			
三四三	癸卯	建元元	康帝嶽，成帝弟，稱建元元年。
三四四	甲辰	二	九月帝崩。
【東晉】穆帝　名聃，在位十七年。			
三四五	乙巳	永和元	穆帝聃，康帝子，稱永和元。
三五四	甲寅	十	【苻秦】皇始元年。苻秦帝健，皇始元，都長安。
三五九	己未	昇平三	【苻秦】壽光元年。帝生，壽光元，建子立。
三六一	辛酉	五	五月帝崩。
			【苻秦】永興元年。帝永固立生從兄，改永興元。
【東晉】哀帝　名丕，在位四年。			
三六二	壬戌	隆和元	哀帝丕，成帝子，稱隆和元。
三六四	乙丑	三	二月帝崩。
【東晉】廢帝（海西公）　名弈，在位五年。			
三六六	丙寅	太和元	廢帝海西公弈，哀帝弟，稱太和元。
三七〇	庚午	五	十一月帝崩。
【東晉】簡文帝　名昱，在位二年。			
三七一	辛未	咸安元	簡文帝昱，元帝第六子，稱咸安元，交州合浦郡人董宗之，常以採珠爲業，嘗於海底見光照曜，往取，乃得佛光，即表上臺。帝勅安阿育王像背，冥然即合。四十餘年，乃方具足，帝即於長干寺阿育王塔上，起三層木浮圖。
三七二	壬申	二	二月帝崩。
			【苻秦】建元九年。太史奏有德星現外國分野，當有聖人入輔，遣苻丕將十萬眾，攻晉襄陽，取彌天釋道安。

【東晉】孝武帝　名曜，在位二十四年。			
三七三	癸酉	寧康元	孝武帝曜，簡文子，稱寧康元。
三七四	甲戌	二	【苻秦】建元十二年。竺佛念，出《菩薩瓔珞經》一十二卷。
三八六	丙戌	十一	【姚秦】建初元年。帝萇，稱建初元，改長安爲常安而都之。
			【苻秦】建元十九年。僧伽提婆出《阿毘曇八揵度》二十卷。
三八七	丁亥	十二	【姚秦】建初二年。二月八日，曇摩難提譯《王子法益經》一卷。
			【乞伏秦】建義元年。乞伏秦國仁，稱建義元，都宛州。
			【苻秦】建元二十年。僧伽跋燈出《婆須蜜經》十卷。
三八八	戊子	十三	【苻秦】建元二十一年。二月八日，彌天釋道安卒。
三八九	己丑	十四	【苻秦】大安元年。大安元，苻丕立改。
三九〇	庚寅	十五	【乞伏秦】太初元年。乾歸立，稱太初元。
三九一	辛卯	十六	【苻秦】太初元年。太初元，苻登立改。
三九四	甲午	十九	【姚秦】皇初元年。萇子興立，改皇初元。
三九六	丙申	二十一	九月帝崩。
			【北魏】魏道武帝元氏立，稱皇始元年，都中山。
【東晉】安帝　名德宗，在位二十二年。			
三九七	丁酉	隆安元	安帝德宗，改隆安元。
			【北涼】北涼沮渠氏字蒙遜立，稱神璽元，都姑臧郡。
			【苻秦】建初元年。苻崇立，爲乾歸所滅。四十四年。
三九九	己亥	三	【北涼】永初元年。永初元徙都張掖。
四〇〇	庚子	四	【姚秦】弘始三年。春廟庭樹生連理。多，羅什至常安弘法。
四〇一	辛丑	五	改元興元。
			【姚秦】弘始四年。三月五日出《賢劫經》十卷。十二月出《思益經》四卷，并什出。
四〇二	壬寅	大亨元	桓玄篡。
			【姚秦】弘始五年。四月二十三日，什於逍遙園出《大品般若經》四十卷，興親對。
			【乞伏秦】太初十三年。乾歸爲姚興所擒，封歸義矣。

四〇三	癸卯	永始元	永始元。
			【姚秦】弘始六年。十月十七日，弗若多羅於中寺出《十誦律》五十八卷。
			【乞伏秦】留姚立，徙都金城，稱更始元。
四〇四	甲辰	太和元	【姚秦】弘始七年。正月什出《妙法華經》七卷，六月又出《佛藏經》三卷。
四〇五	乙巳	義熙元	【姚秦】弘始八年。《華首經》十卷，羅什出。
四〇六	丙午	二	師子國遣沙門曇摩來獻白玉像，高四尺二寸，此像今來在興善寺。
			【姚秦】弘始九年。曇摩耶舍出《舍利弗阿毘曇》三十卷。
四〇七	丁未	三	【姚秦】弘始十年。什出《小品經》十卷。
四〇八	戊申	四	【姚秦】弘始十一年。八月二十日，什卒於逍遙園，依外國法焚，惟舌不灰。
四〇九	己酉	五	【北魏】永興元年。明元立，改永興元。
四一二	壬子	八	【北涼】玄始元年。還治姑臧，曇無讖初到涼土也。
			【乞伏秦】永康元年。叱槃立，改永康元。
四一四	甲寅	十	【北涼】玄始三年。曇無讖出《大般涅槃經》四十卷。
四一六	丙辰	十二	【姚秦】永和元年。帝泓立，興子，改永和元。
四一七	丁巳	十三	【姚秦】永和二年。為晉將劉裕所滅，凡三十二年。
四一八	戊午	十四	十二月帝崩。
			【北涼】玄始七年。讖出《海龍王經》四卷。

【東晉】恭帝　名德文，在位一年。			
四一九	己未	元熙元	恭帝德文，安帝弟，號元熙元年，禪宋。

【宋】武帝　姓劉名裕，在位三年。			
四二〇	庚申	永初元	武帝裕，稱永初元。
四二一	辛酉	二	覺賢於道場寺譯《華嚴經》五十卷，或六十卷。起義熙十四年至此訖。
			【北涼】玄始十年。曇無讖譯經至此年都訖。
四二二	壬戌	三	五月帝崩。

【宋】廢帝（前廢帝）　名義符，在位一年。			
四二三	癸亥	景平元	廢帝義符，武帝太子，稱景平元。五月廢之，八月隆立。
			【北魏】太武立。

【宋】文帝　名義隆，在位三十年。			
四二四	甲子	元嘉元	文帝義隆，武帝第二子，稱元嘉元年。 【北魏】始光元年。寇天師謙之到國。
四二五	乙丑	二	置道壇。
四二八	戊辰	五	【北魏】神嘉元年。十一月十三日，晝昏星現竟日。
四二九	己巳	六	【乞伏秦】永和元年。木末立，改永和元。
四三〇	庚午	七	【乞伏秦】永和二年。爲夏赫連氏所滅。還入魏凡四十四年。
四三一	辛未	八	【北魏】神嘉四年。州鎮悉立道壇，置生各二百人。 【北涼】永和元年。虔立，遜子，稱永和元。
四三四	甲戌	十一	【北涼】永和四年。曇無讖，自知命卒此年。
四三九	己卯	十六	【北魏】太延五年。太武親西征。 【北涼】永和九年。爲魏所滅。涼立凡四十三年。
四四六	丙戌	二十三	【北魏】太延七年。破浮圖滅佛法。
四五〇	庚寅	二十七	【北魏】太延十一年。誅崔皓。
四五二	壬辰	二十九	【北魏】興安元年。文成立，稱興安元。還起浮圖復三寶。
四五三	癸巳	三十	二月帝崩。太子劭立，至四月誅劭，劭弟立，稱太初元。
【宋】孝武帝　名駿，在位九年。			
四五四	甲午	孝建元	孝武帝駿，稱孝建元。
四六〇	庚子	四	廣州獻三角牛，河南獻舞馬，肅愼獻楛矢。
四六二	壬寅	六	【北魏】和平三年。昭玄沙門曇曜，欣三寶再興，遂於北臺石窟寺，躬譯《淨度三昧經》一卷、《付法藏傳》四卷，流通像法也。
【宋】廢帝（中廢帝）　名業，在位一年。			
四六三	癸卯	孝建七	武帝子，業立，號永光元，後改景和元。
【宋】明帝　名炳，在位八年。			
四六四	甲辰	孝建八	十二月廢業。業弟，或字休，炳立，是爲明帝。改元。
四六五	乙巳	泰始元	泰始元。
四六六	丙午	二	【北魏】獻文立，號天安元。
四七一	辛亥	七	【北魏】孝文立，號延興元。

【宋】廢帝（後廢帝） 名昱，在位五年。			
四七二	壬子	泰豫元	明帝子昱立，改元。
			【北魏】延興二年。吉迦夜爲僧正，曇曜譯《雜寶藏》等經四部，合二十卷。具在《魏世錄》。
四七五	乙卯	元徽三	東莞人徐坦，妻懷身兒，在腹中啼。
四七六	丙辰	四	【北魏】承明元年。北臺有百餘寺，僧尼二千餘人，四方諸寺六千四百七十八，僧尼七萬七千二百五十人。見《魏史》。

【宋】順帝 名准，在位二年。			
四七七	丁巳	昇明元	順帝准立，昱弟，稱昇明元。
四七八	戊午	二	禪齊。

【齊】高帝 名道成，在位五年。			
四七九	己未	建元元	齊高帝道成，稱建元元。

【齊】武帝 名賾，在位十一年。			
四八四	甲子	永明元	武帝賾立，高帝子，稱永明元年。
四八七	丁卯	四	三月一日，有石重數十斛，從海浮出，江取以獻，鑿爲像坐，高三尺餘。
四八八	戊辰	五	正月，交州獻一珠，高二寸。具作佛坐像形。五月，枳園寺沙門得三果。
			【北魏】泰和十二年。冀州送九尾狐。大赦。
四八九	己巳	六	六月，東陽獻六眼龜，腹下有文字。又禪靈寺利上放光。
四九三	癸酉	十	【北魏】泰和十七年。遷廟向洛陽。
四九四	甲戌	隆昌元	七月帝崩。太子綽立。十月，綽弟新安王昭文立。十二月，昭文叔鸞立。

【齊】明帝 名鸞，在位四年。			
四九五	乙亥	延熙元	【北魏】泰和十九年。大赦。制衣冠章，服定四海。立門弟，頒律令，正言音，改拓拔爲元姓，修禮樂。

【齊】東昏侯 名寶卷，在位二年。			
四九九	己卯	永泰元	東昏侯寶卷立。
五〇〇	庚辰	永元元	【北魏】景明元年。宣武立，孝文子，改景明元。

【齊】南康王 名寶融，在位一年。			
五〇一	辛巳	中興元	南康王寶融立，改元，禪梁。
			【北魏】景明二年。曇摩流支於洛陽白馬寺，爲宣武譯《如來入諸佛境界經》二卷。

【梁】武帝　姓蕭，名衍，在位四十八年。			
五○二	壬午	天監元	武帝衍，天監元，都建康。
五○三	癸未	二	沙門曼陀羅出《寶雲》等經三部，合十卷。
五○四	甲申	三	沙門僧盛出《教誡比丘法》一卷。沙門道歡出《眾經要覽法》一卷。
			【北魏】正始元年。曇摩流支出《信力入印法門經》五卷，至二年方訖。
五○七	丁亥	六	【北魏】正始四年。曇摩流支出《金色王經》一卷。
五○八	戊子	七	敕莊嚴寺沙門僧旻等撰《眾經要抄并目錄》八十八卷。
			【北魏】永平元年。永平元，即正始五年。《十地論》十二卷，《寶積經》四卷或三卷，《法華經論》一卷，三部并勒那摩提出。《三具足論》一卷，菩提流支提出。
五○九	己丑	八	【北魏】永平二年。《金剛般若經》一卷，《論》三卷，菩提流支於雒陽胡相國宅出。
五一二	壬辰	十一	《阿育王經》十卷，僧伽婆羅出。
五一三	癸巳	十二	【北魏】延昌二年。《魏史》云：此年攝天下僧尼寺積有一萬三千七百二十七所，去承明來始三十餘年。入《楞伽經》十卷，菩提流支於雒陽出。
五一四	甲午	十三	【北魏】延昌三年。《深密解脫經》五卷，菩提流支於雒陽出。
五一五	乙未	十四	敕安樂寺沙門僧紹撰《經目》四卷。《解脫道經》一十三卷，僧伽出。
			【北魏】延昌四年。《法集經》四卷菩提流支於洛陽出。
五一六	丙申	十五	敕沙門寶唱撰《經律異相》五十卷。《優婁頻經》一卷，木道賢出。
			【北魏】熙平元年。孝明立，宣武子，改熙平元。造永寧寺，遣沙門慧生使西域取經，凡七年，還，得經論一百七十部，并行於世。
五一七	丁酉	十六	敕沙門寶唱撰《眾經佛名》，六月廢省諸州道士館。
			【北魏】熙平二年。太后胡氏秉政。
五一八	戊戌	十七	敕沙門寶唱撰《眾經目錄》四卷。《文殊問經》一卷，僧伽出。
			【北魏】神龜元年。《勝思惟經》六卷，菩提流支於洛陽出。
五一九	己亥	十八	敕沙門寶唱撰《名僧傳》三十一卷。

五二〇	庚子	普通元	《十法經》僧伽婆羅出，爲一卷。
			【北魏】正光元年。《大薩遮尼乾子經》十卷，《佛名經》十二卷，《不增不減經》二卷，《差摩經》二卷等，並菩提流支，爲司州牧汝南王於第出。
五二一	辛丑	二	九月二十三日，建立同泰寺，初豎刹，帝親自幸，百司盡陪。
五二二	壬寅	三	【北魏】正光三年。沙門慧生，凡歷七年，從西域還，得梵經論一百七十部。即就翻譯，並行於世，見《魏史》。
五二五	乙巳	六	【北魏】孝昌元年。即正光六年。《無畏德女經》一卷。《金剛三昧陀羅尼經》一卷。《如來師子吼經》一卷並佛陀扇多出。
五二七	丁未	大通元	同泰寺，成帝親幸，改元。大赦。
五二八	戊申	二	【北魏】孝昌四年。武泰元，正月改。三月孝明崩。胡太后立，臨洮王子三歲爲帝。建義元，四月改。爾朱榮殺幼主，誅太后，沈屍於河，立長樂王。永安元，九月改。誅葛榮，爾朱自號爲天柱王，秉國政，總百寮。
五二九	己酉	中大通元	九月十五日，帝幸同泰寺，遜位爲僕。地震。百寮請復位，凡十五日，十月一日駕還宮。
			【北魏】孝基元年。孝基元，五月改。北海王顥立。長樂王棄殿北走，保建興。建武元，六月改，北海王昇殿，大赦。爾朱復奉長樂南攻，顥走爲人斬送，還復永安號。
五三〇	庚戌	二	【北魏】孝基三年。九月長樂殺爾朱榮。十月爾朱世隆立，長廣於高都，改建明元。十二月擒長樂，送并州殺之，諡曰莊帝。隆後又廢長廣，立廣陵云。
五三一	辛亥	三	【北魏】普泰元年。廣陵王位，改普泰元。《攝大乘論本》三卷，佛陀扇多出。《勝思惟經》、《論無量壽優波提舍》等，菩提流支出。
五三二	壬子	四	【北魏】永熙元年。平陽王立，改永熙元，是爲武帝。
五三四	甲寅	六	【北魏】永熙三年。武帝入關，西移都長安。就周太祖宇文黑泰，是爲西魏。
			【東魏】天平元年。魏天平元，齊太祖高歡，別立清河王子善見爲主，徙都于鄴，是爲東魏。
五三五	乙卯	大同元	【西魏】大統元年。大統元，寶炬立改元，是文帝。宇文黑泰輔政，爲大丞相。
			【東魏】天平二年。《文殊問菩提經》二卷，菩提流支出。
五三六	丙辰	二	【西魏】大統二年。四月甘露降，秋穀不熟，民饑死者半。

五三八	戊午	四	【西魏】大統四年。納茹皇后。
			【東魏】元象元年。《迦葉》等經三部、七卷，月婆首那出。般若流支亦出。
五三九	己未	五	【東魏】興和元年。《正法念經》七十卷，般若流支出。
五四〇	庚申	六	【東魏】興和二年。總計天下僧尼，大數二百萬矣，寺三萬有餘。此去延昌未滿三十年，承明出六十年。
五四一	辛酉	七	【東魏】興和三年。《解脫戒本》一卷、《謗佛經》一卷、《業成就論》一卷等，並般若流支出。
五四四	甲子	十	【西魏】大統十年。正月，詔寬刑罰，廣學業，敦禮教，斷草書，去文存質。
五四八	戊辰	太清二	侯景背魏奔梁，梁封爲河南王。
五四九	己巳	三	侯景作逆，五月帝崩，簡文立。景爲丞相總萬機。
			【西魏】大統十五年。詔依古禮，男女異路。
			【東魏】武定七年，東魏禪高齊。

【梁】簡文帝　名綱，在位二年。

五五〇	庚午	大寶元	湘東王在江陵，簡文密詔以王爲相國丞制。
			【高齊】天保元年。齊天保元，歡第二子洋立，是爲文宣帝。
五五一	辛未	天正元	天正元，景廢帝立棟，改元太始元，景殺棟自立，改元。

【梁】孝元帝　在位五年。

五五二	壬申	承聖元	承聖元，湘東在江陵即帝位，改元天正元。武陵在蜀，即位又改元。
			【西魏】前元年。廢帝立。
五五三	癸酉	二	【西魏】前二年。四月，命大將軍魏安公尉遲向伐蜀，八月擒秦王肅撝，送長安。
五五四	甲戌	三	十一月，平江陵地入嶽陽，是爲後梁附庸國也。
			【西魏】後元年。齊王廓立。十月，命柱國燕國公，討江陵，殺湘東王。
五五五	乙亥	四	三月，送梁國圖籍墳典來。長安爲西魏所滅。
五五六	丙子	五	【陳】永定元年。霸先立，承梁末。仍都建康。

【周】愍帝　姓宇文，名覺，在位一年。

五五七	丁丑	周元	愍帝覺，字文黑泰子，稱周元。
			【陳】永定二年。《無上依經》二卷，眞諦出。
			【高齊】天保八年。《月燈三昧經》十一卷，那連提耶舍出。

【周】明帝　名毓，在位三年。			
五五八	戊寅	武成元	廢覺，立覺庶兄毓，是爲明帝。稱武成元。 【陳】永定三年。《立世阿毘曇》十卷，眞諦出。 【高齊】天保九年。《大悲經》五卷，耶舍出。
五五九	己卯	二	【高齊】天保十年。乾明元，正月，洋子殷立，皇建元，八月，洋弟演立。
五六〇	庚辰	三	武帝邕立，明帝弟。 【陳】天嘉元年。天嘉元，蒨立。
【周】武帝　名邕，在位十八年。			
五六一	辛巳	保定元	武帝邕，保定元。 【高齊】大寧元年。演薨，弟湛立。
五六三	癸未	三	【陳】天嘉四年。《攝大乘論》十五卷，眞諦出或十二卷。
五六四	甲申	四	《佛頂呪并功能》一卷，闍那耶舍出。 【高齊】河清三年。《法勝阿毘曇》七卷，那連提耶舍出。
五六五	乙酉	五	【陳】天嘉六年。《勝天王般若經》七卷，月婆首那出。 【高齊】天統元年。天統元，湛子緯立。
五六六	丙戌	天和元	【陳】天康元年。頊立。
五六七	丁亥	二	【高齊】天統三年。《月藏經》十二卷，那連耶舍出。
五六八	戊子	三	【高齊】天統四年。《菩薩見實三昧經》十四卷，那連耶舍出。
五六九	己丑	四	《婆羅門天文》二十卷，達摩流支出。
五七〇	庚寅	五	《大乘同性經》四卷，闍那耶舍出。 【高齊】武平元年。《大雲輪請雨經》一卷，沙門圓明筆受，闍那提耶舍出。
五七一	辛卯	六	《定意天子所問經》五卷，闍那耶舍出。
五七二	壬辰	建德元	《如來智不思議經》三卷，《寶積經》三卷，闍那崛多出。
五七四	甲午	三	廢二教，毀浮圖。
五七五	乙未	四	【高齊】武平六年。沙門智周等一十一人，往西域尋求佛經論等。
五七七	丁酉	六	【高齊】承光元年。緯子恒立，爲周所滅。封緯爲溫國公。

【周】宣帝　名贇，在位二年。			
五七八	戊戌	宣政元	宣帝贇，武帝子，稱宣政元。
五七九	己亥	大成元	大成元正月改，大象元二月改。
【周】靜帝　名闡，在位一年。			
五八〇	庚子	大成二	靜帝闡立，宣帝子。禪大隋，即興三寶。
【隋】文帝　姓楊，名堅。			
五八一	辛丑	開皇元	大隋開皇元，春，奉璽禪隋。冬，沙門智周等齎婆羅門經論二百六十部，應運來至，敕旨付司訪人令翻譯。
五八二	壬寅	二	《業報差別經》一卷，洋川郡守曇法智出。《象頭精舍經》一卷，《大乘方廣總持經》一卷，毘尼多流支出。
五八三	癸卯	三	《牢固女經》一卷、《百佛名經》一卷、《大莊嚴法門經》二卷、《德護長者經》二卷等四部，合六卷，並那連提耶舍出。 【陳】至德元年。正月十日，頊子叔寶立。
五八四	甲辰	四	《蓮華面經》二卷、《大雲輪請雨經》二卷、《力莊嚴三昧經》三卷等三部、七卷，並那連提耶舍出。
五八五	乙巳	五	《大方等日藏經》十五卷，從四年五月起，首翻至五年二月方訖，那連耶舍出。
五八六	丙午	六	《大集經》六十卷，沙門僧就合。《大威燈經》、《八佛名號經》、《希有校量經》、《善恭敬師經》、《文殊尸利行經》合五經，并闍那崛多出。
五八七	丁未	七	《虛空孕菩薩經》二卷、《如來方便善巧呪經》一卷，《不空罥索觀世音心呪經》一卷、《金剛場陀羅尼》一卷，四部合五卷，並闍那崛多出。
五八八	戊申	八	《佛本行集經》凡六十卷，七年七月起，首至此年得十卷，《善恭敬善巧呪》等經崛多出。 【陳】至德六年。爲大隋晉王所滅。自是九州復一統矣。
五八九	己酉	九	《佛本行集經》又出一十五卷。
五九〇	庚戌	十	《佛本行集經》又出二十卷。
五九一	辛亥	十一	《佛本行集經》又出一十五卷，凡首尾五年方訖，六十卷。並闍那崛多譯《月上女經》、《善思童子》等二經。
五九二	壬子	十二	《法炬陀羅尼經》二十卷，闍那崛多出。
五九三	癸丑	十三	《五千五百佛名經》八卷、《四童子三昧經》三卷並闍那崛多出。

五九四	甲寅	十四	《諸佛護念經》十卷，《賢護菩薩經》六卷，並闍那崛多出。敕沙門法經二十大德，撰《眾經目錄》七卷。敕有司撰《眾經法式》十卷，制約僧尼。
五九五	乙卯	十五	《大威德陀羅尼經》二十卷、《觀察諸法行經》四卷、《諸法本無經》三卷、《譬喻王經》二卷、《發覺淨心經》二卷，並闍那崛多譯。
五九七	丁巳	十七	《金光明經》前後三翻。今總爲一部八卷。沙門寶貴合。開皇已來，新所譯經，並此年正月二十四日奏聞。

附錄二：《歷代三寶紀》入藏目取材一覽表

| 序號 | 《歷代三寶紀》 | | 取材：《法經錄》及其他佛典目錄 | |
	篇　名	經名與卷數	篇　名	備　註
1	大乘修多羅有譯第一	大方廣佛華嚴經，60卷	大乘修多羅藏錄·眾經一譯	大方廣佛華嚴經，60卷
2	大乘修多羅有譯第一	大方等大集經，60卷	大乘修多羅藏錄·眾經一譯	大方等大集經，27卷
3	大乘修多羅有譯第一	大般涅槃經，40卷	大乘修多羅藏錄·眾經一譯	大般涅槃經，40卷
4	大乘修多羅有譯第一	摩訶般若波羅蜜經，40卷 放光般若波羅蜜經，20卷 光讚般若波羅蜜經，10卷 上三經同本別譯異名	大乘修多羅藏錄·眾經異譯	摩訶般若波羅蜜經，30卷 放光般若波羅蜜經，30卷 光讚般若波羅蜜經，10卷 上三經同本異譯
5	大乘修多羅有譯第一	法炬陀羅尼經，20卷	新增	隋·闍那崛多等譯
6	大乘修多羅有譯第一	威德陀羅尼經，20卷	新增	隋·闍那崛多等譯
7	大乘修多羅有譯第一	般泥洹經，20卷	大乘修多羅藏錄·眾經異譯	大般泥洹經，6卷 般涅槃經，20卷 上二經是大般涅槃經別品殊譯
8	大乘修多羅有譯第一	菩薩瓔珞經，14卷	大乘修多羅藏錄·眾經一譯	菩薩瓔珞經，14卷
9	大乘修多羅有譯第一	菩薩見實三昧經，14卷	大乘修多羅藏錄·眾經一譯	菩薩見實三昧經，14卷
10	大乘修多羅有譯第一	賢劫經，13卷 賢劫三昧經，10卷 新賢劫經，10卷 上三經同本別譯異名	大乘修多羅藏錄·眾經異譯	賢劫經，10卷（一云賢劫三昧經或7卷） 新賢劫經，7卷 上二經同本異譯
11	大乘修多羅有譯第一	佛名經，12卷	大乘修多羅藏錄·眾經一譯	佛名經，12卷

12	大乘修多羅有譯第一	大灌頂經，12 卷	大乘修多羅藏錄·眾經失譯	大灌頂經，9 卷（或十二卷）
13	大乘修多羅有譯第一	月燈三昧經，11 卷	大乘修多羅藏錄·眾經一譯	月燈三昧經，11 卷
14	大乘修多羅有譯第一	華手經，11 卷	大乘修多羅藏錄·眾經一譯	華手經，10 卷
15	大乘修多羅有譯第一	十住斷結經，10 卷	大乘修多羅藏錄·眾經一譯	十住斷結經，10 卷
16	大乘修多羅有譯第一	閑居經，10 卷 大悲分陀利經，8 卷 上二經同本別譯異名	大乘修多羅藏錄·眾經一譯	閑居經，10 卷 悲華經，10 卷 大悲分陀利經，8 卷 上二經同本異譯
17	大乘修多羅有譯第一	正法華經，10 卷 妙法蓮華經，8 卷 上二經同本別譯異名	大乘修多羅藏錄·眾經失譯 大乘修多羅藏錄·眾經異譯	正法華經，6 卷 妙法蓮華經，7 卷 正法華經，7 卷 上二經同本異譯
18	大乘修多羅有譯第一	入楞伽經，10 卷 楞伽阿跋多羅經，4 卷 上二經同本別譯異名	大乘修多羅藏錄·眾經異譯	楞伽阿跋多羅經，4 卷 入楞伽經，10 卷 上二經同本異譯
19	大乘修多羅有譯第一	道行般若波羅蜜經，10 卷 新道行經，10 卷 新小品經，7 卷 須菩提品經，7 卷 明度無極經，6 卷 上五經同本別譯異名	大乘修多羅藏錄·眾經異譯	道行般若波羅蜜經，10 卷 新道行經，10 卷（一名新小品經或 7 卷） 小品經，7 卷 明度經，6 卷（一名大明度無極經或 4 卷） 須菩提品經，7 卷 上五經同本異譯
20	大乘修多羅有譯第一	菩薩地持經，10 卷 大方廣菩薩十地經，10 卷 上二經同本別譯異名	大乘修多羅藏錄·眾經異譯	大方廣菩薩十地經，1 卷 菩薩十地經，1 卷 莊嚴菩提心經，1 卷 上三經同本異譯
21	大乘修多羅有譯第一	諸佛護念經，10 卷	新增	闍那崛多譯。隋·開皇十四年十月起手十二月訖。
22	大乘修多羅有譯第一	大阿育王經，10 卷（或無大字或 5 卷）	出三藏記集·新集安公疑經錄	大阿育王經，1 卷
23	大乘修多羅有譯第一	觀佛三昧經，8 卷	大乘修多羅藏錄·眾經一譯	觀佛三昧經，8 卷
24	大乘修多羅有譯第一	大薩遮尼乾子經，8 卷 菩薩行方便境界經，3 卷 上二經同本別譯異名	大乘修多羅藏錄·眾經異譯	菩薩行方便境界神通變化經，3 卷 大薩遮尼乾子經，8 卷 上二經同本異譯
25	大乘修多羅有譯第一	六度集經，8 卷	西方諸聖賢所撰集	六度集經，8 卷

26	大乘修多羅有譯第一	五千五百佛名經，8卷	新增	闍那崛多譯。隋‧開皇十三年八月翻，十四年九月訖
27	大乘修多羅有譯第一	大乘寶雲經，8卷	一乘寺藏眾經目錄（已佚）	大乘寶雲經，8卷。周武帝世扶南國沙門須菩提。（第二出與梁世曼陀羅所出者7卷寶雲，同本異出）
28	大乘修多羅有譯第一	密跡金剛力士經，8卷	大乘修多羅藏錄‧眾經一譯	密迹力士金剛經，5卷
29	大乘修多羅有譯第一	金光明經，8卷	大乘修多羅藏錄‧眾經一譯	金光明經，7卷
30	大乘修多羅有譯第一	海意經，7卷	大乘修多羅藏錄‧眾經一譯	海意經，7卷
31	大乘修多羅有譯第一	勝天王般若波羅蜜經，7卷	新增	陳優禪尼國王子月婆首那譯
32	大乘修多羅有譯第一	法集經，6卷	大乘修多羅藏錄‧眾經一譯	法集經，6卷
33	大乘修多羅有譯第一	廣博嚴淨不退轉輪經，6卷 不退轉法輪經，4卷 阿惟越致遮經，4卷 上三經同本別譯異名	大乘修多羅藏錄‧眾經異譯	廣博嚴淨不退轉經，6卷（或4卷） 不退轉法輪經，4卷 阿惟越致經，3卷（或4卷） 上三經同本異譯
34	大乘修多羅有譯第一	勝思惟梵天所問經，6卷 思益梵天所問經，4卷 持心梵天所問經，4卷 上三經同本別譯異名	大乘修多羅藏錄‧眾經異譯	思益梵天問經，4卷 持心梵天所問經，4卷（一名等御諸法，一名莊嚴佛法，或10卷） 勝思惟梵天所問經，6卷 上三經同本異譯
35	大乘修多羅有譯第一	念佛三昧經，6卷	大乘修多羅藏錄‧眾經一譯	念佛三昧經，5卷（或有6卷）
36	大乘修多羅有譯第一	大雲經，6卷	大乘修多羅藏錄‧眾經一譯	大方等無相經，5卷（一名大雲經）
37	大乘修多羅有譯第一	賢護菩薩經，6卷	新增	闍那崛多譯。隋‧開皇十四年十二月起首，至十五年二月訖。
38	大乘修多羅有譯第一	菩薩處胎經，5卷	大乘修多羅藏錄‧眾經一譯	菩薩處胎經，5卷
39	大乘修多羅有譯第一	長安品經，5卷	西方諸聖賢所撰集	摩訶般若波羅蜜經抄，5卷（一名摩訶般若經，一名長安品經）
40	大乘修多羅有譯第一	大悲比丘經，5卷（無本願字）	大乘修多羅藏錄‧眾經別生	大悲比丘本願經，1卷
41	大乘修多羅有譯第一	深密解脫經，5卷	大乘修多羅藏錄‧眾經一譯	深密解脫經，5卷
42	大乘修多羅有譯第一	吳品經，5卷（或無經字）	西方諸聖賢所撰集	吳品，5卷
43	大乘修多羅有譯第一	寶頂經，5卷	大乘修多羅藏錄‧眾經一譯	寶頂經，5卷
44	大乘修多羅有譯第一	如來恩智不思議經，5卷	大乘修多羅藏錄‧眾經一譯	如來恩智不思議經，5卷
45	大乘修多羅有譯第一	菩薩本緣集經，4卷（或無經字）	西方諸聖賢所撰集	菩薩本緣集，4卷

46	大乘修多羅有譯第一	大方等陀羅尼經，4卷	大乘修多羅藏錄·眾經一譯	大方等陀羅尼經，4卷
47	大乘修多羅有譯第一	央掘魔羅經，4卷	大乘修多羅藏錄·眾經一譯	央掘魔羅經，4卷
48	大乘修多羅有譯第一	聖善住天子所問經，4卷 如幻三昧經，2卷 上二經同本別譯異名	大乘修多羅藏錄·眾經異譯	聖善住意天子所問經，3卷 如幻三昧經，3卷（或2卷） 上二經同本異譯
49	大乘修多羅有譯第一	觀察諸法行經，4卷	新增	闍那崛多譯。隋·開皇十五年四月二十四日翻，五月二十五日訖
50	大乘修多羅有譯第一	僧伽吒經，4卷	大乘修多羅藏錄·眾經一譯	僧伽吒經，4卷
51	大乘修多羅有譯第一	海龍王經，4卷 新海龍王經，4卷 上二經同本別譯	大乘修多羅藏錄·眾經異譯	海龍王經，4卷 新海龍王經，4卷 上二經同本異譯
52	大乘修多羅有譯第一	大樹緊那羅王所問經，4卷 伅眞陀羅所問經，3卷 上二經同本別譯異名	大乘修多羅藏錄·眾經異譯	大樹緊那羅王所問經，4卷 屯眞陀羅所問經，3卷（或2卷） 上二經同本異譯
53	大乘修多羅有譯第一	持世經，4卷 持人菩薩所問經，3卷 上二經同本別譯異名	大乘修多羅藏錄·眾經異譯	持人菩薩所問經，3卷 持世經，4卷（亦名法印經） 上二經本同異譯
54	大乘修多羅有譯第一	弘道廣顯三昧經，4卷 阿耨達龍王經，2卷 上二經同本別譯異名	大乘修多羅藏錄·眾經異譯	弘道廣顯三昧經，4卷 阿耨達龍王經，2卷（一名阿耨請佛） 上二經同本異譯
55	大乘修多羅有譯第一	普超三昧經，4卷 阿闍世王經，2卷 上二經同本別譯異名	大乘修多羅藏錄·眾經異譯	普超三昧經，4卷 阿闍世王經，2卷 上二經同本異譯。
56	大乘修多羅有譯第一	稱揚諸佛功德經，3卷	大乘修多羅藏錄·眾經一譯	稱揚諸佛功德經，3卷
57	大乘修多羅有譯第一	等目菩薩所問三昧經，3卷	大乘修多羅藏錄·眾經一譯	等目菩薩所問三昧經，3卷
58	大乘修多羅有譯第一	菩薩藏經，3卷	大乘修多羅藏錄·眾經一譯	菩薩藏經，3卷
59	大乘修多羅有譯第一	雜呪經，3卷	大乘修多羅藏錄·眾經一譯	雜呪經·3卷
60	大乘修多羅有譯第一	力莊嚴三昧經，3卷	新增	那連提耶舍譯，隋·開皇五年十月出
61	大乘修多羅有譯第一	四童子經，3卷	新增	闍那崛多譯。隋·開皇十三年五月翻，七月訖
62	大乘修多羅有譯第一	僧伽羅刹集經，3卷	出三藏記集·新集經論錄	僧伽羅刹集經，3卷
63	大乘修多羅有譯第一	諸法本無經，3卷	新增	闍那崛多譯。隋·開皇十五年六月翻，七月訖

64	大乘修多羅 有譯第一	集一切福德三昧經，3卷 等集眾德三昧經，3卷 上二經同本別譯異名	大乘修多羅藏 錄・眾經異譯	等集眾德三昧經，2卷（或3卷） 集一切福德三昧經，3卷 上二經同本異譯
65	大乘修多羅 有譯第一	毘摩羅詰經，3卷（或云淨名 經凡四譯）	大乘修多羅藏 錄・眾經異譯	維摩詰經，3卷（吳黃武年支謙譯） 維摩詰經，1卷（晉世竺法護譯） 維摩詰所說經，3卷（後秦弘始年羅 什譯） 異維摩詰經，3卷（晉惠帝世竺叔蘭 譯） 上四經同本異譯
66	大乘修多羅 有譯第一	明度五十校計經，2卷	大乘修多羅藏 錄・眾經一譯	明度五十校計經，3卷
67	大乘修多羅 有譯第一	淨度三昧經，2卷	大乘修多羅藏 錄・眾經一譯	淨度三昧經，2卷
68	大乘修多羅 有譯第一	瓔珞本業經，2卷	大乘修多羅藏 錄・眾經一譯	瓔珞本業經，2卷
69	大乘修多羅 有譯第一	如來莊嚴智慧光明入一切諸 佛境界經，2卷	大乘修多羅藏 錄・眾經一譯	如來莊嚴智慧光明入一切諸佛境界 經，2卷
70	大乘修多羅 有譯第一	中陰經，2卷	大乘修多羅藏 錄・眾經一譯	中陰經，2卷
71	大乘修多羅 有譯第一	大法鼓經，2卷	大乘修多羅藏 錄・眾經一譯	大法鼓經，2卷
72	大乘修多羅 有譯第一	諸佛要集經，2卷	大乘修多羅藏 錄・眾經一譯	諸佛要集經，2卷
73	大乘修多羅 有譯第一	文殊師利佛土嚴淨經，2卷	大乘修多羅藏 錄・眾經一譯	文殊師利佛土嚴淨經，2卷
74	大乘修多羅 有譯第一	濡首菩薩無上清淨分衛經，2 卷	大乘修多羅藏 錄・眾經一譯	濡首菩薩無上清淨分衛經，2卷
75	大乘修多羅 有譯第一	字本經，2卷	大乘修多羅藏 錄・眾經一譯	字本經，2卷
76	大乘修多羅 有譯第一	大乘同性經，2卷	大乘修多羅藏 錄・眾經一譯	大乘同性經，2卷
77	大乘修多羅 有譯第一	諸法無行經，2卷	大乘修多羅藏 錄・眾經一譯	諸法無行經，2卷
78	大乘修多羅 有譯第一	阿閦佛國經，2卷	大乘修多羅藏 錄・眾經一譯	阿閦佛國經，2卷
79	大乘修多羅 有譯第一	般舟三昧經，2卷	大乘修多羅藏 錄・眾經一譯	般舟三昧經，2卷
80	大乘修多羅 有譯第一	迦葉經，2卷	大乘修多羅藏 錄・眾經一譯	迦葉經，2卷
81	大乘修多羅 有譯第一	無上依經，2卷	大乘修多羅藏 錄・眾經一譯	無上依經，2卷
82	大乘修多羅 有譯第一	未曾有因緣經，2卷	大乘修多羅藏 錄・眾經一譯	未曾有因緣經，2卷

83	大乘修多羅有譯第一	須眞天子經，2卷 須眞天子問四事經，2卷 上二經同本別譯異名	大乘修多羅藏錄·眾經異譯	須眞天子經，2卷 須眞天子經，2卷（亦名須眞天子問四事經） 上二經同本異譯
84	大乘修多羅有譯第一	寶如來三昧經，2卷 無極寶三昧經，1卷 上二經同本別譯異名	大乘修多羅藏錄·眾經異譯	無極寶三昧經，1卷 寶如來三昧經，2卷 上二經同本異譯
85	大乘修多羅有譯第一	大乘方便經，2卷 慧上菩莎問大善權經，2卷 上二經同本別譯異名	大乘修多羅藏錄·眾經異譯	慧上菩薩問大善權經，2卷 大乘方便經，2卷 上二經同本異譯
86	大乘修多羅有譯第一	大方廣寶篋經，2卷 文殊師利現寶藏經，2卷 上二經同本別譯異名	大乘修多羅藏錄·眾經異譯	文殊師利現寶藏經，2卷 大方廣寶篋經，2卷 上二經同本異譯
87	大乘修多羅有譯第一	自在王經，2卷 奮迅王問經，2卷 上二經同本別譯異名	大乘修多羅藏錄·眾經異譯	奮迅王問經，2卷 自在王經，2卷 上二經同本異譯
88	大乘修多羅有譯第一	道神足無極變化經，2卷 佛昇忉利天爲母說法經，2卷 上二經同本別譯異名	大乘修多羅藏錄·眾經異譯	佛昇忉利天爲母說法經卷上（少下卷） 道神足無極變化經，2卷 上二經同本異譯
89	大乘修多羅有譯第一	超日明三昧經，2卷 超日明經，2卷 上二經同本別譯異名	大乘修多羅藏錄·眾經異譯	超日明三昧經，1卷 超日明經，2卷 上二經同本異譯
90	大乘修多羅有譯第一	順權方便經，2卷 隨權女經，2卷 樂瓔珞莊嚴方便經，1卷 上三經同本別譯異名	大乘修多羅藏錄·眾經異譯	順權方便經，2卷 隨權女經，2卷 樂瓔珞莊嚴方便經，1卷 上三經同本異譯
91	大乘修多羅有譯第一	孔雀王陀羅尼經，2卷 孔雀王雜呪經，1卷 上二經同本別譯異名	大乘修多羅藏錄·眾經異譯	孔雀王神呪經，1卷 孔雀王雜呪經，1卷 孔雀王陀羅尼經，2卷 上三經同本異譯
92	大乘修多羅有譯第一	無量清淨平等覺經，2卷	出三藏記集·新集經論錄	無量壽經，2卷（一名無量清淨平等覺經）
93	大乘修多羅有譯第一	阿彌陀經，2卷 無量壽經，2卷 上二經同本別譯異名	大乘修多羅藏錄·眾經異譯	無量壽佛經，1卷（一名阿彌陀經） 無量壽經，1卷 上二經同本異譯
94	大乘修多羅有譯第一	首楞嚴經，2卷 勇伏定經，2卷 上二經同本別譯異名	大乘修多羅藏錄·眾經異譯	首楞嚴經，2卷（後漢中平年支讖譯） 首楞嚴經，2卷（吳世支謙譯） 首楞嚴經，2卷（魏世白延譯） 首楞嚴經，2卷（晉世竺法護譯） 勇伏定經，2卷 首楞嚴經，2卷（晉惠帝世竺叔蘭譯） 新首楞嚴經，2卷 蜀首楞嚴經，2卷 後出首楞嚴經，2卷 上九經同本異譯

95	大乘修多羅有譯第一	大莊嚴法門經，2 卷	新增	那提耶舍譯。隋·開皇三年正月出
96	大乘修多羅有譯第一	德護長者經，2 卷	新增	那提耶舍譯。隋·開皇三年六月出
97	大乘修多羅有譯第一	蓮華面經，2 卷	新增	那提耶舍譯。隋·開皇四年三月出
98	大乘修多羅有譯第一	大雲輪請雨經，2 卷	新增	那提耶舍譯。隋·開皇五年正月出
99	大乘修多羅有譯第一	虛空孕菩薩經，2 卷	新增	闍那崛多譯。隋·開皇七年正月翻，三月訖
100	大乘修多羅有譯第一	月上女經，2 卷	新增	闍那崛多譯。隋·開皇十一年四月翻，六月訖
101	大乘修多羅有譯第一	善思童子經，2 卷 大乘頂王經，2 卷 大方等頂王經，1 卷 上三經同本別譯異名	大乘修多羅藏錄·眾經異譯	大方等頂王經，1 卷（一名維摩詰子問經） 大乘頂王經，1 卷 上二經同本異譯
102	大乘修多羅有譯第一	移識經，2 卷	新增	闍那崛多譯。隋·開皇十一年十月翻，十二月訖
103	大乘修多羅有譯第一	道行般若經，2 卷	西方諸聖賢所撰集	道行般若經，2 卷
104	大乘修多羅有譯第一	譬喻王經，2 卷	新增	闍那崛多譯。隋·開皇十五年五月翻，六月訖
105	大乘修多羅有譯第一	發覺淨心經，2 卷	新增	闍那崛多譯。隋·開皇十五年九月翻，十月訖
106	大乘修多羅有譯第一	法鏡經，2 卷	大乘修多羅藏錄·眾經異譯	郁伽長者所問經，1 卷 郁伽羅越問菩薩行經，1 卷 法鏡經，1 卷（後漢世安玄共佛調譯） 法鏡經，2 卷（吳黃武年支謙譯） 上四經同本異譯。
107	大乘修多羅有譯第一	郁伽長者所問經，2 卷 郁伽羅越問菩薩經，2 卷 上二經同本別譯異名		
108	大乘修多羅有譯第一	仁王般若波羅蜜經，2 卷	晉世雜錄	仁王般若波羅蜜經，1 卷（或二卷）
109	大乘修多羅有譯第一	猛施道地經，1 卷	大乘修多羅藏錄·眾經一譯	猛施經，1 卷（一名猛施道地經）
110	大乘修多羅有譯第一	太子須大拏經，1 卷	大乘修多羅藏錄·眾經一譯	太子須大拏經，1 卷
111	大乘修多羅有譯第一	太子慕魄經，1 卷	大乘修多羅藏錄·眾經一譯	太子慕魄經，1 卷
112	大乘修多羅有譯第一	金色王經，1 卷	大乘修多羅藏錄·眾經一譯	金色王經，1 卷
113	大乘修多羅有譯第一	無憂王經，1 卷	大乘修多羅藏錄·眾經一譯	無憂王經，1 卷
114	大乘修多羅有譯第一	摩訶摩耶經，1 卷	大乘修多羅藏錄·眾經一譯	摩訶摩耶經，1 卷
115	大乘修多羅有譯第一	阿闍貰女經，1 卷	大乘修多羅藏錄·眾經一譯	阿闍貰女經，1 卷

116	大乘修多羅有譯第一	大淨法門經，1卷	大乘修多羅藏錄‧眾經一譯	大淨法門經，1卷
117	大乘修多羅有譯第一	勝鬘師子吼一乘大方便經，1卷	大乘修多羅藏錄‧眾經一譯	勝鬘師子吼一乘大方便經，1卷
118	大乘修多羅有譯第一	須摩提菩薩經，1卷	大乘修多羅藏錄‧眾經一譯	須摩提菩薩經，1卷
119	大乘修多羅有譯第一	金益長者子經，1卷	大乘修多羅藏錄‧眾經一譯	金益長者子經，1卷
120	大乘修多羅有譯第一	梵女守意經，1卷（亦名首意女經）	大乘修多羅藏錄‧眾經一譯	梵女首意經，1卷
121	大乘修多羅有譯第一	差摩波帝受記經，1卷	大乘修多羅藏錄‧眾經一譯	差摩波帝受記經，1卷
122	大乘修多羅有譯第一	獨證自誓三昧經，1卷	大乘修多羅藏錄‧眾經一譯	獨證自誓三昧經，1卷
123	大乘修多羅有譯第一	月明菩薩經，1卷	大乘修多羅藏錄‧眾經一譯	月明菩薩經，1卷
124	大乘修多羅有譯第一	滅十方冥經，1卷	大乘修多羅藏錄‧眾經一譯	滅十方冥經，1卷
125	大乘修多羅有譯第一	刪維摩詰經，1卷	西方諸聖賢所撰集	刪維摩詰經，1卷
126	大乘修多羅有譯第一	離垢蓋經，1卷	大乘修多羅藏錄‧眾經一譯	離垢蓋經，1卷
127	大乘修多羅有譯第一	道行經，1卷	西方諸聖賢所撰集	道行經，1卷
128	大乘修多羅有譯第一	菩薩十住經，1卷	大乘修多羅藏錄‧眾經一譯	菩薩十住經，1卷
129	大乘修多羅有譯第一	第一義五相略集經，1卷	西方諸聖賢所撰集	第一義五相略經集，1卷
130	大乘修多羅有譯第一	心明經，1卷	大乘修多羅藏錄‧眾經一譯	心明經，1卷
131	大乘修多羅有譯第一	文殊師利發願偈經，1卷（或無偈或經字）	西方諸聖賢所撰集	文殊師利發願偈，1卷
132	大乘修多羅有譯第一	慧明經，1卷	大乘修多羅藏錄‧眾經一譯	慧明經，1卷
133	大乘修多羅有譯第一	孛經抄集，1卷	西方諸聖賢所撰集	孛經抄集，1卷
134	大乘修多羅有譯第一	光味三昧經，1卷	大乘修多羅藏錄‧眾經一譯	光味三昧經，1卷
135	大乘修多羅有譯第一	十四意止經，1卷（舊錄云菩薩十四意經）	出三藏記集‧新集經論錄	十四意經，1卷（一名菩薩十四意）
136	大乘修多羅有譯第一	月燈三昧經，1卷	大乘修多羅藏錄‧眾經一譯	月燈三昧經，1卷
137	大乘修多羅有譯第一	思惟要略經，1卷（應無經字）	西方諸聖賢所撰集	思惟經，1卷（一名思惟要略）
138	大乘修多羅有譯第一	嚴淨定經，1卷	大乘修多羅藏錄‧眾經一譯	嚴淨定經，1卷

139	大乘修多羅有譯第一	不思議光菩薩所說經,1卷	大乘修多羅藏錄・眾經一譯	不思議光菩薩所說經,1卷
140	大乘修多羅有譯第一	尊勝菩薩入無量門陀羅尼經,1卷	大乘修多羅藏錄・眾經一譯	尊勝菩薩入無量門陀羅尼經,1卷
141	大乘修多羅有譯第一	文殊師利問菩薩署經,1卷	大乘修多羅藏錄・眾經一譯	文殊師利問菩薩署經,1卷
142	大乘修多羅有譯第一	佛說德光太子經,1卷	大乘修多羅藏錄・眾經一譯	佛說德光太子經,1卷
143	大乘修多羅有譯第一	幻士仁賢經,1卷	大乘修多羅藏錄・眾經一譯	幻士仁賢經,1卷
144	大乘修多羅有譯第一	寶施女經,1卷	大乘修多羅藏錄・眾經一譯	寶施女經,1卷
145	大乘修多羅有譯第一	三密底耶經,1卷	大乘修多羅藏錄・眾經一譯	三密底耶經,1卷
146	大乘修多羅有譯第一	施燈功德經,1卷	大乘修多羅藏錄・眾經一譯	施燈功德經,1卷
147	大乘修多羅有譯第一	菩薩訶色欲經,1卷	大乘修多羅藏錄・眾經一譯	菩薩訶色欲經,1卷
148	大乘修多羅有譯第一	人本欲生經,1卷	大乘修多羅藏錄・眾經一譯	人本欲生經,1卷
149	大乘修多羅有譯第一	佛醫經,1卷（或云佛醫王經）	出三藏記集・新集續撰失譯雜經錄	佛醫王經,1卷
150	大乘修多羅有譯第一	人所從來經,1卷	大乘修多羅藏錄・眾經一譯	人所從來經,1卷
151	大乘修多羅有譯第一	佛從上所行三十偈經,1卷（或無經字）	西方諸聖賢所撰集	佛從上所行三十偈,1卷
152	大乘修多羅有譯第一	不增不減經,1卷	大乘修多羅藏錄・眾經一譯	不增不減經,1卷
153	大乘修多羅有譯第一	眾祐經,1卷	大乘修多羅藏錄・眾經一譯	眾祐經,1卷
154	大乘修多羅有譯第一	無量壽觀經,1卷	大乘修多羅藏錄・眾經一譯	無量壽觀經,1卷
155	大乘修多羅有譯第一	觀普賢菩薩行法經,1卷	大乘修多羅藏錄・眾經一譯	觀普賢菩薩行法經,1卷
156	大乘修多羅有譯第一	觀藥王藥上二菩薩經,1卷	大乘修多羅藏錄・眾經一譯	觀藥王藥上二菩薩經,1卷
157	大乘修多羅有譯第一	分別業報略集經,1卷（應無經字）	西方諸聖賢所撰集	分別業報略集,1卷
158	大乘修多羅有譯第一	觀世音觀經,1卷	大乘修多羅藏錄・眾經一譯	觀世音觀經,1卷
159	大乘修多羅有譯第一	請觀世音消伏毒害陀羅尼經,1卷	大乘修多羅藏錄・眾經一譯	請觀世音消伏毒害陀羅尼經,1卷
160	大乘修多羅有譯第一	觀世音懺悔除罪呪經,1卷	大乘修多羅藏錄・眾經一譯	觀世音懺悔除罪呪經,1卷

161	大乘修多羅有譯第一	金剛上味陀羅尼經，1卷	大乘修多羅藏錄・眾經一譯	金剛上味陀羅尼經，1卷
162	大乘修多羅有譯第一	無涯際持法門經，1卷	大乘修多羅藏錄・眾經一譯	無涯際持法門經，1卷
163	大乘修多羅有譯第一	第一義法勝經，1卷	大乘修多羅藏錄・眾經一譯	第一義法勝經，1卷
164	大乘修多羅有譯第一	正恭敬經，1卷	大乘修多羅藏錄・眾經一譯	正恭敬經，1卷
165	大乘修多羅有譯第一	惟明二十偈經，1卷（或無經字）	西方諸聖賢所撰集	惟明二十偈，1卷
166	大乘修多羅有譯第一	鹿母經，1卷	大乘修多羅藏錄・眾經一譯	鹿母經，1卷
167	大乘修多羅有譯第一	鹿子經，1卷	大乘修多羅藏錄・眾經一譯	鹿子經，1卷
168	大乘修多羅有譯第一	除恐災患，1卷	大乘修多羅藏錄・眾經一譯	除恐災患經，1卷
169	大乘修多羅有譯第一	法沒盡經，1卷	大乘修多羅藏錄・眾經一譯	法沒盡經，1卷
170	大乘修多羅有譯第一	八吉祥經，1卷	大乘修多羅藏錄・眾經一譯	八吉祥經，1卷
171	大乘修多羅有譯第一	小法沒盡經，1卷	大乘修多羅藏錄・眾經一譯	小法沒盡經，1卷
172	大乘修多羅有譯第一	十二門大方等經，1卷	大乘修多羅藏錄・眾經一譯	十二門大方等經，1卷
173	大乘修多羅有譯第一	溫室洗浴眾僧經，1卷	大乘修多羅藏錄・眾經一譯	溫室洗浴眾僧經，1卷
174	大乘修多羅有譯第一	四不可思經，1卷	大乘修多羅藏錄・眾經一譯	四不可思經，1卷
175	大乘修多羅有譯第一	諸德福田經，1卷	大乘修多羅藏錄・眾經一譯	諸德福田經，1卷
176	大乘修多羅有譯第一	過去佛分衛經，1卷	大乘修多羅藏錄・眾經一譯	過去佛分衛經，1卷
177	大乘修多羅有譯第一	出家功德經，1卷	大乘修多羅藏錄・眾經一譯	出家功德經，1卷
178	大乘修多羅有譯第一	成具光明定意經，1卷	大乘修多羅藏錄・眾經異譯	成具光明定意經，1卷（後漢靈帝世支曜譯） 成具光明定意經，1卷（後漢世支讖譯） 上二經同本異譯
179	大乘修多羅有譯第一	金剛般若波羅蜜經，1卷	大乘修多羅藏錄・眾經異譯	金剛般若波羅蜜經，1卷（後秦弘始年羅什譯） 金剛般若波羅蜜經，1卷（後魏世菩提留支譯） 上二經同本異譯

180	大乘修多羅有譯第一	須賴菩薩經，1卷	大乘修多羅藏錄・眾經異譯	須賴經，1卷（或名須賴菩薩經）（吳黃武年支謙譯） 須賴經，1卷（魏世白延譯） 上二經同本異譯
181	大乘修多羅有譯第一	大方等如來藏經，1卷	大乘修多羅藏錄・眾經異譯	大方等如來藏經，1卷
182	大乘修多羅有譯第一	無量壽佛經，1卷	大乘修多羅藏錄・眾經異譯	無量壽佛經，1卷（一名阿彌陀經） 無量壽經，1卷 上二經同本異譯
183	大乘修多羅有譯第一	光世音大勢至受決經，1卷	大乘修多羅藏錄・眾經異譯	光世音大勢至受決經，1卷 觀世音菩薩受記經，1卷 上二經同本異譯
184	大乘修多羅有譯第一	普門品經，1卷	大乘修多羅藏錄・眾經異譯	普門品經，1卷（晉太康年竺法護譯） 普門品經，1卷（晉世祇密多譯） 上二經同本異譯
185	大乘修多羅有譯第一	老女人經，1卷	大乘修多羅藏錄・眾經異譯	老女人經，1卷（亦名老母經） 老母六英經，1卷 上二經同本異譯
186	大乘修多羅有譯第一	大方等修多羅王經，1卷（或無王字） 轉有經，1卷 上二經同本別譯異名	大乘修多羅藏錄・眾經異譯	大方等修多羅經，1卷 轉有經，1卷 上二經同本異譯
187	大乘修多羅有譯第一	無所怖望經，1卷 象步經，1卷 象腋經，1卷 上三經同本別譯異名	大乘修多羅藏錄・眾經異譯	無所怖望經，1卷（一名象步經） 象腋經，1卷 上二經同本異譯
188	大乘修多羅有譯第一	大乘要慧經，1卷 彌勒菩薩所問經，1卷 上二經同本別譯異名	大乘修多羅藏錄・眾經異譯	大乘要慧經，1卷 彌勒菩薩所問本願經，1卷 上二經同本異譯
189	大乘修多羅有譯第一	文殊師利問菩提經，1卷 菩提無行經，1卷 伽耶山頂經，1卷 象頭精舍經，1卷 上四經同本別譯異名	大乘修多羅藏錄・眾經異譯	文殊師利問菩提經，1卷（亦名菩薩無行經） 伽耶山頂經，1卷 上二經同本異譯
190	大乘修多羅有譯第一	一切法高王經，1卷 諸法勇王經，1卷 上二經同本別譯異名	大乘修多羅藏錄・眾經異譯	一切法高王經，1卷 諸法勇王經，1卷 諸法勇王經，1卷 上二經同本異譯
191	大乘修多羅有譯第一	慧印三昧經，1卷 慧三昧經，1卷 如來智印經，1卷 上三經同本別譯異名	大乘修多羅藏錄・眾經異譯	慧印三昧經，1卷（亦名慧三昧經） 如來智印經，1卷 上二經同本異譯
192	大乘修多羅有譯第一	決定總經，1卷 謗佛經，1卷 上二經同本別譯異名	大乘修多羅藏錄・眾經異譯	決定總經，1卷 謗佛經，1卷 上二經同本異譯

193	大乘修多羅有譯第一	睒本經，1卷 睒子經，1卷 孝子睒經，1卷 菩薩睒經，1卷 佛說睒經，1卷 上五經同本別譯異名	大乘修多羅藏錄・眾經異譯	睒子經，1卷（亦名孝子睒經亦名菩薩睒經亦名爲佛說睒經） 睒本經，1卷 上二經同本異譯
194	大乘修多羅有譯第一	乳光佛經，1卷 犢子經，1卷 上二經同本別譯異名	大乘修多羅藏錄・眾經異譯	乳光佛經，1卷 犢子經，1卷 上二經同本異譯
195	大乘修多羅有譯第一	佛遺日摩尼寶經，1卷 大寶積經，1卷 摩訶衍寶嚴經，1卷 上三經同本別譯異名	大乘修多羅藏錄・眾經異譯	佛遺日摩尼寶經，1卷 大寶積經，1卷 摩訶衍寶嚴經，1卷 上三經同本異譯
196	大乘修多羅有譯第一	無畏德女經，1卷 阿闍世王女阿術達經，1卷 阿闍世王女無憂施經，1卷（或無王字） 上三經同本別譯異名	大乘修多羅藏錄・眾經異譯	無畏德女經，1卷 佛說阿闍世王女阿術達菩薩經，1卷 阿闍世女無憂施經，1卷 上三經同本異譯
197	大乘修多羅有譯第一	十二因緣經，1卷 貝多樹下思惟經，1卷 聞城十二因緣經，1卷 上三經同本別譯異名	大乘修多羅藏錄・眾經異譯	貝多樹下思惟十二因緣經，1卷（一名十二因緣經） 十二因緣經，1卷（一名聞城十二因緣經）（後漢世安世高譯） 十二因緣經，1卷（南齊永明年求那毘地譯） 上三經同本異譯
198	大乘修多羅有譯第一	龍施菩薩本起經，1卷 龍施女經，1卷 上二經同本別譯異名	大乘修多羅藏錄・眾經異譯	龍施女經，1卷（晉世竺法護譯） 龍施女經，1卷（吳黃武年支謙譯） 龍施菩薩本起經，1卷 上三經同本異譯
199	大乘修多羅有譯第一	了本生死經，1卷 異了本生死經，1卷 稻芊經，1卷 上三經同本別譯異名	大乘修多羅藏錄・眾經異譯	了本生死經，1卷（吳黃武年支謙譯） 異了本生死經，1卷 稻芊經，1卷 上三經同本異譯
200	大乘修多羅有譯第一	大方廣菩薩十地經，1卷 菩薩十住經，1卷 莊嚴菩提心經，1卷 上三經同本別譯異名	大乘修多羅藏錄・眾經一譯	大方廣菩薩十地經，1卷 菩薩十地經，1卷 莊嚴菩提心經，1卷 上三經同本異譯
201	大乘修多羅有譯第一	觀虛空藏菩薩經，1卷 虛空藏菩薩經，1卷 虛空藏經，1卷 上三經同本別譯異名	大乘修多羅藏錄・眾經異譯	觀虛空藏菩薩經，1卷 虛空藏菩薩經，1卷 虛空藏經，1卷卷 上三經同本異譯

202	大乘修多羅有譯第一	長者子制經，1卷 制經，1卷 逝童子經，1卷 菩薩逝經，1卷 逝經，1卷 上五經同本別譯異名	大乘修多羅藏錄・眾經異譯	長者子制經，1卷（一名制經） 逝童子經，1卷 佛說菩薩逝經，1卷（一名逝經） 上三經同本異譯
203	大乘修多羅有譯第一	離垢施女經，1卷 無垢施菩薩分別經，1卷 得無垢女應辯經，1卷 上三經同本別譯異名	大乘修多羅藏錄・眾經異譯	離垢施女經，1卷 無垢施菩薩分別應辯經，1卷 得無垢女經，1卷 上三經同本異譯
204	大乘修多羅有譯第一	彌勒成佛經，1卷 彌勒受決經，1卷 彌勒下生經，1卷 彌勒當來生經，1卷 以上四經同本別譯異名	大乘修多羅藏錄・眾經異譯	彌勒成佛經，1卷（晉世竺法護譯） 彌勒成佛經，1卷（後秦弘始年羅什譯） 彌勒受決經，1卷（一名彌勒下生經） 彌勒當來生經，1卷 上四經同本異譯
205	大乘修多羅有譯第一	月光童子，1卷 月明童子，1卷 申日經，1卷 申日兜本經，1卷 失越經，1卷 上五經同本別譯異名	大乘修多羅藏錄・眾經異譯	月光童子經，1卷（一名月明童子經） 申日經，1卷 申日兜本經，1卷 失利越經，1卷 上四經同本異譯
206	大乘修多羅有譯第一	轉女身經，1卷 無垢賢女經，1卷 腹中女聽經，1卷 胎藏經，1卷 不莊校女經，1卷 上五經同本別譯異名	大乘修多羅藏錄・眾經異譯	轉女身經，1卷 無垢賢女經，1卷 腹中女聽經，1卷 胎藏經，1卷 不莊校女經，1卷 上五經同本異譯
207	大乘修多羅有譯第一	無量門微密持經，1卷 出生無量門持經，1卷 阿難目佉尼訶離陀羅尼經，1卷 舍利弗陀羅尼經，1卷 無量門破魔陀羅尼經，1卷 上五經同本別譯異名	大乘修多羅藏錄・眾經異譯	無量門微密持經，1卷 出生無量門持經，1卷 阿難目佉尼訶離陀羅尼經，1卷 無量門破魔陀羅尼經，1卷 舍利弗陀羅尼經，1卷 上五經同本異譯
208	大乘修多羅有譯第一	業報差別經，1卷	新增	曇法智出。隋・開皇二年三月譯，是第二出。與《罪業報應經》大同小異
209	大乘修多羅有譯第一	大乘方廣總持經，1卷	新增	毘尼多流支出。隋・開皇二年七月譯
210	大乘修多羅有譯第一	牢固女經，1卷	新增	那連提耶舍。隋・開皇二年十二月出
211	大乘修多羅有譯第一	百佛名經，1卷	新增	那連提耶舍。隋・開皇二年十月出

212	大乘修多羅有譯第一	一向出生菩薩經，1卷	新增	闍那崛多。隋·開皇十五年十一月翻十二月迄
213	大乘修多羅有譯第一	大威燈仙人問疑經，1卷	新增	闍那崛多。隋·開皇六年正月翻二月迄
214	大乘修多羅有譯第一	文殊尸利行經，1卷	新增	闍那崛多。隋·開皇六年正月翻二月迄
215	大乘修多羅有譯第一	八佛名號經，1卷	新增	闍那崛多。隋·開皇六年五月翻六月迄
216	大乘修多羅有譯第一	希有校量功德經，1卷	新增	闍那崛多。隋·開皇六年六月翻其月迄
217	大乘修多羅有譯第一	如來方便善巧呪經，1卷	新增	闍那崛多。隋·開皇七年正月翻二月迄
218	大乘修多羅有譯第一	不空罥索觀世音心呪經，1卷	新增	闍那崛多。隋·開皇七年四月翻五月迄
219	大乘修多羅有譯第一	十二佛名神呪除障滅罪經，1卷	新增	闍那崛多。隋·開皇七年五月翻其月迄
220	大乘修多羅有譯第一	金剛場陀羅尼經，1卷	新增	闍那崛多。隋·開皇七年六月翻八月迄
221	大乘修多羅有譯第一	諸法最上王經，1卷	新增	闍那崛多。隋·開皇十五年五月翻七月迄
222	大乘修多羅有譯第一	商主天子問經，1卷	新增	闍那崛多。隋·開皇十五年八月翻九月迄
223	大乘修多羅有譯第一	出生菩提經，1卷	新增	闍那崛多。隋·開皇十五年九月翻其月迄
224	大乘修多羅失譯第二	出要經，20卷	大乘修多羅藏錄·眾經失譯	出要經，20卷
225	大乘修多羅失譯第二	阿惟越致轉經，18卷	大乘修多羅藏錄·眾經失譯	阿惟越致轉經，18卷
226	大乘修多羅失譯第二	摩訶衍經，14卷	大乘修多羅藏錄·眾經失譯	摩訶衍經，14卷
227	大乘修多羅失譯第二	大忍辱經，10卷	大乘修多羅藏錄·眾經失譯	大忍辱經，10卷
228	大乘修多羅失譯第二	佛名經，10卷	大乘修多羅藏錄·眾經別生	佛名經，10卷
229	大乘修多羅失譯第二	雜呪集，10卷	大乘修多羅藏錄·眾經別生	雜呪集，10卷
230	大乘修多羅失譯第二	行道經，10卷	大乘修多羅藏錄·眾經失譯	行道經，7卷
231	大乘修多羅失譯第二	方廣十輪經，7卷	大乘修多羅藏錄·眾經失譯	方廣十輪經，7卷
232	大乘修多羅失譯第二	大方便報恩經，7卷	大乘修多羅藏錄·眾經失譯	大方便報恩經，7卷
233	大乘修多羅失譯第二	梵王請問經，5卷	大乘修多羅藏錄·眾經失譯	梵王請問經，5卷

234	大乘修多羅失譯第二	三昧王經，5卷	大乘修多羅藏錄・眾經失譯	三昧王經，5卷
235	大乘修多羅失譯第二	佛本行經，5卷	大乘修多羅藏錄・眾經失譯	佛本行經，5卷
236	大乘修多羅失譯第二	佛從兜率降中陰經，4卷	大乘修多羅藏錄・眾經失譯	佛從兜率降中陰經，4卷
237	大乘修多羅失譯第二	魔王請問經，4卷	大乘修多羅藏錄・眾經失譯	魔王請問經，4卷
238	大乘修多羅失譯第二	七佛經，4卷	大乘修多羅藏錄・眾經失譯	七佛經，4卷
239	大乘修多羅失譯第二	佛名經，3卷	大乘修多羅藏錄・眾經別生	佛名經，3卷
240	大乘修多羅失譯第二	大梵天王請轉法輪經，3卷	大乘修多羅藏錄・眾經失譯	大梵天王請轉法輪經，3卷
241	大乘修多羅失譯第二	釋提桓因所問經，3卷	大乘修多羅藏錄・眾經失譯	釋提桓因所問經，3卷
242	大乘修多羅失譯第二	大方廣如來性起經，3卷	大乘修多羅藏錄・眾經失譯	大方廣如來性起經，3卷
243	大乘修多羅失譯第二	菩薩本行經，3卷	大乘修多羅藏錄・眾經失譯	菩薩本行經，3卷
244	大乘修多羅失譯第二	法華光瑞菩薩現壽經，3卷	大乘修多羅藏錄・眾經失譯	法華光瑞菩薩現壽經，3卷
245	大乘修多羅失譯第二	普賢菩薩答難二千經，3卷	大乘修多羅藏錄・眾經失譯	普賢菩薩答難二千經，3卷
246	大乘修多羅失譯第二	大通方廣經，3卷	大乘修多羅藏錄・眾經疑惑	大通方廣經，3卷
247	大乘修多羅失譯第二	優婆夷淨行經，2卷	大乘修多羅藏錄・眾經失譯	優婆夷淨行經，2卷
248	大乘修多羅失譯第二	不思議功德經，2卷	大乘修多羅藏錄・眾經失譯	不思議功德經，2卷
249	大乘修多羅失譯第二	大吉義呪經，2卷	大乘修多羅藏錄・眾經失譯	大吉義呪經，2卷
250	大乘修多羅失譯第二	九十五種道雜類神呪經，2卷	大乘修多羅藏錄・眾經別生	九十五種道雜類神呪經，2卷
251	大乘修多羅失譯第二	菩薩夢經，2卷	大乘修多羅藏錄・眾經失譯	菩薩夢經，2卷
252	大乘修多羅失譯第二	諸經佛名經，2卷（應無經字）	大乘修多羅藏錄・眾經別生	諸經佛名，2卷
253	大乘修多羅失譯第二	濡首菩薩經，2卷	大乘修多羅藏錄・眾經失譯	濡首菩薩經，2卷
254	大乘修多羅失譯第二	十方佛名經，2卷	大乘修多羅藏錄・眾經別生	十方佛名經，2卷
255	大乘修多羅失譯第二	文殊問經，2卷	大乘修多羅藏錄・眾經失譯	文殊問經，2卷
256	大乘修多羅失譯第二	哀泣經，2卷	大乘修多羅藏錄・眾經失譯	哀泣經，2卷

257	大乘修多羅失譯第二	法界體性無分別經，2卷	大乘修多羅藏錄・眾經失譯	法界體性無分別經，2卷
258	大乘修多羅失譯第二	伅眞陀羅所問寶如來經，2卷	大乘修多羅藏錄・眾經失譯	伅眞陀羅所問寶如來經，2卷
259	大乘修多羅失譯第二	深斷連經，2卷	大乘修多羅藏錄・眾經失譯	深斷連經，2卷
260	大乘修多羅失譯第二	弘道經，2卷	大乘修多羅藏錄・眾經失譯	弘道經，2卷
261	大乘修多羅失譯第二	菩薩名經，2卷	大乘修多羅藏錄・眾經別生	菩薩名經，1卷
262	大乘修多羅失譯第二	梵天請佛千首經，2卷（疑脫王字）	大乘修多羅藏錄・眾經失譯	梵天王請佛千首經，2卷
263	大乘修多羅失譯第二	諸經菩薩名，2卷	大乘修多羅藏錄・眾經別生	諸經菩薩名，2卷
264	大乘修多羅失譯第二	密跡力士經，2卷	大乘修多羅藏錄・眾經失譯	密跡力士經，2卷
265	大乘修多羅失譯第二	無明羅刹喻集經，2卷（或無經字）	西方諸聖賢所撰集	無明羅刹喻集，2卷
266	大乘修多羅失譯第二	阿那含經，2卷	大乘修多羅藏錄・眾經疑惑	阿那含經，2卷
267	大乘修多羅失譯第二	雜譬喻經，2卷	西方諸聖賢所撰集	雜譬喻經，2卷
268	大乘修多羅失譯第二	毘羅三昧經，2卷	大乘修多羅藏錄・眾經疑惑	毘羅三昧經，2卷
269	大乘修多羅失譯第二	像法決疑經，2卷	大乘修多羅藏錄・眾經疑惑	像法決疑經，2卷
270	大乘修多羅失譯第二	初波羅耀經，2卷	大乘修多羅藏錄・眾經疑惑	初波羅耀經，2卷
271	大乘修多羅失譯第二	善王皇帝經，2卷	大乘修多羅藏錄・眾經疑惑	善王皇帝經，2卷
272	大乘修多羅失譯第二	虛空藏菩薩問持經幾福經，1卷	大乘修多羅藏錄・眾經失譯	虛空藏菩薩問持經幾福經，1卷
273	大乘修多羅失譯第二	大方廣如來祕密藏經，1卷	大乘修多羅藏錄・眾經失譯	大方廣如來祕密藏經，1卷
274	大乘修多羅失譯第二	度諸佛境界光嚴經，1卷	大乘修多羅藏錄・眾經失譯	度諸佛境界光嚴經，1卷
275	大乘修多羅失譯第二	善臂菩薩所問經，1卷	大乘修多羅藏錄・眾經失譯	善臂菩薩所問經，1卷
276	大乘修多羅失譯第二	菩薩修行經，1卷	大乘修多羅藏錄・眾經失譯	菩薩修行經，1卷
277	大乘修多羅失譯第二	大本藏經，1卷	大乘修多羅藏錄・眾經失譯	大本藏經，1卷
278	大乘修多羅失譯第二	無端底總持經，1卷	大乘修多羅藏錄・眾經失譯	無端底總持經，1卷
279	大乘修多羅失譯第二	菩薩投身餓虎起塔因緣經，1卷	大乘修多羅藏錄・眾經失譯	菩薩投身餓虎起塔因緣經，1卷

280	大乘修多羅失譯第二	菩薩本行經，1卷	大乘修多羅藏錄・眾經失譯	菩薩本行經，1卷
281	大乘修多羅失譯第二	一切施主所行檀波羅蜜經，1卷	大乘修多羅藏錄・眾經失譯	一切施主所行檀波羅蜜經，1卷
282	大乘修多羅失譯第二	賢首菩薩二百問經，1卷	大乘修多羅藏錄・眾經失譯	賢首菩薩二百問經，1卷
283	大乘修多羅失譯第二	受十善戒經，1卷	小乘修多羅錄・眾經失譯	受十善戒經，1卷
284	大乘修多羅失譯第二	文殊觀經，1卷	大乘修多羅藏錄・眾經失譯	文殊觀經，1卷
285	大乘修多羅失譯第二	頻婆娑羅王詣佛供養經，1卷	大乘修多羅藏錄・眾經失譯	頻婆娑羅王詣佛供養經，1卷
286	大乘修多羅失譯第二	菩薩宿緣經，1卷		來源無考
287	大乘修多羅失譯第二	大意經，1卷	大乘修多羅藏錄・眾經失譯	大意經，1卷
288	大乘修多羅失譯第二	內藏大方等經，1卷	大乘修多羅藏錄・眾經失譯	內藏大方等經，1卷
289	大乘修多羅失譯第二	天王太子辟羅經，1卷	大乘修多羅藏錄・眾經失譯	天王太子辟羅經，1卷
290	大乘修多羅失譯第二	太子法慧經，1卷	大乘修多羅藏錄・眾經失譯	太子法慧經，1卷
291	大乘修多羅失譯第二	是光太子經，1卷	大乘修多羅藏錄・眾經失譯	是光太子經，1卷
292	大乘修多羅失譯第二	長者法志妻經，1卷	大乘修多羅藏錄・眾經失譯	長者法志妻經，1卷
293	大乘修多羅失譯第二	法志女經，1卷	大乘修多羅藏錄・眾經失譯	法志女經，1卷
294	大乘修多羅失譯第二	一切智光明仙人慈心因緣不食肉經，1卷	大乘修多羅藏錄・眾經失譯	一切智光明仙人慈心因緣不食肉經，1卷
295	大乘修多羅失譯第二	文殊師利般涅槃經，1卷	大乘修多羅藏錄・眾經失譯	文殊師利般涅槃經，1卷
296	大乘修多羅失譯第二	觀世音所說行法經，1卷	大乘修多羅藏錄・眾經失譯	觀世音所說行法經，1卷
297	大乘修多羅失譯第二	師子月佛本生經，1卷	大乘修多羅藏錄・眾經失譯	師子月佛本生經，1卷
298	大乘修多羅失譯第二	功德莊嚴王八萬四千歲請佛經，1卷	大乘修多羅藏錄・眾經失譯	功德莊嚴王八萬四千歲請佛經，1卷
299	大乘修多羅失譯第二	持身菩薩經，1卷	大乘修多羅藏錄・眾經失譯	持身菩薩經，1卷
300	大乘修多羅失譯第二	金剛女菩薩經，1卷	大乘修多羅藏錄・眾經失譯	金剛女菩薩經，1卷
301	大乘修多羅失譯第二	善意菩薩經，1卷	大乘修多羅藏錄・眾經失譯	善意菩薩經，1卷
302	大乘修多羅失譯第二	法華三昧經，1卷	大乘修多羅藏錄・眾經失譯	法華三昧經，1卷

303	大乘修多羅失譯第二	佛寶三昧經，1卷	大乘修多羅藏錄‧眾經失譯	佛寶三昧經，1卷
304	大乘修多羅失譯第二	金剛三昧經，1卷	大乘修多羅藏錄‧眾經失譯	金剛三昧經，1卷
305	大乘修多羅失譯第二	金剛三昧本性清淨不壞不滅經，1卷	大乘修多羅藏錄‧眾經失譯	金剛三昧本性清淨不壞不滅經，1卷
306	大乘修多羅失譯第二	寶積三昧文殊師利問法身經，1卷	大乘修多羅藏錄‧眾經失譯	寶積三昧文殊師利問法身經，1卷
307	大乘修多羅失譯第二	文殊師利權變三昧經，1卷	大乘修多羅藏錄‧眾經失譯	文殊師利權變三昧經，1卷
308	大乘修多羅失譯第二	賓頭盧爲王說法經，1卷	西方諸聖賢所撰集	賓頭盧爲王說法，1卷（或加經字）
309	大乘修多羅失譯第二	彌勒經，1卷	大乘修多羅藏錄‧眾經失譯	彌勒經，1卷
310	大乘修多羅失譯第二	千佛因緣經，1卷	大乘修多羅藏錄‧眾經失譯	千佛因緣經，1卷
311	大乘修多羅失譯第二	八部佛名經，1卷	大乘修多羅藏錄‧眾經失譯	八部佛名經，1卷
312	大乘修多羅失譯第二	八吉祥神呪經，1卷	大乘修多羅藏錄‧眾經失譯	八吉祥神呪經，1卷
313	大乘修多羅失譯第二	八陽經，1卷	大乘修多羅藏錄‧眾經失譯	八陽經，1卷
314	大乘修多羅失譯第二	十吉祥經，1卷	大乘修多羅藏錄‧眾經失譯	十吉祥經，1卷
315	大乘修多羅失譯第二	賢首經，1卷	大乘修多羅藏錄‧眾經失譯	賢首經，1卷
316	大乘修多羅失譯第二	小安般三昧經，1卷（疑脫「舟」字）	大乘修多羅藏錄‧眾經失譯	小安般舟三昧經，1卷
317	大乘修多羅失譯第二	小阿闍世經，1卷	大乘修多羅藏錄‧眾經失譯	小阿闍世經，1卷
318	大乘修多羅失譯第二	小須賴經，1卷	大乘修多羅藏錄‧眾經失譯	小須賴經，1卷
319	大乘修多羅失譯第二	甚深大迴向經，1卷	大乘修多羅藏錄‧眾經失譯	甚深大迴向經，1卷
320	大乘修多羅失譯第二	四無畏經，1卷	大乘修多羅藏錄‧眾經失譯	四無畏經，1卷
321	大乘修多羅失譯第二	菩薩十漚惒經，1卷	大乘修多羅藏錄‧眾經失譯	菩薩十漚惒經，1卷
322	大乘修多羅失譯第二	賢者五福德經，1卷	大乘修多羅藏錄‧眾經失譯	賢者五福德經，1卷
323	大乘修多羅失譯第二	六法行經，1卷	大乘修多羅藏錄‧眾經失譯	六法行經，1卷
324	大乘修多羅失譯第二	菩薩常行經，1卷	大乘修多羅藏錄‧眾經失譯	菩薩常行經，1卷
325	大乘修多羅失譯第二	菩薩等行經，1卷	大乘修多羅藏錄‧眾經失譯	菩薩等行經，1卷

326	大乘修多羅失譯第二	善德經，1卷	大乘修多羅藏錄·眾經失譯	善德經，1卷
327	大乘修多羅失譯第二	阿陀三昧經，1卷	大乘修多羅藏錄·眾經失譯	阿陀三昧經，1卷
328	大乘修多羅失譯第二	阿多三昧經，1卷	大乘修多羅藏錄·眾經失譯	阿多三昧經，1卷
329	大乘修多羅失譯第二	賓頭盧突羅闍爲優陀延王說法經，1卷	西方諸聖賢所撰集	賓頭盧突羅闍爲優陀延王說法，1卷（或加經字）
330	大乘修多羅失譯第二	佛印三昧經，1卷	大乘修多羅藏錄·眾經失譯	佛印三昧經，1卷
331	大乘修多羅失譯第二	百寶三昧經，1卷	大乘修多羅藏錄·眾經失譯	百寶三昧經，1卷
332	大乘修多羅失譯第二	藥師瑠璃光佛經，1卷（即是藥師瑠璃光經）	大乘修多羅藏錄·眾經失譯	藥師瑠璃光經，1卷
333	大乘修多羅失譯第二	長者音悅經，1卷	大乘修多羅藏錄·眾經失譯	長者音悅經，1卷
334	大乘修多羅失譯第二	提謂經，1卷	大乘修多羅藏錄·眾經失譯	提謂經，1卷
335	大乘修多羅失譯第二	十思惟經，1卷	大乘修多羅藏錄·眾經失譯	十思惟經，1卷
336	大乘修多羅失譯第二	分別六情經，1卷	大乘修多羅藏錄·眾經失譯	分別六情經，1卷
337	大乘修多羅失譯第二	阿質國王經，1卷	大乘修多羅藏錄·眾經失譯	阿質國王經，1卷
338	大乘修多羅失譯第二	三昧王三昧經，1卷	大乘修多羅藏錄·眾經失譯	三昧王三昧經，1卷
339	大乘修多羅失譯第二	八菩薩四弘誓經，1卷	大乘修多羅藏錄·眾經失譯	八菩薩四弘誓經，1卷
340	大乘修多羅失譯第二	大光明菩薩百四十八願經，1卷	大乘修多羅藏錄·眾經失譯	大光明菩薩百四十八願經，1卷
341	大乘修多羅失譯第二	墮迦邏問菩薩經，1卷	大乘修多羅藏錄·眾經失譯	墮迦邏問菩薩經，1卷
342	大乘修多羅失譯第二	大悲觀世音經，1卷	大乘修多羅藏錄·眾經失譯	大悲觀世音經，1卷
343	大乘修多羅失譯第二	菩薩諸苦行經，1卷	大乘修多羅藏錄·眾經失譯	菩薩諸苦行經，1卷
344	大乘修多羅失譯第二	瑞應觀世音經，1卷	大乘修多羅藏錄·眾經失譯	瑞應觀世音經，1卷
345	大乘修多羅失譯第二	功德寶光菩薩問護持經，1卷	大乘修多羅藏錄·眾經失譯	功德寶光菩薩問護持經，1卷
346	大乘修多羅失譯第二	自在王菩薩問如來境界經，1卷	大乘修多羅藏錄·眾經失譯	自在王菩薩問如來境界經，1卷
347	大乘修多羅失譯第二	目佉經，1卷	大乘修多羅藏錄·眾經失譯	目佉經，1卷

348	大乘修多羅失譯第二	薩羅經，1卷（無國字）	大乘修多羅藏錄·眾經失譯	薩羅國經，1卷
349	大乘修多羅失譯第二	菩薩道地經，1卷	大乘修多羅藏錄·眾經失譯	菩薩道地經，1卷
350	大乘修多羅失譯第二	等入法嚴經，1卷（亦直云法嚴經）	大乘修多羅藏錄·眾經失譯	佛說等入法嚴經，1卷（一名法嚴經）
351	大乘修多羅失譯第二	方等決經，1卷	大乘修多羅藏錄·眾經失譯	方等決經，1卷
352	大乘修多羅失譯第二	本行六波羅蜜經，1卷（無佛說二字）	大乘修多羅藏錄·眾經失譯	佛說本行六波羅蜜經，1卷
353	大乘修多羅失譯第二	讚七佛偈經，1卷	大乘修多羅藏錄·眾經失譯	讚七佛偈經，1卷
354	大乘修多羅失譯第二	慈仁問八十種好經，1卷	大乘修多羅藏錄·眾經失譯	慈仁問八十種好經，1卷
355	大乘修多羅失譯第二	阿彌陀佛偈，1卷 後出阿彌陀佛偈，1卷 上二經同本別譯廣略異	大乘修多羅藏錄·眾經失譯	阿彌陀佛偈，1卷 後出阿彌陀佛偈，1卷
356	大乘修多羅失譯第二	阿彌陀鼓音聲陀羅尼經，1卷	大乘修多羅藏錄·眾經失譯	阿彌陀鼓音聲陀羅尼經，1卷
357	大乘修多羅失譯第二	阿難見水光瑞經，1卷（無佛說二字）	大乘修多羅藏錄·眾經失譯	佛說阿難見水光瑞經，1卷
358	大乘修多羅失譯第二	迦旃延偈經，1卷（一名迦旃延說法沒盡偈百二十章）	出三藏記集·新集安公失譯經錄	迦旃偈，1卷（舊錄云比丘迦旃說法沒偈經或云迦旃延說法沒盡偈百二十章）
359	大乘修多羅失譯第二	雜華經，1卷	大乘修多羅藏錄·眾經失譯	雜華經，1卷
360	大乘修多羅失譯第二	五百偈經，1卷	大乘修多羅藏錄·眾經失譯	五百偈經，1卷
361	大乘修多羅失譯第二	三乘經，1卷	大乘修多羅藏錄·眾經失譯	三乘經，1卷
362	大乘修多羅失譯第二	前世三轉經，1卷 銀色女經，1卷 上二經同本別譯異名	大乘修多羅藏錄·眾經失譯	前世三轉經，1卷 銀色女經，1卷 上二經同本異譯
363	大乘修多羅失譯第二	太子護經，1卷 和休經，1卷 上二經同本別譯異名	大乘修多羅藏錄·眾經失譯	和休經，1卷 太子刷護經，1卷 上二經同本重出
364	大乘修多羅失譯第二	善法方便陀羅尼經，1卷 金剛祕密善門陀羅尼經，1卷 上二經同本別譯異名	大乘修多羅藏錄·眾經失譯	善法方便陀羅尼經，1卷 金剛祕密善門陀羅尼經，1卷 上二經同本重出
365	大乘修多羅失譯第二	阿闍世王受決經，1卷 採蓮違王上佛受決經，1卷 上二經同本別譯異名	大乘修多羅藏錄·眾經失譯	阿闍世王受決經，1卷 採華違王上佛受決經，1卷 上二經同本重出

366	大乘修多羅失譯第二	師子奮迅菩薩所問經，1卷 華積陀羅尼經，1卷 華聚陀羅尼經，1卷 上三經同本別譯異名	大乘修多羅藏錄・眾經失譯	師子奮迅菩薩所問經，1卷 華積陀羅尼經，1卷 華聚陀羅尼經，1卷 上三經同本重出。
367	大乘修多羅失譯第二	定行三昧經，1卷 佛遺定行經，1卷 二經同本別譯異名	大乘修多羅藏錄・眾經疑惑	定行三昧經，1卷（一名佛遺定行，一名摩訶目連所問經）
368	大乘修多羅失譯第二	隨願往生經，1卷	大乘修多羅藏錄・眾經疑惑	隨願往生經，1卷
369	大乘修多羅失譯第二	惟無三昧經，1卷	大乘修多羅藏錄・眾經疑惑	惟無三昧經，1卷
370	大乘修多羅失譯第二	清淨法行經，1卷	大乘修多羅藏錄・眾經疑惑	清淨法行經，1卷
371	大乘修多羅失譯第二	龍種尊佛國變化經，1卷 四事解脫經，1卷 四事解脫度人經，1卷 上三經同本別譯異名	大乘修多羅藏錄・眾經疑惑	龍種尊佛國變化經，1卷（與四事解脫經，大同） 四事解脫經，1卷（一名四事解脫度人經）
372	大乘修多羅失譯第二	定慧普遍國土神通菩薩經，1卷（無佛說二字）	大乘修多羅藏錄・眾經疑惑	佛說定慧普遍國土神通菩薩經，1卷
373	大乘修多羅失譯第二	觀世音十大願經，1卷	大乘修多羅藏錄・眾經疑惑	觀世音十大願經，1卷
374	大乘修多羅失譯第二	觀世音三昧經，1卷	大乘修多羅藏錄・眾經疑惑	觀世音三昧經，1卷
375	大乘修多羅失譯第二	大乘蓮華馬頭羅刹經，1卷	大乘修多羅藏錄・眾經疑惑	大乘蓮華馬頭羅刹經，1卷
376	大乘修多羅失譯第二	陰馬藏經，1卷 陰馬藏光明經，1卷 身土國王所問治國經，1卷 上三經同本別譯異名	大乘修多羅藏錄・眾經疑惑	陰馬藏經，1卷（一名陰馬藏光明經，一名身土王所問治國經）
377	大乘修多羅失譯第二	空淨三昧經，1卷	大乘修多羅藏錄・眾經疑惑	空淨三昧經，1卷
378	大乘修多羅失譯第二	般若得經，1卷	大乘修多羅藏錄・眾經疑惑	般若得經，1卷
379	大乘修多羅失譯第二	三世三千佛名經，1卷（或無經字）	大乘修多羅藏錄・眾經別生	三世三千佛名，1卷
380	大乘修多羅失譯第二	三千佛名經，1卷（或無經字）	大乘修多羅藏錄・眾經別生	三千佛名，1卷
381	大乘修多羅失譯第二	十方佛名功德經，1卷	大乘修多羅藏錄・眾經別生	十方佛名功德經，1卷
382	大乘修多羅失譯第二	現在十方佛名經，1卷（或無經字）	大乘修多羅藏錄・眾經別生	現在十方佛名，1卷
383	大乘修多羅失譯第二	千五百佛名經，1卷（或無經字）	大乘修多羅藏錄・眾經別生	千五百佛名，1卷

384	大乘修多羅失譯第二	千佛名經，1卷（或無經字）	大乘修多羅藏錄・眾經別生	千佛名，1卷
385	大乘修多羅失譯第二	現在千佛名經，1卷（或無經字）	大乘修多羅藏錄・眾經別生	現在十方佛名，1卷
386	大乘修多羅失譯第二	過去千佛名經，1卷（或無經字）	大乘修多羅藏錄・眾經別生	過去千佛名，1卷
387	大乘修多羅失譯第二	當來星宿劫千佛名經，1卷（或無經字）	大乘修多羅藏錄・眾經別生	當來星宿劫千佛名，1卷
388	大乘修多羅失譯第二	南方佛名經，1卷	大乘修多羅藏錄・眾經別生	南方佛名經，1卷
389	大乘修多羅失譯第二	賢劫五百佛名經，1卷（或無經字）	大乘修多羅藏錄・眾經別生	賢劫五百佛名，1卷
390	大乘修多羅失譯第二	五百七十佛名經，1卷（或無經字）	大乘修多羅藏錄・眾經別生	五百七十佛名，1卷
391	大乘修多羅失譯第二	龍樹勸發諸王要偈經，1卷（或無經字）	西方諸聖賢所撰集	龍樹勸發諸王要偈，1卷
392	大乘修多羅失譯第二	百七十佛名經，1卷（或無經字）	大乘修多羅藏錄・眾經別生	百七十佛名，1卷
393	大乘修多羅失譯第二	雜譬喻經，1卷	西方諸聖賢所撰集	雜譬喻經，1卷
394	大乘修多羅失譯第二	同號佛名，1卷	大乘修多羅藏錄・眾經別生	同號佛名，1卷
395	大乘修多羅失譯第二	六菩薩名亦當誦持經，1卷	大乘修多羅藏錄・眾經別生	六菩薩名亦當誦持經，1卷
396	大乘修多羅失譯第二	摩訶神呪經，1卷（或無經字）	出三藏記集・新集續撰失譯雜經錄	摩訶神呪，1卷
397	大乘修多羅失譯第二	大總持神呪經，1卷	大乘修多羅藏錄・眾經別生	大總持神呪經，1卷
398	大乘修多羅失譯第二	思益神呪經，1卷	大乘修多羅藏錄・眾經別生	思益呪經，1卷（無「神」字）
399	大乘修多羅失譯第二	十方佛神呪經，1卷	大乘修多羅藏錄・眾經別生	十方佛神呪經，1卷
400	大乘修多羅失譯第二	七佛所結麻油述呪經，1卷	大乘修多羅藏錄・眾經別生	七佛所結麻油述呪經，1卷
401	大乘修多羅失譯第二	七佛神呪經，1卷	大乘修多羅藏錄・眾經別生	七佛神呪經，1卷
402	大乘修多羅失譯第二	降魔神呪經，1卷	大乘修多羅藏錄・眾經別生	降魔神呪經，1卷
403	大乘修多羅失譯第二	華積陀羅尼神呪經，1卷	大乘修多羅藏錄・眾經別生	華積陀羅尼神呪經，1卷
404	大乘修多羅失譯第二	威德陀羅尼神呪經，1卷	大乘修多羅藏錄・眾經別生	威德陀羅尼神呪經，1卷
405	大乘修多羅失譯第二	陀羅尼句經，1卷	大乘修多羅藏錄・眾經別生	陀羅尼句經，1卷

406	大乘修多羅失譯第二	集法悅捨苦陀羅尼經，1 卷	大乘修多羅藏錄・眾經別生	集法悅捨苦陀羅尼經，1 卷
407	大乘修多羅失譯第二	陀隣鉢呪經，1 卷	大乘修多羅藏錄・眾經別生	陀隣鉢呪經，1 卷
408	大乘修多羅失譯第二	諸天王所說陀羅尼經，1 卷	大乘修多羅藏錄・眾經別生	諸天王所說陀羅尼經，1 卷
409	大乘修多羅失譯第二	四天王神呪經，1 卷	大乘修多羅藏錄・眾經別生	四天王神呪經，1 卷
410	大乘修多羅失譯第二	金剛十二使呪經，1 卷	大乘修多羅藏錄・眾經別生	金剛十二使呪經，1 卷
411	大乘修多羅失譯第二	請金剛呪經，1 卷	大乘修多羅藏錄・眾經別生	請金剛呪經，1 卷
412	大乘修多羅失譯第二	金剛隨意所樂一切皆得呪經，1 卷	大乘修多羅藏錄・眾經別生	金剛隨意所樂一切皆得呪經，1 卷
413	大乘修多羅失譯第二	金剛如所願一切勝呪經，1 卷	大乘修多羅藏錄・眾經別生	金剛如所願一切勝呪經，1 卷
414	大乘修多羅失譯第二	金剛結界呪經，1 卷	大乘修多羅藏錄・眾經別生	金剛結界呪經，1 卷
415	大乘修多羅失譯第二	金剛小心除滅諸怨呪經，1 卷	大乘修多羅藏錄・眾經別生	金剛小心除滅諸怨呪經，1 卷
416	大乘修多羅失譯第二	金剛請夢呪經，1 卷	大乘修多羅藏錄・眾經別生	金剛請夢呪經，1 卷
417	大乘修多羅失譯第二	大神母結誓呪經，1 卷	大乘修多羅藏錄・眾經別生	大神母結誓呪經，1 卷
418	大乘修多羅失譯第二	護諸比丘呪經，1 卷	大乘修多羅藏錄・眾經別生	護諸比丘呪經，1 卷
419	大乘修多羅失譯第二	十二因緣結縷神呪經，1 卷	大乘修多羅藏錄・眾經別生	十二因緣結縷神呪經，1 卷
420	大乘修多羅失譯第二	伊洹法願呪經，1 卷	大乘修多羅藏錄・眾經別生	伊洹法願呪經，1 卷
421	大乘修多羅失譯第二	六字大陀羅尼經，1 卷（或加呪字）	大乘修多羅藏錄・眾經別生	佛說六字大陀羅尼呪經，1 卷（或無佛說二字）
422	大乘修多羅失譯第二	移山神呪經，1 卷	大乘修多羅藏錄・眾經別生	移山神呪經，1 卷
423	大乘修多羅失譯第二	和摩結神呪經，1 卷	大乘修多羅藏錄・眾經別生	和摩結神呪經，1 卷
424	大乘修多羅失譯第二	解日厄神呪經，1 卷	大乘修多羅藏錄・眾經別生	解日厄神呪經，1 卷
425	大乘修多羅失譯第二	六神名神呪經，1 卷	大乘修多羅藏錄・眾經別生	六神名神呪經，1 卷
426	大乘修多羅失譯第二	六字神呪經，1 卷	大乘修多羅藏錄・眾經別生	六字神呪經，1 卷
427	大乘修多羅失譯第二	幻師跋陀神呪經，1 卷（亦云波陀）	大乘修多羅藏錄・眾經別生	幻師颰陀神呪經，1 卷

428	大乘修多羅失譯第二	幻師波陀呪經，1卷	大乘修多羅藏錄・眾經別生	幻師陂陀呪經，1卷
429	大乘修多羅失譯第二	摩尼羅亶神呪經，1卷	大乘修多羅藏錄・眾經別生	摩尼羅神呪經，1卷（無亶字）
430	大乘修多羅失譯第二	檀持羅麻油述神呪經，1卷	大乘修多羅藏錄・眾經別生	檀特羅麻油述神呪經，1卷
431	大乘修多羅失譯第二	麻油述神呪經，1卷	大乘修多羅藏錄・眾經別生	麻油述神呪經，1卷
432	大乘修多羅失譯第二	摩尼羅亶神呪案經，1卷	大乘修多羅藏錄・眾經別生	羅亶神呪案經，1卷（無摩尼二字）
433	大乘修多羅失譯第二	醫王惟嘍延神呪經，1卷	大乘修多羅藏錄・眾經別生	醫王惟樓延神呪經，1卷
434	大乘修多羅失譯第二	龍王呪水浴經，1卷	大乘修多羅藏錄・眾經別生	龍王呪水浴經，1卷
435	大乘修多羅失譯第二	十八龍王神呪經，1卷	大乘修多羅藏錄・眾經別生	十八龍王神呪經，1卷
436	大乘修多羅失譯第二	請雨止雨神呪經，1卷	大乘修多羅藏錄・眾經別生	請雨止雨神呪經，1卷
437	大乘修多羅失譯第二	嚫水神呪經，1卷	大乘修多羅藏錄・眾經別生	嚫水神呪經，1卷
438	大乘修多羅失譯第二	呪水經，1卷	大乘修多羅藏錄・眾經別生	呪水經，1卷
439	大乘修多羅失譯第二	呪土經，1卷	大乘修多羅藏錄・眾經別生	呪土經，1卷
440	大乘修多羅失譯第二	呪藥經，1卷（即藥呪經）	大乘修多羅藏錄・眾經別生	藥呪經，1卷
441	大乘修多羅失譯第二	呪毒經，1卷	大乘修多羅藏錄・眾經別生	毒呪經，1卷（即呪毒經）
442	大乘修多羅失譯第二	血氣神呪經，1卷	大乘修多羅藏錄・眾經別生	血氣神呪經，1卷
443	大乘修多羅失譯第二	呪時氣呪經，1卷	大乘修多羅藏錄・眾經別生	呪時氣經，1卷（缺呪字）
444	大乘修多羅失譯第二	呪小兒經，1卷	大乘修多羅藏錄・眾經別生	呪小兒經，1卷
445	大乘修多羅失譯第二	呪齲齒經，1卷	大乘修多羅藏錄・眾經別生	呪齲齒經，1卷
446	大乘修多羅失譯第二	呪齒痛經，1卷	大乘修多羅藏錄・眾經別生	呪齲齒經，1卷（異本）
447	大乘修多羅失譯第二	呪牙痛經，1卷	大乘修多羅藏錄・眾經別生	呪牙痛經，1卷
448	大乘修多羅失譯第二	呪牙疼經，1卷	大乘修多羅藏錄・眾經別生	呪牙痛經，1卷（異本）
449	大乘修多羅失譯第二	呪眼痛經，1卷	大乘修多羅藏錄・眾經別生	呪眼痛經，1卷

450	大乘修多羅失譯第二	呪眼赤經，1卷	大乘修多羅藏錄·眾經別生	呪眼痛經，1卷（異本）
451	大乘修多羅失譯第二	除辟賊害呪經，1卷	大乘修多羅藏錄·眾經別生	呪賊經，1卷（一云除辟賊害呪）
452	大乘修多羅失譯第二	呪賊經，1卷	大乘修多羅藏錄·眾經別生	呪賊經，1卷
453	大乘修多羅失譯第二	卒逢賊結帶呪經，1卷	大乘修多羅藏錄·眾經別生	卒逢賊結帶呪經，1卷
454	大乘修多羅失譯第二	七佛安宅神呪經，1卷	大乘修多羅藏錄·眾經別生	七佛安宅神呪經，1卷
455	大乘修多羅失譯第二	五方龍王神呪經，1卷	大乘修多羅藏錄·眾經別生	五龍呪經，1卷（同本異名）
456	大乘修多羅失譯第二	三歸五戒神王名經，1卷	大乘修多羅藏錄·眾經別生	三歸五戒神王名經，1卷
457	大乘毘尼有譯第三	優婆塞戒經，10卷	大乘毘尼藏錄·眾律一譯	優婆塞戒經，10卷
458	大乘毘尼有譯第三	菩薩戒經，8卷	大乘毘尼藏錄·眾律一譯	菩薩戒經，8卷
459	大乘毘尼有譯第三	佛藏經，4卷	大乘毘尼藏錄·眾律一譯	佛藏經，4卷
460	大乘毘尼有譯第三	梵網經，2卷	小乘修多羅藏錄·眾經一譯	梵罔六十二見經,1卷（一名梵網經）
461	大乘毘尼有譯第三	寶梁經，2卷	大乘毘尼藏錄·眾律一譯	寶梁經，2卷
462	大乘毘尼有譯第三	菩薩藏經，1卷	大乘毘尼藏錄·眾律一譯	菩薩藏經，1卷
463	大乘毘尼有譯第三	決定毘尼經，1卷	出三藏記集·新集論錄	決定毘尼經，1卷
464	大乘毘尼有譯第三	佛悔過經，1卷	大乘毘尼藏錄·眾律一譯	佛悔過經，1卷
465	大乘毘尼有譯第三	菩薩悔過經，1卷	出三藏記集·新集論錄	菩薩悔過經，1卷
466	大乘毘尼有譯第三	文殊師利悔過經，1卷	大乘毘尼藏錄·眾律一譯	文殊師利悔過經，1卷
467	大乘毘尼有譯第三	舍利弗悔過經，1卷	大乘毘尼藏錄·眾律一譯	舍利弗悔過經，1卷
468	大乘毘尼有譯第三	清淨毘尼方廣經，1卷 文殊師利淨律經，1卷 寂調所問經，1卷 上三經同本別譯異名	大乘毘尼藏錄·眾律異譯	清淨毘尼方廣經，1卷 文殊師利淨律經，1卷 寂調音所問經，1卷 上三戒經同本異譯
469	大乘毘尼有譯第三	菩薩戒本，1卷	大乘毘尼藏錄·眾律異譯	菩薩戒本，1卷（後秦弘始年羅什譯） 菩薩戒本，1卷（北涼世曇無讖與惠嵩等譯） 上二戒經同本異譯

470	大乘毘尼有譯第三	優婆塞戒本，1卷	大乘毘尼藏錄・眾律別生	優婆塞戒本，1卷
471	大乘毘尼有譯第三	菩薩戒優婆塞戒壇文，1卷	大乘毘尼藏錄・眾律一譯	菩薩戒優婆塞戒壇文，1卷
472	大乘毘尼有譯第三	三歸及優婆塞二十二戒文，1卷（亦名優婆塞戒）	出三藏記集・新集經論錄	三歸及優婆塞二十二戒，1卷（或云優婆塞戒）
473	大乘毘尼有譯第三	菩薩齋法，1卷	大乘毘尼藏錄・眾律異譯	菩薩齋法，1卷（一名正齋一名持齋）（晉世竺法護譯） 菩薩齋法，1卷（一名賢首菩薩齋法）（晉世竺法護譯）上二齋法同本異譯
474	大乘毘尼有譯第三	菩薩戒，1卷	大乘毘尼藏錄・眾律異譯	菩薩戒本，1卷（後秦弘始年羅什譯） 菩薩戒本，1卷（北涼世曇無讖與惠嵩等譯） 上二戒經同本異譯
475	大乘毘尼有譯第三	菩薩齋經，1卷	出三藏記集・新集經論錄	菩薩齋法，1卷（舊錄云菩薩齋經或云賢首菩薩齋經）
476	大乘毘尼失譯第四	大方廣三戒經，3卷	大乘毘尼藏錄・眾律失譯	大方廣三戒經，3卷
477	大乘毘尼失譯第四	法律三昧經，1卷	大乘毘尼藏錄・眾律失譯	法律三昧經，1卷
478	大乘毘尼失譯第四	菩薩內戒經，1卷	大乘毘尼藏錄・眾律失譯	菩薩內戒經，1卷
479	大乘毘尼失譯第四	阿惟越致菩薩戒經，1卷	大乘毘尼藏錄・眾律失譯	阿惟越致菩薩戒經，1卷
480	大乘毘尼失譯第四	三曼陀颰陀羅菩薩經，1卷	大乘毘尼藏錄・眾律失譯	三曼陀颰陀羅菩薩經，1卷
481	大乘毘尼失譯第四	菩薩波羅提木叉經，1卷	大乘毘尼藏錄・眾律失譯	菩薩波羅提木叉經，1卷
482	大乘毘尼失譯第四	颰陀悔過經，1卷	大乘毘尼藏錄・眾律失譯	颰陀悔過經，1卷
483	大乘毘尼失譯第四	菩薩受齋經，1卷	大乘毘尼藏錄・眾律失譯	菩薩受齋經，1卷
484	大乘毘尼失譯第四	淨業障經，1卷	大乘毘尼藏錄・眾律失譯	淨業障經，1卷
485	大乘毘尼失譯第四	在家菩薩戒，1卷	大乘毘尼藏錄・眾律失譯	在家菩薩戒，1卷
486	大乘毘尼失譯第四	在家律儀，1卷	大乘毘尼藏錄・眾律失譯	在家律儀，1卷
487	大乘毘尼失譯第四	優婆塞優婆夷離欲具行二十二戒，1卷	大乘毘尼藏錄・眾律失譯	優婆塞優婆夷離欲具行二十二戒，1卷
488	大乘阿毘曇有譯第五	大智度經論，100卷	大乘阿毘曇錄・眾論一譯	大智度經論，100卷

489	大乘阿毘曇 有譯第五	攝大乘釋論，15 卷	大乘阿毘曇藏 錄‧眾論異譯	攝大乘釋論，12 卷（陳世眞諦譯） 攝大乘釋論，15 卷（陳世眞諦於廣 州譯） 上二論同本異譯
490	大乘阿毘曇 有譯第五	十地經論，12 卷	大乘阿毘曇藏 錄‧眾論一譯	十地經論，12 卷
491	大乘阿毘曇 有譯第五	十住毘婆沙經論，12 卷	大乘阿毘曇藏 錄‧眾論一譯	十住毘婆沙經論，14 卷
492	大乘阿毘曇 有譯第五	彌勒菩薩所問經論，10 卷	大乘阿毘曇藏 錄‧眾論一譯	彌勒菩薩所問經論，10 卷
493	大乘阿毘曇 有譯第五	大莊嚴論，10 卷	大乘阿毘曇藏 錄‧眾論一譯	大莊嚴論，15 卷
494	大乘阿毘曇 有譯第五	菩薩善戒經，10 卷 菩薩地經，10 卷 菩薩地持論，8 卷 上三論同本別譯異名	大乘阿毘曇藏 錄‧眾論異譯	菩薩地持論，8 卷 菩薩善戒經，10 卷（一名菩薩地經） 上二論同本異譯
495	大乘阿毘曇 有譯第五	寶積經論，4 卷	大乘阿毘曇藏 錄‧眾論一譯	寶積經論，4 卷
496	大乘阿毘曇 有譯第五	佛性論，4 卷	大乘阿毘曇藏 錄‧眾論一譯	佛性論，4 卷
497	大乘阿毘曇 有譯第五	中論，4 卷	大乘阿毘曇藏 錄‧眾論一譯	中論，4 卷
498	大乘阿毘曇 有譯第五	寶性論，4 卷	大乘阿毘曇藏 錄‧眾論一譯	寶性論，4 卷
499	大乘阿毘曇 有譯第五	金剛般若經論，3 卷	大乘阿毘曇藏 錄‧眾論一譯	金剛般若經論，3 卷
500	大乘阿毘曇 有譯第五	僧佉論，3 卷	新增	陳天竺三藏眞諦譯（單本）金七十 論，3 卷（亦名僧佉論或 2 卷）二目 俱存之誤，見開元釋教錄
501	大乘阿毘曇 有譯第五	勝思惟經論，3 卷	大乘阿毘曇藏 錄‧眾論一譯	勝思惟經論，3 卷
502	大乘阿毘曇 有譯第五	中邊論，3 卷	大乘阿毘曇藏 錄‧眾論一譯	中邊論，3 卷
503	大乘阿毘曇 有譯第五	攝大乘本論，3 卷 攝大乘本論，3 卷 上二論同本別譯廣略殊	大乘阿毘曇藏 錄‧眾論異譯	攝大乘本論，2 卷（後魏世沙門佛陀 扇多譯） 攝大乘本論，3 卷（陳世眞諦於廣州 譯） 上二論同本異譯
504	大乘阿毘曇 有譯第五	文殊師利問菩提經論，2 卷	大乘阿毘曇藏 錄‧眾論一譯	文殊師利問菩提經論，2 卷
505	大乘阿毘曇 有譯第五	大丈夫論，2 卷	大乘阿毘曇藏 錄‧眾論一譯	大丈夫論，2 卷
506	大乘阿毘曇 有譯第五	佛阿毘曇論，2 卷	大乘阿毘曇藏 錄‧眾論一譯	佛阿毘曇論，2 卷

507	大乘阿毘曇 有譯第五	順中論，2卷	大乘阿毘曇藏 錄‧眾論一譯	順中論，2卷
508	大乘阿毘曇 有譯第五	百論，2卷	大乘阿毘曇藏 錄‧眾論一譯	百論，2卷
509	大乘阿毘曇 有譯第五	入大乘論，2卷	大乘阿毘曇藏 錄‧眾論一譯	入大乘論，2卷
510	大乘阿毘曇 有譯第五	如實論，2卷	大乘阿毘曇藏 錄‧眾論一譯	如實論，2卷
511	大乘阿毘曇 有譯第五	涅槃須跋論，2卷	新增	涅槃須跋論，2卷。菩提留支譯
512	大乘阿毘曇 有譯第五	優婆塞五學略論，2卷	西方諸聖賢所 撰集	優婆塞五學略論，2卷
513	大乘阿毘曇 有譯第五	大涅槃經論，1卷	大乘阿毘曇藏 錄‧眾論一譯	大涅槃經論，1卷
514	大乘阿毘曇 有譯第五	三具足經論，1卷	大乘阿毘曇藏 錄‧眾論一譯	三具足經論，1卷
515	大乘阿毘曇 有譯第五	遺教經論，1卷	新增	陳天竺三藏眞諦譯（拾遺編入單本）
516	大乘阿毘曇 有譯第五	法華經論，1卷	大乘阿毘曇藏 錄‧眾論一譯	法華經論，1卷
517	大乘阿毘曇 有譯第五	轉法輪經論，1卷	大乘阿毘曇藏 錄‧眾論一譯	轉法輪經論，1卷
518	大乘阿毘曇 有譯第五	寶髻菩薩四法經論，1卷	大乘阿毘曇藏 錄‧眾論一譯	寶髻菩薩四法經論，1卷
519	大乘阿毘曇 有譯第五	無量壽經論，1卷	大乘阿毘曇藏 錄‧眾論一譯	無量壽經論，1卷
520	大乘阿毘曇 有譯第五	業成就論，1卷	大乘阿毘曇藏 錄‧眾論一譯	業成就論，1卷
521	大乘阿毘曇 有譯第五	三無性論，1卷	大乘阿毘曇藏 錄‧眾論一譯	三無性論，1卷
522	大乘阿毘曇 有譯第五	十二門論，1卷	大乘阿毘曇藏 錄‧眾論一譯	十二門論，1卷
523	大乘阿毘曇 有譯第五	方便心論，1卷	大乘阿毘曇藏 錄‧眾論一譯	方便心論，1卷
524	大乘阿毘曇 有譯第五	反質論，1卷	大乘阿毘曇藏 錄‧眾論一譯	反質論，1卷
525	大乘阿毘曇 有譯第五	墮負論，1卷	大乘阿毘曇藏 錄‧眾論一譯	墮負論，1卷
526	大乘阿毘曇 有譯第五	求那摩底隨相論，1卷	大乘阿毘曇藏 錄‧眾論一譯	求那摩底隨相論，1卷
527	大乘阿毘曇 有譯第五	成就三乘論，1卷	大乘阿毘曇藏 錄‧眾論一譯	成就三乘論，1卷
528	大乘阿毘曇 有譯第五	十二因緣論，1卷	大乘阿毘曇藏 錄‧眾論一譯	十二因緣論，1卷

529	大乘阿毘曇有譯第五	正說道理論，1卷	大乘阿毘曇藏錄・眾論一譯	正說道理論，1卷
530	大乘阿毘曇有譯第五	一輸盧迦論，1卷	大乘阿毘曇藏錄・眾論一譯	一輸盧迦論，1卷
531	大乘阿毘曇有譯第五	寶行王正論，1卷	大乘阿毘曇藏錄・眾論一譯	寶行王正論，1卷
532	大乘阿毘曇有譯第五	百字論，1卷	大乘阿毘曇藏錄・眾論一譯	百字論，1卷
533	大乘阿毘曇有譯第五	意業論，1卷	大乘阿毘曇藏錄・眾論一譯	意業論，1卷
534	大乘阿毘曇有譯第五	破外道四宗論，1卷	大乘阿毘曇藏錄・眾論一譯	破外道四宗論，1卷
535	大乘阿毘曇有譯第五	破外道涅槃論，1卷	大乘阿毘曇藏錄・眾論一譯	破外道涅槃論，1卷
536	大乘阿毘曇有譯第五	唯識論，1卷	大乘阿毘曇藏錄・眾論一譯	唯識論，1卷（後魏世瞿曇留支譯）唯識論，1卷（陳世真諦譯）上二論同本異譯
537	大乘阿毘曇有譯第五	迴諍論，1卷	大乘阿毘曇藏錄・眾論一譯	迴諍論，1卷
538	大乘阿毘曇有譯第五	大乘起信論，1卷	大乘阿毘曇藏錄・眾論疑惑	大乘起信論，1卷
539	大乘阿毘曇失譯第六	大乘優波提舍，5卷	大乘阿毘曇藏錄・眾論別生	大乘優波提舍，5卷
540	大乘阿毘曇失譯第六	發菩提心論，2卷	大乘阿毘曇藏錄・眾論失譯	發菩提心論，2卷
541	小乘修多羅有譯第一	正法念處經，70卷	小乘修多羅藏錄・眾經一譯	正法念處經，70卷
542	小乘修多羅有譯第一	佛本行集經，60卷	新增	闍那崛多譯，隋・開皇七年七月起手，十二年二月訖功
543	小乘修多羅有譯第一	中阿含經，60卷	小乘修多羅藏錄・眾經異譯	中阿含經，59卷
544	小乘修多羅有譯第一	增壹阿含經，50卷	小乘修多羅藏錄・眾經一譯	增一阿含經，50卷（或為壹或為一）
545	小乘修多羅有譯第一	雜阿含經，50卷	小乘修多羅藏錄・眾經一譯	雜阿含經，50卷
546	小乘修多羅有譯第一	雜譬喻三百五十首，25卷	西方諸聖賢所撰集	雜譬喻三百五十首，25卷
547	小乘修多羅有譯第一	長阿含經，22卷	小乘修多羅藏錄・眾經一譯	長阿含經，22卷
548	小乘修多羅有譯第一	賢愚經，16卷	小乘修多羅藏錄・眾經一譯	賢愚經，13卷
549	小乘修多羅有譯第一	雜寶藏經，10卷	小乘修多羅藏錄・眾經一譯	雜寶藏經，10卷
550	小乘修多羅有譯第一	雜譬喻經，10卷（同雜譬喻集）	此方諸德抄集	雜譬喻集，10卷

551	小乘修多羅有譯第一	普曜經，8卷 蜀普曜經，6卷 上二經同本別譯異名	小乘修多羅藏錄·眾經異譯	普曜經，8卷（晉永嘉年竺法護譯） 普曜經，6卷（宋元嘉年沙門智猛共寶雲譯） 蜀普曜經，8卷 上三經同本異譯
552	小乘修多羅有譯第一	撰集百緣經，7卷	西方諸聖賢所撰集	撰集百緣，7卷（無經字）
553	小乘修多羅有譯第一	修行經，7卷 修行道地經，6卷 上二經同本別譯異名	小乘修多羅藏錄·眾經異譯	修行道地經，6卷 修行經，7卷 上二經同本異譯
554	小乘修多羅有譯第一	法句喻本末集經，6卷	西方諸聖賢所撰集	法句喻集，3卷（一名法句本末或6卷）
555	小乘修多羅有譯第一	生經，5卷	小乘修多羅藏錄·眾經一譯	生經，5卷
556	小乘修多羅有譯第一	禪法要經，5卷	西方諸聖賢所撰集	禪法要經，5卷
557	小乘修多羅有譯第一	百喻集經，4卷	西方諸聖賢所撰集	百喻集經，4卷
558	小乘修多羅有譯第一	過去現在因果經，4卷 太子本起瑞應經，2卷 修行本起經，2卷 上三經同本別譯異名	小乘修多羅藏錄·眾經異譯	過去現在因果經，4卷 太子本起瑞應經，2卷 修行本起經，2卷 上三經同本異譯
559	小乘修多羅有譯第一	禪祕要經，3卷（或無經字）	西方諸聖賢所撰集	禪祕要，3卷
560	小乘修多羅有譯第一	陰持入經，2卷	小乘修多羅藏錄·眾經一譯	陰持入經，2卷
561	小乘修多羅有譯第一	中起本經，2卷	小乘修多羅藏錄·眾經一譯	中本起經，2卷
562	小乘修多羅有譯第一	四阿含慕抄，2卷	西方諸聖賢所撰集	四阿含慕抄，2卷
563	小乘修多羅有譯第一	達磨多羅禪經，2卷	小乘修多羅藏錄·眾經一譯	達摩多羅禪經，2卷
564	小乘修多羅有譯第一	舊雜譬喻集經，2卷	西方諸聖賢所撰集	舊雜譬喻集經，2卷
565	小乘修多羅有譯第一	義足經，2卷	小乘修多羅藏錄·眾經一譯	義足經，2卷
566	小乘修多羅有譯第一	法句集經，2卷（或云法句集）	西方諸聖賢所撰集	法句集，2卷
567	小乘修多羅有譯第一	毘耶娑問經，2卷	小乘修多羅藏錄·眾經一譯	毘耶娑問經，2卷
568	小乘修多羅有譯第一	大道地經，2卷	西方諸聖賢所撰集	大道地經，2卷
569	小乘修多羅有譯第一	賈客經，2卷	小乘修多羅藏錄·眾經一譯	賈客經，2卷
570	小乘修多羅有譯第一	大安般經，2卷（或云大安般集經）	西方諸聖賢所撰集	大安般經集，2卷（或云大安般集經）

571	小乘修多羅有譯第一	小本起經，2卷	小乘修多羅藏錄·眾經一譯	小本起經，2卷
572	小乘修多羅有譯第一	禪法要解，2卷	西方諸聖賢所撰集	禪法要解，2卷
573	小乘修多羅有譯第一	阿蘭若習禪法經，2卷 坐禪三昧經，2卷 上二經同本別譯異名	小乘修多羅藏錄·眾經異譯	阿蘭若習禪法經，2卷 坐禪三昧經，2卷 上二經同本異譯
574	小乘修多羅有譯第一	不淨觀禪經修行方便，2卷	小乘修多羅藏錄·眾經一譯	達摩多羅禪經，2卷（一名不淨觀禪經修行方便）二目俱存之誤
575	小乘修多羅有譯第一	摩登伽經，2卷 舍頭諫經，1卷 太子二十八宿經，1卷 虎耳意經，1卷 上四經同本別譯異名	小乘修多羅藏錄·眾經異譯	捨頭諫經，1卷（亦名太子二十八宿經或名虎耳意經） 摩登伽經，2卷 上二經同本異譯
576	小乘修多羅有譯第一	本相猗致經，1卷 緣本致經，1卷 上二經同本別譯異名	小乘修多羅藏錄·眾經異譯	本相猗致經，1卷 緣本致經，1卷 上二經同本異譯
577	小乘修多羅有譯第一	雜藏經，1卷 鬼問目連經，1卷 餓鬼報應經，1卷 目連說餓鬼因緣經，1卷 上四經同本別譯異名	小乘修多羅藏錄·眾經異譯	雜藏經，1卷 鬼問目連經，1卷 餓鬼報應經，1卷（一名目連說地獄餓鬼因緣經） 上三經同本異譯
578	小乘修多羅有譯第一	阿難問事佛吉凶經，1卷 阿難分別經，1卷 弟子慢為耆域述經，1卷 分別經，1卷 上四經同本別譯異名	小乘修多羅藏錄·眾經異譯	阿難問事佛吉凶經，1卷 佛說阿難分別經，1卷（一名分別經） 弟子慢為耆域述經，1卷 上三經同本異譯
579	小乘修多羅有譯第一	大十二門經，1卷	小乘修多羅藏錄·眾經一譯	大十二門經，1卷
580	小乘修多羅有譯第一	四十二章經，1卷	西方諸聖賢所撰集	四十二章經，1卷
581	小乘修多羅有譯第一	小十二門經，1卷	小乘修多羅藏錄·眾經一譯	小十二門經，1卷
582	小乘修多羅有譯第一	百六十品經，1卷	西方諸聖賢所撰集	百六十品經，1卷
583	小乘修多羅有譯第一	十二遊經，1卷	小乘修多羅藏錄·別生	十二遊經，1卷
584	小乘修多羅有譯第一	治禪病祕要經，1卷（或無經字）	西方諸聖賢所撰集	治禪病祕要，1卷
585	小乘修多羅有譯第一	大安般經，1卷	小乘修多羅藏錄·眾經一譯	大安般經，1卷
586	小乘修多羅有譯第一	安般守意經，1卷	小乘修多羅藏錄·眾經一譯	安般守意經，1卷

587	小乘修多羅有譯第一	五門禪經要用法，1卷	出三藏記集・新集經論錄	五門禪經要用法，1卷
588	小乘修多羅有譯第一	般泥洹經，1卷	小乘修多羅藏錄・眾經一譯	般泥洹經，1卷
589	小乘修多羅有譯第一	當來變經，1卷	小乘修多羅藏錄・眾經一譯	當來變經，1卷
590	小乘修多羅有譯第一	難提迦羅越經，1卷	小乘修多羅藏錄・眾經一譯	難提迦羅越經，1卷
591	小乘修多羅有譯第一	普義經，1卷	小乘修多羅藏錄・眾經一譯	普義經，1卷
592	小乘修多羅有譯第一	奈女耆域經，1卷	小乘修多羅藏錄・眾經一譯	奈女耆域經，1卷
593	小乘修多羅有譯第一	淨飯王般涅槃經，1卷	小乘修多羅藏錄・眾經一譯	淨飯王般涅槃經，1卷
594	小乘修多羅有譯第一	沙門果證經，1卷	小乘修多羅藏錄・眾經一譯	沙門果證經，1卷
595	小乘修多羅有譯第一	佛為菩薩五夢經，1卷	西方諸聖賢所撰集	佛為菩薩五夢經，1卷
596	小乘修多羅有譯第一	馬王經，1卷	小乘修多羅藏錄・眾經一譯	馬王經，1卷
597	小乘修多羅有譯第一	請賓頭盧法，1卷	西方諸聖賢所撰集	請賓頭盧法，1卷
598	小乘修多羅有譯第一	八師經，1卷	小乘修多羅藏錄・眾經一譯	八師經，1卷
599	小乘修多羅有譯第一	阿含口解十二因緣經，1卷（或無經字）	西方諸聖賢所撰集	阿含口解十二因緣，1卷
600	小乘修多羅有譯第一	四部喻經，1卷	小乘修多羅藏錄・眾經一譯	四部喻經，1卷
601	小乘修多羅有譯第一	三品修行經，1卷	西方諸聖賢所撰集	三品修行經，1卷
602	小乘修多羅有譯第一	七法經，1卷	小乘修多羅藏錄・眾經一譯	七法經，1卷
603	小乘修多羅有譯第一	阿毘曇五法行經，1卷	西方諸聖賢所撰集	阿毘曇五法行經，1卷
604	小乘修多羅有譯第一	雁王經，1卷	小乘修多羅藏錄・眾經一譯	鴈王經，1卷（或為鴈或為雁）
605	小乘修多羅有譯第一	四願經，1卷	小乘修多羅藏錄・眾經一譯	四願經，1卷
606	小乘修多羅有譯第一	雁王五百雁俱經，1卷	小乘修多羅藏錄・眾經一譯	鴈王五百鴈俱經，1卷（或為鴈或為雁）
607	小乘修多羅有譯第一	五法經，1卷	小乘修多羅藏錄・眾經一譯	五法經，1卷
608	小乘修多羅有譯第一	誡羅云經，1卷	小乘修多羅藏錄・眾經一譯	誡羅雲經，1卷（或為雲或為云）

609	小乘修多羅有譯第一	婦人遇辜經，1卷	小乘修多羅藏錄・眾經一譯	婦人遇辜經，1卷
610	小乘修多羅有譯第一	給孤獨明德經，1卷	小乘修多羅藏錄・眾經一譯	給孤獨明德經，1卷
611	小乘修多羅有譯第一	長者辯意經，1卷	小乘修多羅藏錄・眾經一譯	辯意長者子所問經，1卷（一名長者辯意經）
612	小乘修多羅有譯第一	胞胎受身經，1卷	小乘修多羅藏錄・眾經一譯	胞胎經，1卷（一名胞胎受身經）
613	小乘修多羅有譯第一	四自侵經，1卷	小乘修多羅藏錄・眾經一譯	四自侵經，1卷
614	小乘修多羅有譯第一	釋六十二見經，1卷	小乘修多羅藏錄・眾經一譯	釋六十二見經，1卷
615	小乘修多羅有譯第一	五百弟子自說本起經，1卷	小乘修多羅藏錄・眾經一譯	五百弟子自說本起經，1卷
616	小乘修多羅有譯第一	七女本經，1卷	小乘修多羅藏錄・眾經一譯	七女本經，1卷
617	小乘修多羅有譯第一	大迦葉本經，1卷	小乘修多羅藏錄・眾經一譯	大迦葉本經，1卷
618	小乘修多羅有譯第一	阿難四事經，1卷	小乘修多羅藏錄・眾經一譯	阿難四事經，1卷
619	小乘修多羅有譯第一	所欲致患經，1卷	小乘修多羅藏錄・眾經一譯	所欲致患經，1卷
620	小乘修多羅有譯第一	法受塵經，1卷	小乘修多羅藏錄・眾經一譯	法受塵經，1卷
621	小乘修多羅有譯第一	禪行法想經，1卷	小乘修多羅藏錄・眾經一譯	禪行法想經，1卷
622	小乘修多羅有譯第一	誡王經，1卷	小乘修多羅藏錄・眾經一譯	誡王經，1卷
623	小乘修多羅有譯第一	摩訶目連本經，1卷	小乘修多羅藏錄・眾經一譯	摩訶目連本經，1卷
624	小乘修多羅有譯第一	四天王經，1卷	小乘修多羅藏錄・眾經一譯	四天王經，1卷
625	小乘修多羅有譯第一	貧女爲王夫人經，1卷	小乘修多羅藏錄・別生	貧女爲王夫人經，1卷
626	小乘修多羅有譯第一	五福施經，1卷	小乘修多羅藏錄・眾經一譯	五福施經，1卷
627	小乘修多羅有譯第一	優多羅經，1卷	小乘修多羅藏錄・眾經一譯	優多羅母經，1卷（一名優多羅經）
628	小乘修多羅有譯第一	鏡面王經，1卷	小乘修多羅藏錄・眾經一譯	鏡面王經，1卷
629	小乘修多羅有譯第一	應供法行經，1卷（無佛說二字）	小乘修多羅藏錄・眾經疑惑	佛說應供法行經，1卷
630	小乘修多羅有譯第一	摩調王經，1卷	小乘修多羅藏錄・眾經一譯	摩調王經，1卷
631	小乘修多羅有譯第一	察微王經，1卷	小乘修多羅藏錄・眾經一譯	察微王經，1卷

632	小乘修多羅有譯第一	阿闍世王問五逆罪經，1卷（或無罪字）	小乘修多羅藏錄‧眾經一譯	阿闍世王問五逆經，1卷
633	小乘修多羅有譯第一	阿難念彌經，1卷	小乘修多羅藏錄‧眾經一譯	阿難念彌經，1卷
634	小乘修多羅有譯第一	居士請僧福田經，1卷（無佛說二字）	小乘修多羅藏錄‧眾經疑惑	佛說居士請僧福田經，1卷
635	小乘修多羅有譯第一	觀行不移四事經，1卷	小乘修多羅藏錄‧眾經一譯	觀行不移四事經，1卷
636	小乘修多羅有譯第一	盧夷亘經，1卷	小乘修多羅藏錄‧眾經一譯	盧夷亘經，1卷
637	小乘修多羅有譯第一	盧羅王經，1卷	小乘修多羅藏錄‧眾經一譯	盧羅王經，1卷
638	小乘修多羅有譯第一	檀若經，1卷	小乘修多羅藏錄‧眾經一譯	檀若經，1卷
639	小乘修多羅有譯第一	梵皇經，1卷	小乘修多羅藏錄‧眾經一譯	梵皇經，1卷
640	小乘修多羅有譯第一	龍王兄弟陀達誡王經，1卷	小乘修多羅藏錄‧眾經一譯	龍王兄弟陀達試王經，1卷（或為試或為誡）
641	小乘修多羅有譯第一	五蓋疑結失行經，1卷	小乘修多羅藏錄‧眾經一譯	五蓋疑結失行經，1卷
642	小乘修多羅有譯第一	小郁伽經，1卷	小乘修多羅藏錄‧眾經一譯	小郁伽經，1卷
643	小乘修多羅有譯第一	舍利弗目連遊諸國經，1卷	小乘修多羅藏錄‧眾經一譯	舍利弗目連遊諸國經，1卷
644	小乘修多羅有譯第一	目連上淨居天經，1卷	小乘修多羅藏錄‧眾經一譯	目連上淨居天經，1卷
645	小乘修多羅有譯第一	解無常經，1卷	小乘修多羅藏錄‧眾經一譯	解無常經，1卷
646	小乘修多羅有譯第一	城喻經，1卷	小乘修多羅藏錄‧眾經一譯	城喻經，1卷
647	小乘修多羅有譯第一	耆闍崛山解經，1卷	小乘修多羅藏錄‧眾經一譯	耆闍崛山解經，1卷
648	小乘修多羅失譯第二	雜譬喻經，80卷	此方諸德抄集	雜譬喻經，80卷
649	小乘修多羅失譯第二	法句譬喻經，38卷（或云法句譬經，見祐錄）	小乘修多羅藏錄‧眾經偽妄	法句譬經，38卷
650	小乘修多羅失譯第二	別譯雜阿含經，20卷	小乘修多羅藏錄‧眾經失譯	別譯雜阿含經，20卷
651	小乘修多羅失譯第二	雜數經，20卷	小乘修多羅藏錄‧別生	雜數經，20卷
652	小乘修多羅失譯第二	那先譬喻經，4卷	小乘修多羅藏錄‧別生	那先譬喻經，4卷
653	小乘修多羅失譯第二	長阿含經，3卷	小乘修多羅藏錄‧別生	長阿含經，3卷
654	小乘修多羅失譯第二	興起行經，2卷	小乘修多羅藏錄‧眾經失譯	興起行經，2卷

655	小乘修多羅失譯第二	十二因緣經，2卷	小乘阿毘曇藏錄・眾論別生	十二因緣經，2卷
656	小乘修多羅失譯第二	太子試藝本起經，2卷	小乘修多羅藏錄・眾經失譯	太子試藝本起經，1卷
657	小乘修多羅失譯第二	善信神呪經，2卷	小乘修多羅藏錄・眾經疑惑	善信神呪經，3卷
658	小乘修多羅失譯第二	善信女經，2卷	小乘修多羅藏錄・眾經疑惑	善信女經，2卷
659	小乘修多羅失譯第二	那先比丘經，2卷	小乘修多羅藏錄・眾經失譯	那先比丘經，1卷（或二卷）
660	小乘修多羅失譯第二	難提釋經，1卷	小乘修多羅藏錄・眾經失譯	難提釋經，1卷
661	小乘修多羅失譯第二	無垢優婆夷問經，1卷	小乘修多羅藏錄・眾經失譯	無垢優婆夷問經，1卷
662	小乘修多羅失譯第二	造立形像福報經，1卷	小乘修多羅藏錄・眾經失譯	造立形像福報經，1卷
663	小乘修多羅失譯第二	法常住經，1卷	小乘修多羅藏錄・眾經失譯	法常住經，1卷
664	小乘修多羅失譯第二	優填王經，1卷	小乘修多羅藏錄・眾經失譯	憂填王經，1卷
665	小乘修多羅失譯第二	懈怠耕者經，1卷	小乘修多羅藏錄・眾經失譯	懈怠耕者經，1卷
666	小乘修多羅失譯第二	阿難得道經，1卷	小乘修多羅藏錄・眾經失譯	阿難得道經，1卷
667	小乘修多羅失譯第二	阿難七夢經，1卷	小乘修多羅藏錄・眾經失譯	阿難七夢經，1卷
668	小乘修多羅失譯第二	阿難般泥洹經，1卷	小乘修多羅藏錄・眾經失譯	阿難般泥洹經，1卷
669	小乘修多羅失譯第二	舍利弗目連泥洹經，1卷	小乘修多羅藏錄・眾經失譯	舍利弗目連泥洹經，1卷
670	小乘修多羅失譯第二	佛入涅槃金剛力士哀戀經，1卷	小乘修多羅藏錄・眾經失譯	佛入涅槃金剛力士哀戀經，1卷
671	小乘修多羅失譯第二	迦葉赴佛涅槃經，1卷	小乘修多羅藏錄・眾經失譯	迦葉赴佛涅槃經，1卷
672	小乘修多羅失譯第二	佛滅度後棺斂葬送經，1卷（一名比丘師經或云師比丘經）	小乘修多羅藏錄・眾經失譯	佛滅度後棺葬經，1卷（一名比丘師經或云師比丘經）
673	小乘修多羅失譯第二	灌佛經，1卷 摩訶剎頭經，1卷 上二經同本別譯異名	小乘修多羅藏錄・眾經失譯	灌佛經，1卷（一名摩訶剎頭經）
674	小乘修多羅失譯第二	羅云忍經，1卷（亦云忍辱經）	小乘修多羅藏錄・眾經失譯	羅雲忍經，1卷（一名忍辱經）
675	小乘修多羅失譯第二	五十五法誡經，1卷	小乘修多羅藏錄・眾經失譯	五十五法誡經，1卷
676	小乘修多羅失譯第二	八法行經，1卷	小乘修多羅藏錄・眾經失譯	八法行經，1卷

677	小乘修多羅失譯第二	給孤獨四姓家問應受施經，1卷	小乘修多羅藏錄‧眾經失譯	給孤獨四姓家問應受施經，1卷
678	小乘修多羅失譯第二	憂墮羅迦葉經，1卷	小乘修多羅藏錄‧眾經失譯	憂墮羅迦葉經，1卷
679	小乘修多羅失譯第二	出家因緣經，1卷（一加佛說字，但云出家緣經）	小乘修多羅藏錄‧眾經失譯	出家緣經，1卷
680	小乘修多羅失譯第二	弟子本行經，1卷	小乘修多羅藏錄‧眾經失譯	弟子本行經，1卷
681	小乘修多羅失譯第二	三品弟子經，1卷	小乘修多羅藏錄‧眾經失譯	三品弟子經，1卷
682	小乘修多羅失譯第二	四部本文經，1卷	小乘修多羅藏錄‧眾經失譯	四部本文經，1卷
683	小乘修多羅失譯第二	四輩經，1卷	小乘修多羅藏錄‧眾經失譯	四輩經，1卷
684	小乘修多羅失譯第二	佛爲年少比丘說正事經，1卷	小乘修多羅藏錄‧眾經失譯	佛爲年少比丘說正事經，1卷
685	小乘修多羅失譯第二	見正經，1卷	小乘修多羅藏錄‧眾經失譯	見正經，1卷
686	小乘修多羅失譯第二	長者賢首經，1卷	小乘修多羅藏錄‧眾經失譯	長者賢首經，1卷
687	小乘修多羅失譯第二	賢者手力經，1卷	小乘修多羅藏錄‧眾經失譯	賢者手力經，1卷
688	小乘修多羅失譯第二	荷鵰阿那含經，1卷	小乘修多羅藏錄‧眾經失譯	荷鵰阿那含經，1卷
689	小乘修多羅失譯第二	十二賢者經，1卷	小乘修多羅藏錄‧眾經失譯	十二賢者經，1卷
690	小乘修多羅失譯第二	有賢者法經，1卷	小乘修多羅藏錄‧眾經失譯	有賢者法經，1卷
691	小乘修多羅失譯第二	五無反復經，1卷	小乘修多羅藏錄‧眾經失譯	五無反復經，1卷
692	小乘修多羅失譯第二	四婦因緣經，1卷	小乘修多羅藏錄‧眾經失譯	四婦因緣經，1卷
693	小乘修多羅失譯第二	五百婆羅門問有無經，1卷	小乘修多羅藏錄‧眾經失譯	五百婆羅門問有無經，1卷
694	小乘修多羅失譯第二	黑氏梵志經，1卷	小乘修多羅藏錄‧眾經失譯	黑氏梵志經，1卷
695	小乘修多羅失譯第二	道德果證經，1卷	小乘修多羅藏錄‧眾經失譯	道德果證經，1卷
696	小乘修多羅失譯第二	檢意向正經，1卷	小乘修多羅藏錄‧眾經失譯	檢意向正經，1卷
697	小乘修多羅失譯第二	曉所諍不解者經，1卷	小乘修多羅藏錄‧眾經失譯	曉所諍不解者經，1卷
698	小乘修多羅失譯第二	阿含正行經，1卷	小乘修多羅藏錄‧眾經失譯	阿含正行經，1卷

699	小乘修多羅失譯第二	沙門分衛見怪異經，1卷	小乘修多羅藏錄・眾經失譯	沙門分衛見怪異經，1卷
700	小乘修多羅失譯第二	摩訶遮曷遊經，1卷	小乘修多羅藏錄・眾經失譯	摩訶遮曷遊經，1卷
701	小乘修多羅失譯第二	五恐怖世經，1卷	小乘修多羅藏錄・眾經失譯	五恐怖經，1卷
702	小乘修多羅失譯第二	摩訶厥彌難問經，1卷	小乘修多羅藏錄・眾經失譯	摩訶厥彌難問經，1卷
703	小乘修多羅失譯第二	大魚事經，1卷	小乘修多羅藏錄・眾經失譯	大魚事經，1卷
704	小乘修多羅失譯第二	心情心識經，1卷	小乘修多羅藏錄・眾經失譯	心情心識經，1卷
705	小乘修多羅失譯第二	失道得道經，1卷	小乘修多羅藏錄・眾經失譯	失道得道經，1卷
706	小乘修多羅失譯第二	姛多和多耆經，1卷	小乘修多羅藏錄・眾經失譯	姛多和多耆經，1卷
707	小乘修多羅失譯第二	外道誘質多長者經，1卷	小乘修多羅藏錄・眾經失譯	外道誘質多長者經，1卷
708	小乘修多羅失譯第二	梵摩難國王經，1卷	小乘修多羅藏錄・眾經失譯	梵摩難國王經，1卷
709	小乘修多羅失譯第二	佛爲阿支羅迦葉說自他作苦經，1卷	小乘修多羅藏錄・眾經失譯	佛爲阿支羅迦葉說自他作苦經，1卷
710	小乘修多羅失譯第二	摩訶迦葉度貧母經，1卷	小乘修多羅藏錄・眾經失譯	摩訶迦葉度貧母經，1卷
711	小乘修多羅失譯第二	中心經，1卷	小乘修多羅藏錄・眾經失譯	中心經，1卷
712	小乘修多羅失譯第二	魔試佛經，1卷	小乘修多羅藏錄・眾經失譯	魔試佛經，1卷
713	小乘修多羅失譯第二	龍王兄弟經，1卷	小乘修多羅藏錄・眾經失譯	龍王兄弟經，1卷
714	小乘修多羅失譯第二	外道仙尼說度經，1卷	小乘修多羅藏錄・眾經失譯	外道仙尼說度經，1卷
715	小乘修多羅失譯第二	沙曷比丘功德經，1卷	小乘修多羅藏錄・眾經失譯	沙曷比丘功德經，1卷
716	小乘修多羅失譯第二	佛爲年少婆羅門說知善不善經，1卷	小乘修多羅藏錄・眾經失譯	佛爲年少婆羅門說知善不善經，1卷
717	小乘修多羅失譯第二	佛爲拘羅長者說根熟經，1卷	小乘修多羅藏錄・眾經失譯	佛爲拘羅長者說根熟經，1卷
718	小乘修多羅失譯第二	奇異道家難問住處經，1卷	小乘修多羅藏錄・眾經失譯	奇異道家難問住處經，1卷
719	小乘修多羅失譯第二	佛說外道深染說離欲經，1卷	小乘修多羅藏錄・眾經失譯	佛爲外道須深說離欲經，1卷
720	小乘修多羅失譯第二	須摩提長者經，1卷	小乘修多羅藏錄・眾經失譯	須摩提長者經，1卷
721	小乘修多羅失譯第二	長者難提經，1卷	小乘修多羅藏錄・眾經失譯	長者難提經，1卷

722	小乘修多羅失譯第二	十二品生死經，1卷	小乘修多羅藏錄‧眾經失譯	十二品生死經，1卷
723	小乘修多羅失譯第二	年少王經，1卷	小乘修多羅藏錄‧眾經失譯	年少王經，1卷
724	小乘修多羅失譯第二	諫王經，1卷	小乘修多羅藏錄‧眾經失譯	諫王經，1卷
725	小乘修多羅失譯第二	末羅王經，1卷	小乘修多羅藏錄‧眾經失譯	末羅王經，1卷
726	小乘修多羅失譯第二	羅提坻王經，1卷	小乘修多羅藏錄‧眾經失譯	羅提坻王經，1卷
727	小乘修多羅失譯第二	摩達國王經，1卷	小乘修多羅藏錄‧眾經失譯	摩達國王經，1卷
728	小乘修多羅失譯第二	普達王經，1卷	小乘修多羅藏錄‧眾經失譯	普達王經，1卷
729	小乘修多羅失譯第二	揵陀國王經，1卷	小乘修多羅藏錄‧眾經失譯	揵陀國王經，1卷
730	小乘修多羅失譯第二	天王下作豬經，1卷	小乘修多羅藏錄‧眾經失譯	天王下作豬經，1卷
731	小乘修多羅失譯第二	堅心正意經，1卷	小乘修多羅藏錄‧眾經失譯	堅意經，1卷（一名堅心正意經）
732	小乘修多羅失譯第二	佛大僧大經，1卷	小乘修多羅藏錄‧眾經失譯	佛大僧大經，1卷
733	小乘修多羅失譯第二	耶祇經，1卷	出三藏記集‧新集安公失譯經錄	耶祇經，1卷
734	小乘修多羅失譯第二	十二頭陀經，1卷	小乘修多羅藏錄‧眾經失譯	十二頭陀經，1卷
735	小乘修多羅失譯第二	木槵子經，1卷	小乘修多羅藏錄‧眾經失譯	木槵子經，1卷
736	小乘修多羅失譯第二	錫杖經，1卷	小乘修多羅藏錄‧眾經失譯	錫杖經，1卷
737	小乘修多羅失譯第二	栴檀樹經，1卷	出三藏記集‧新集安公古異經錄	栴檀樹經，1卷
738	小乘修多羅失譯第二	奇異道家難問法本經，1卷	小乘修多羅藏錄‧眾經失譯	奇異道家難問法本經，1卷
739	小乘修多羅失譯第二	貧窮老公經，1卷	小乘修多羅藏錄‧眾經失譯	貧窮老公經，1卷
740	小乘修多羅失譯第二	長者子懊惱三處經，1卷	小乘修多羅藏錄‧眾經失譯	長者子懊惱三處經，1卷
741	小乘修多羅失譯第二	越難經，1卷（或作日字）	小乘修多羅藏錄‧眾經失譯	佛說越難經，1卷（一名曰難經）
742	小乘修多羅失譯第二	旃陀越國王經，1卷	小乘修多羅藏錄‧眾經失譯	旃陀越國王經，1卷
743	小乘修多羅失譯第二	自愛不自愛經，1卷	小乘修多羅藏錄‧眾經失譯	自愛經，1卷（一名自愛不自愛經）

744	小乘修多羅失譯第二	無上處經，1卷	小乘修多羅藏錄・眾經失譯	無上處經，1卷
745	小乘修多羅失譯第二	輪轉五道罪福報應經，1卷	小乘修多羅藏錄・眾經失譯	輪轉五道罪福報應經，1卷
746	小乘修多羅失譯第二	勒苦泥犁經，1卷（亦直云泥犁經）	小乘修多羅藏錄・眾經失譯	泥犁經，1卷
747	小乘修多羅失譯第二	罪業報應教化地獄經，1卷	小乘修多羅藏錄・眾經失譯	罪業報應教化地獄經，1卷
748	小乘修多羅失譯第二	僧護因緣經，1卷	小乘修多羅藏錄・眾經失譯	僧護因緣經，1卷
749	小乘修多羅失譯第二	護淨經，1卷	小乘修多羅藏錄・眾經失譯	護淨經，1卷
750	小乘修多羅失譯第二	時非時經，1卷（亦云時經）	小乘修多羅藏錄・眾經失譯	時經，1卷（一名時非時經）
751	小乘修多羅失譯第二	讓德經，1卷	小乘修多羅藏錄・眾經失譯	讓德經，1卷
752	小乘修多羅失譯第二	始造浴佛時經，1卷	小乘修多羅藏錄・眾經失譯	始造浴佛時經，1卷
753	小乘修多羅失譯第二	度梵志經，1卷	小乘修多羅藏錄・眾經失譯	度梵志經，1卷
754	小乘修多羅失譯第二	新歲經，1卷	小乘修多羅藏錄・眾經失譯	新歲經，1卷
755	小乘修多羅失譯第二	惟流王經，1卷	小乘修多羅藏錄・眾經失譯	惟流王經，1卷
756	小乘修多羅失譯第二	未曾有經，1卷	小乘修多羅藏錄・眾經失譯	未曾有經，1卷
757	小乘修多羅失譯第二	諸大地獄果報經，1卷（或加佛說字）	小乘修多羅藏錄・眾經失譯	佛說諸大地獄果報經，1卷
758	小乘修多羅失譯第二	罪業報應經，1卷	小乘修多羅藏錄・眾經失譯	罪業報應經，1卷
759	小乘修多羅失譯第二	三小劫經，1卷	小乘修多羅藏錄・眾經失譯	三小劫經，1卷
760	小乘修多羅失譯第二	勸進學道經，1卷	小乘修多羅藏錄・眾經失譯	佛說進學經，1卷（一名勸進學道經）
761	小乘修多羅失譯第二	觀身九道經，1卷	小乘修多羅藏錄・眾經失譯	觀身九道經，1卷
762	小乘修多羅失譯第二	八總持經，1卷	小乘修多羅藏錄・眾經失譯	八總持經，1卷
763	小乘修多羅失譯第二	禪思滿足經，1卷	小乘修多羅藏錄・眾經失譯	禪思滿足經，1卷
764	小乘修多羅失譯第二	八正八邪經，1卷	小乘修多羅藏錄・眾經失譯	八正八邪經，1卷
765	小乘修多羅失譯第二	大蛇譬喻經，1卷（或加佛說字）	小乘修多羅藏錄・眾經失譯	佛說大蛇譬喻經，1卷
766	小乘修多羅失譯第二	說阿難持戒經，1卷	小乘修多羅藏錄,. 眾經失譯	說阿難持戒經，1卷

767	小乘修多羅失譯第二	阿難問何因緣持戒見世間貧示現道貧經，1卷	小乘修多羅藏錄・眾經失譯	阿難問何因緣持戒見世間貧示現道貧經，1卷
768	小乘修多羅失譯第二	鬼子母經，1卷	小乘修多羅藏錄・眾經失譯	鬼子母經，1卷
769	小乘修多羅失譯第二	十善十惡經，1卷	小乘修多羅藏錄・眾經失譯	分別善惡所起經，1卷（一名十善十惡經）
770	小乘修多羅失譯第二	惟婁王師子渾譬喻經，1卷	小乘修多羅藏錄・眾經失譯	惟婁王師子渾譬喻經，1卷
771	小乘修多羅失譯第二	調達經，1卷	小乘修多羅藏錄・眾經失譯	調達經，1卷
772	小乘修多羅失譯第二	摩訶健陀經，1卷	小乘修多羅藏錄・眾經失譯	摩訶揵陀經，1卷
773	小乘修多羅失譯第二	目連問經，1卷	小乘修多羅藏錄・眾經失譯	目連問經，1卷
774	小乘修多羅失譯第二	摩訶目揵連與佛捔能經，1卷	小乘修多羅藏錄・眾經失譯	摩訶目揵連與佛捔能經，1卷
775	小乘修多羅失譯第二	舍利弗歎度女人經，1卷	小乘修多羅藏錄・眾經失譯	舍利弗歎度女人經，1卷
776	小乘修多羅失譯第二	樹提伽經，1卷（或加佛說字）	小乘修多羅藏錄・眾經失譯	佛說樹提伽經，1卷
777	小乘修多羅失譯第二	墮迦經，1卷	小乘修多羅藏錄・眾經失譯	墮迦經，1卷
778	小乘修多羅失譯第二	五王經，1卷	小乘修多羅藏錄・眾經失譯	五王經，1卷
779	小乘修多羅失譯第二	解慧微妙經，1卷	小乘修多羅藏錄・眾經失譯	解慧微妙經，1卷
780	小乘修多羅失譯第二	八大人覺章經，1卷	小乘修多羅藏錄・眾經失譯	八大人覺章經，1卷
781	小乘修多羅失譯第二	五方便經，1卷	小乘修多羅藏錄・眾經失譯	五方便經，1卷
782	小乘修多羅失譯第二	弟子死復生經，1卷	小乘修多羅藏錄・眾經失譯	弟子死復生經，1卷
783	小乘修多羅失譯第二	須多羅入胎經，1卷	小乘修多羅藏錄・眾經失譯	須多羅入胎經，1卷
784	小乘修多羅失譯第二	墮落優婆塞經，1卷	小乘修多羅藏錄・眾經失譯	墮落優婆塞經，1卷
785	小乘修多羅失譯第二	羅漢迦留陀夷經，1卷	小乘修多羅藏錄・眾經失譯	羅漢迦留陀夷經，1卷
786	小乘修多羅失譯第二	羅漢遇瓶沙王經，1卷	小乘修多羅藏錄・眾經失譯	羅漢遇瓶沙王經，1卷
787	小乘修多羅失譯第二	二十八天經，1卷	小乘修多羅藏錄・眾經失譯	二十八天經，1卷
788	小乘修多羅失譯第二	爲壽盡天子說法經，1卷	小乘修多羅藏錄・眾經失譯	爲壽盡天子說法經，1卷
789	小乘修多羅失譯第二	阿鳩留經，1卷	小乘修多羅藏錄・眾經失譯	阿鳩留經，1卷

790	小乘修多羅 失譯第二	庾伽三摩斯經，1卷	小乘修多羅藏 錄・眾經失譯	廋伽三摩斯經，1卷
791	小乘修多羅 失譯第二	阿闍世王問瞋恨從何生經，1卷	小乘修多羅藏 錄・眾經失譯	阿闍世王問瞋恨從何生經，1卷
792	小乘修多羅 失譯第二	韋提希子月夜問夫人經，1卷	小乘修多羅藏 錄・眾經失譯	韋提希子月夜問夫人經，1卷
793	小乘修多羅 失譯第二	愛欲聲經，1卷	小乘修多羅藏 錄・眾經失譯	愛欲聲經，1卷
794	小乘修多羅 失譯第二	說善惡道經，1卷	小乘修多羅藏 錄・眾經失譯	說善惡道經，1卷
795	小乘修多羅 失譯第二	度世護身經，1卷	小乘修多羅藏 錄・眾經失譯	度世護身經，1卷
796	小乘修多羅 失譯第二	瓜甲取土經，1卷	小乘修多羅藏 錄・眾經失譯	爪甲擎土譬經，1卷（一名爪甲取土經）
797	小乘修多羅 失譯第二	迦丁比丘說當來變經，1卷	小乘修多羅藏 錄・眾經失譯	迦丁比丘說當來變經，1卷
798	小乘修多羅 失譯第二	墮釋迦牧牛經，1卷	小乘修多羅藏 錄・眾經失譯	墮釋迦牧牛經，1卷
799	小乘修多羅 失譯第二	佛本行經，1卷	小乘修多羅藏 錄・眾經失譯	佛本行經，1卷
800	小乘修多羅 失譯第二	自見自知為知為能盡結經，1卷	小乘修多羅藏 錄・眾經失譯	自見自知為知為能盡結經，1卷
801	小乘修多羅 失譯第二	有四求經，1卷	小乘修多羅藏 錄・眾經失譯	有四求經，1卷
802	小乘修多羅 失譯第二	便賢者坑經，1卷	小乘修多羅藏 錄・眾經失譯	便賢者坑經，1卷
803	小乘修多羅 失譯第二	兩比丘得割經，1卷	小乘修多羅藏 錄・眾經失譯	兩比丘得割經，1卷
804	小乘修多羅 失譯第二	所非汝所經，1卷	小乘修多羅藏 錄・眾經失譯	所非汝所經，1卷
805	小乘修多羅 失譯第二	道德舍利日經，1卷	小乘修多羅藏 錄・眾經失譯	道德舍利日經，1卷
806	小乘修多羅 失譯第二	舍利日在王舍國經，1卷	小乘修多羅藏 錄・眾經失譯	舍利日在王舍國經，1卷
807	小乘修多羅 失譯第二	獨居思惟自念止經，1卷	小乘修多羅藏 錄・眾經失譯	獨居思惟自念止經，1卷
808	小乘修多羅 失譯第二	問所明種經，1卷	小乘修多羅藏 錄・眾經失譯	問所明種經，1卷
809	小乘修多羅 失譯第二	欲從本相有經，1卷	小乘修多羅藏 錄・眾經失譯	欲從本相有經，1卷
810	小乘修多羅 失譯第二	獨坐思惟意中生念經，1卷	小乘修多羅藏 錄・眾經失譯	獨坐思惟意中生念經，1卷
811	小乘修多羅 失譯第二	如是有諸比丘經，1卷（或加佛說字）	小乘修多羅藏 錄・眾經失譯	佛說如是有諸比丘經，1卷
812	小乘修多羅 失譯第二	比丘所求色經，1卷	乘修多羅藏 錄・眾經失譯	比丘所求色經，1卷

813	小乘修多羅失譯第二	色為非常念經，1卷	小乘修多羅藏錄・眾經失譯	色為非常念經，1卷
814	小乘修多羅失譯第二	色比丘念本起經，1卷	小乘修多羅藏錄・眾經失譯	色比丘念本起經，1卷
815	小乘修多羅失譯第二	比丘一法相續經，1卷（或無續字）	小乘修多羅藏錄・眾經失譯	比丘一法相經，1卷
816	小乘修多羅失譯第二	善惡意經，1卷（或加佛說字）	小乘修多羅藏錄・眾經失譯	佛說善惡意經，1卷
817	小乘修多羅失譯第二	有二力本經，1卷	小乘修多羅藏錄・眾經失譯	有二力本經，1卷
818	小乘修多羅失譯第二	有三力經，1卷	小乘修多羅藏錄・眾經失譯	有三力經，1卷
819	小乘修多羅失譯第二	有四力經，1卷	小乘修多羅藏錄・眾經失譯	有四力經，1卷
820	小乘修多羅失譯第二	有五力經，1卷（或加人字）	小乘修多羅藏錄・眾經失譯	人有五力經，1卷
821	小乘修多羅失譯第二	道有比丘經，1卷（或加佛說字）	小乘修多羅藏錄・眾經失譯	佛說道有比丘經，1卷
822	小乘修多羅失譯第二	不聞者類相聚經，1卷	小乘修多羅藏錄・眾經失譯	不聞者類相聚經，1卷
823	小乘修多羅失譯第二	無上釋為故世在人中經，1卷	小乘修多羅藏錄・眾經失譯	無上釋為故世在人中經，1卷
824	小乘修多羅失譯第二	身為無有反復經，1卷	小乘修多羅藏錄・眾經失譯	身為無有反復經，1卷
825	小乘修多羅失譯第二	師子畜生王經，1卷	小乘修多羅藏錄・眾經失譯	師子畜生王經，1卷
826	小乘修多羅失譯第二	阿須倫子婆羅門經，1卷	小乘修多羅藏錄・眾經失譯	阿須倫子婆羅門經，1卷
827	小乘修多羅失譯第二	婆羅門子名不侵經，1卷	小乘修多羅藏錄・眾經失譯	婆羅門子名不侵經，1卷
828	小乘修多羅失譯第二	生聞婆羅門經，1卷	小乘修多羅藏錄・眾經失譯	生聞婆羅門經，1卷
829	小乘修多羅失譯第二	有桑竭經，1卷	小乘修多羅藏錄・眾經失譯	有桑竭經，1卷
830	小乘修多羅失譯第二	署杜乘婆羅門經，1卷	小乘修多羅藏錄・眾經失譯	署杜乘婆羅門經，1卷
831	小乘修多羅失譯第二	佛在拘薩國經，1卷	小乘修多羅藏錄・眾經失譯	佛在拘薩國經，1卷
832	小乘修多羅失譯第二	佛在優墳國經，1卷	小乘修多羅藏錄・眾經失譯	佛在優墳國經，1卷
833	小乘修多羅失譯第二	是時自梵守經，1卷	小乘修多羅藏錄・眾經失譯	是時自梵守經，1卷
834	小乘修多羅失譯第二	婆羅門不信重經，1卷	小乘修多羅藏錄・眾經失譯	婆羅門不信重經，1卷
835	小乘修多羅失譯第二	佛告舍日經，1卷	小乘修多羅藏錄・眾經失譯	佛告舍日經，1卷

836	小乘修多羅失譯第二	說人自說人骨不知腐經，1卷	小乘修多羅藏錄・眾經失譯	說人自說人骨不知腐經，1卷
837	小乘修多羅失譯第二	栴檀調佛經，1卷	小乘修多羅藏錄・眾經失譯	栴檀調佛經，1卷
838	小乘修多羅失譯第二	惡人經，1卷	小乘修多羅藏錄・眾經失譯	惡人經，1卷
839	小乘修多羅失譯第二	難提和難經，1卷	小乘修多羅藏錄・眾經失譯	難提和難經，1卷
840	小乘修多羅失譯第二	四姓長者難經，1卷	小乘修多羅藏錄・眾經失譯	四姓長者難經，1卷
841	小乘修多羅失譯第二	折佛經，1卷	小乘修多羅藏錄・眾經失譯	折佛經，1卷
842	小乘修多羅失譯第二	阿難等各第一經，1卷	小乘修多羅藏錄・眾經失譯	難等各第一經，1卷
843	小乘修多羅失譯第二	理家難經，1卷	小乘修多羅藏錄・眾經失譯	理家難經，1卷
844	小乘修多羅失譯第二	迦留多王經，1卷	小乘修多羅藏錄・眾經失譯	迦留多王經，1卷
845	小乘修多羅失譯第二	梵志闍孫經，1卷	小乘修多羅藏錄・眾經失譯	梵志闍孫經，1卷
846	小乘修多羅失譯第二	波達王經，1卷	小乘修多羅藏錄・眾經失譯	波達王經，1卷
847	小乘修多羅失譯第二	悲心悃悃經，1卷	小乘修多羅藏錄・眾經失譯	悲心悃悃經，1卷
848	小乘修多羅失譯第二	趣度世道經，1卷	小乘修多羅藏錄・眾經失譯	趣度世道經，1卷
849	小乘修多羅失譯第二	薩和達王經，1卷	小乘修多羅藏錄・眾經失譯	薩和達王經，1卷
850	小乘修多羅失譯第二	癡注經，1卷	小乘修多羅藏錄・眾經失譯	癡注經，1卷
851	小乘修多羅失譯第二	和達經，1卷	小乘修多羅藏錄・眾經失譯	和達經，1卷
852	小乘修多羅失譯第二	分八舍利經，1卷	小乘修多羅藏錄・眾經失譯	分八舍利經，1卷
853	小乘修多羅失譯第二	悉曇慕經，1卷	小乘修多羅藏錄・眾經失譯	悉曇慕經，1卷
854	小乘修多羅失譯第二	缽呿沙經，1卷	小乘修多羅藏錄・眾經失譯	缽呿沙經，1卷
855	小乘修多羅失譯第二	吉法驗經，1卷（或為驗或為論）	小乘修多羅藏錄・眾經失譯	吉法論經，1卷
856	小乘修多羅失譯第二	瓶沙王經，1卷	小乘修多羅藏錄・眾經失譯	瓶沙王經，1卷
857	小乘修多羅失譯第二	有無經，1卷	小乘修多羅藏錄・眾經失譯	有無經，1卷

858	小乘修多羅失譯第二	須耶越國貧人經，1卷	小乘修多羅藏錄‧眾經失譯	須耶越國貧人經，1卷
859	小乘修多羅失譯第二	坏喻經，1卷	出三藏記集‧新集安公涼土異經錄	坏喻經，1卷
860	小乘修多羅失譯第二	妖怪經，1卷	小乘修多羅藏錄‧眾經失譯	妖怪經，1卷
861	小乘修多羅失譯第二	阿般計泥洹經，1卷	小乘修多羅藏錄‧眾經失譯	阿般計泥洹經，1卷
862	小乘修多羅失譯第二	四非常經，1卷	小乘修多羅藏錄‧眾經失譯	四非常經，1卷
863	小乘修多羅失譯第二	五失蓋經，1卷	小乘修多羅藏錄‧眾經失譯	五失蓋經，1卷
864	小乘修多羅失譯第二	要眞經，1卷	小乘修多羅藏錄‧眾經失譯	要眞經，1卷
865	小乘修多羅失譯第二	本無經，1卷	小乘修多羅藏錄‧眾經失譯	本無經，1卷
866	小乘修多羅失譯第二	十五德經，1卷	小乘修多羅藏錄‧眾經失譯	十五德經，1卷
867	小乘修多羅失譯第二	父母因緣經，1卷	小乘修多羅藏錄‧眾經失譯	父母因緣經，1卷
868	小乘修多羅失譯第二	金輪王經，1卷	小乘修多羅藏錄‧眾經失譯	金輪王經，1卷
869	小乘修多羅失譯第二	慧行經，1卷	小乘修多羅藏錄‧眾經失譯	慧行經，1卷
870	小乘修多羅失譯第二	未生怨經，1卷（或加佛說字）	小乘修多羅藏錄‧眾經失譯	佛說未生怨經，1卷
871	小乘修多羅失譯第二	內外無爲經，1卷	小乘修多羅藏錄‧眾經失譯	內外無爲經，1卷
872	小乘修多羅失譯第二	道淨經，1卷	小乘修多羅藏錄‧眾經失譯	道淨經，1卷
873	小乘修多羅失譯第二	七事本末經，1卷	小乘修多羅藏錄‧眾經失譯	七事本末經，1卷
874	小乘修多羅失譯第二	耆域四術經，1卷	小乘修多羅藏錄‧眾經失譯	耆域四術經，1卷
875	小乘修多羅失譯第二	五蓋離疑經，1卷	小乘修多羅藏錄‧眾經一譯	五蓋離疑經，1卷
876	小乘修多羅失譯第二	太子智止經，1卷	小乘修多羅藏錄‧眾經失譯	太子智止經，1卷
877	小乘修多羅失譯第二	苦相經，1卷	小乘修多羅藏錄‧眾經失譯	苦相經，1卷
878	小乘修多羅失譯第二	須佛得度經，1卷	小乘修多羅藏錄‧眾經失譯	須佛得度經，1卷
879	小乘修多羅失譯第二	由經，1卷	小乘修多羅藏錄‧眾經失譯	由經，1卷

880	小乘修多羅失譯第二	分然洹國迦羅越經，1卷	小乘修多羅藏錄‧眾經失譯	分然洹國迦羅越經，1卷
881	小乘修多羅失譯第二	義決法事經，1卷	小乘修多羅藏錄‧眾經失譯	義決法事經，1卷
882	小乘修多羅失譯第二	漚和七言禪利經，1卷	小乘修多羅藏錄‧眾經失譯	漚和七言禪利經，1卷
883	小乘修多羅失譯第二	三失蓋經，1卷	小乘修多羅藏錄‧眾經失譯	三失蓋經，1卷
884	小乘修多羅失譯第二	王舍城靈鷲山要直經，1卷	小乘修多羅藏錄‧眾經失譯	王舍城靈鷲山要直經，1卷
885	小乘修多羅失譯第二	思道經，1卷	小乘修多羅藏錄‧眾經失譯	思道經，1卷
886	小乘修多羅失譯第二	佛在竹園經，1卷	小乘修多羅藏錄‧眾經失譯	佛在竹園經，1卷
887	小乘修多羅失譯第二	法為人經，1卷	小乘修多羅藏錄‧眾經失譯	法為人經，1卷
888	小乘修多羅失譯第二	道意經，1卷	小乘修多羅藏錄‧眾經失譯	道意經，1卷
889	小乘修多羅失譯第二	陀賢王經，1卷	小乘修多羅藏錄‧眾經失譯	陀賢王經，1卷
890	小乘修多羅失譯第二	阿夷比丘經，1卷	小乘修多羅藏錄‧眾經失譯	阿夷比丘經，1卷
891	小乘修多羅失譯第二	比丘三事經，1卷	小乘修多羅藏錄‧眾經失譯	比丘三事經，1卷
892	小乘修多羅失譯第二	五母子經，1卷 沙彌羅經，1卷 上二經同本別譯異名	小乘修多羅藏錄‧眾經失譯	五母子經，1卷, 沙彌羅經，1卷 上二經同本重出
893	小乘修多羅失譯第二	玉耶經，1卷 阿漱達經，1卷 上二經同本別譯異名	小乘修多羅藏錄‧眾經失譯	玉耶經，1卷（一名長者詣佛說子婦不恭敬經一名七婦經） 阿漱達經，1卷 上二經同本重出
894	小乘修多羅失譯第二	灌臘經，1卷 盂蘭盆經，1卷 報恩奉盆經，1卷 上三經同本別譯異名	小乘修多羅藏錄‧眾經失譯	盂蘭盆經，1卷 灌臘經，1卷（一名般泥洹後四輩灌臘經） 報恩奉盆經，1卷 上三經同本重出
895	小乘修多羅失譯第二	摩登女經，1卷 摩登女解形中六事經，1卷 上二經同本別譯異名	小乘修多羅藏錄‧眾經失譯	摩登女經，1卷（一名摩]耶女經一名阿難為蠱道所說經） 摩登女解形中六事經，1卷 上二經同本是摩登迦經別品重出。
896	小乘修多羅失譯第二	道地中要語章經，1卷	小乘修多羅藏錄‧別生	道地中要語章，1卷
897	小乘修多羅失譯第二	安般行道經，1卷	小乘修多羅藏錄‧別生	安般行道經，1卷

898	小乘修多羅失譯第二	道德章經，1卷	出三藏記集‧新集安公涼土異經錄	道德章經，1卷
899	小乘修多羅失譯第二	佛本記經，1卷（或無經字）	小乘修多羅藏錄‧別生	佛本記，1卷
900	小乘修多羅失譯第二	口傳劫起盡經，1卷（或無經字）	小乘修多羅藏錄‧別生	口傳劫起盡，1卷
901	小乘修多羅失譯第二	父子因緣經，1卷	小乘修多羅藏錄‧別生	父子因緣經，1卷
902	小乘修多羅失譯第二	盧至長者經，1卷	小乘修多羅藏錄‧別生	盧至長者經，1卷
903	小乘修多羅失譯第二	燈指因緣經，1卷	小乘修多羅藏錄‧別生	燈指因緣經，1卷
904	小乘修多羅失譯第二	優波斯那優婆夷經，1卷	小乘修多羅藏錄‧別生	優波斯那優婆夷經，1卷
905	小乘修多羅失譯第二	怛惒尼百句經，1卷	小乘修多羅藏錄‧別生	怛惒尼百句經，1卷
906	小乘修多羅失譯第二	世間珍寶經，1卷	小乘修多羅藏錄‧別生	世間珍寶經，1卷
907	小乘修多羅失譯第二	處處經，1卷（或加佛說字）	小乘修多羅藏錄‧別生	佛說處處經，1卷
908	小乘修多羅失譯第二	十八泥犁經，1卷	小乘修多羅藏錄‧別生	十八泥犁經，1卷
909	小乘修多羅失譯第二	慢法經，1卷	小乘修多羅藏錄‧別生	慢法經，1卷
910	小乘修多羅失譯第二	分明罪福經，1卷	小乘修多羅藏錄‧別生	分明罪福經，1卷
911	小乘修多羅失譯第二	地獄經，1卷	小乘修多羅藏錄‧別生	地獄經，1卷
912	小乘修多羅失譯第二	衰利經，1卷	小乘修多羅藏錄‧別生	衰利經，1卷
913	小乘修多羅失譯第二	八方萬物無常經，1卷	小乘修多羅藏錄‧別生	八方萬物無常經，1卷
914	小乘修多羅失譯第二	六衰事經，1卷	小乘修多羅藏錄‧別生	六衰事經，1卷
915	小乘修多羅失譯第二	弟子事佛吉凶經，1卷（或加佛說字）	小乘修多羅藏錄‧別生	佛說弟子事佛吉凶經，1卷
916	小乘修多羅失譯第二	首至問佛十四事經，1卷（或問佛或佛問）	小乘修多羅藏錄‧別生	首至佛問十四事經，1卷
917	小乘修多羅失譯第二	孝子報恩經，1卷	小乘修多羅藏錄‧別生	佛說孝經一卷（一名孝子報恩經）
918	小乘修多羅失譯第二	十八難經，1卷	小乘修多羅藏錄‧別生	十八難經，1卷
919	小乘修多羅失譯第二	三毒事經，1卷（或加佛說字）	小乘修多羅藏錄‧別生	佛說三毒事經，1卷

920	小乘修多羅失譯第二	群生偈經，1卷（或無經字）	小乘修多羅藏錄・別生	群生偈，1卷
921	小乘修多羅失譯第二	十二因緣章經，1卷	小乘修多羅藏錄・別生	十二因緣章經，1卷
922	小乘修多羅失譯第二	百八愛經，1卷	小乘修多羅藏錄・別生	百八愛經，1卷
923	小乘修多羅失譯第二	七漏經，1卷	小乘修多羅藏錄・別生	七漏經，1卷
924	小乘修多羅失譯第二	五十二章經，1卷	小乘修多羅藏錄・別生	五十二章經，1卷
925	小乘修多羅失譯第二	三界人天身量及壽經，1卷	小乘修多羅藏錄・別生	三界人天身量及壽經，1卷
926	小乘修多羅失譯第二	天地象經，1卷	小乘修多羅藏錄・別生	佛說諸天經，1卷（一名天地像經）
927	小乘修多羅失譯第二	度量天地經，1卷	小乘修多羅藏錄・別生	度量天地經，1卷
928	小乘修多羅失譯第二	略說禪要句經，1卷（同本異名）	小乘修多羅藏錄・別生	略說禪經要句，1卷
929	小乘修多羅失譯第二	法觀經，1卷	小乘修多羅藏錄・別生	法觀經，1卷
930	小乘修多羅失譯第二	止寺中經，1卷	小乘修多羅藏錄・別生	止寺中經，1卷
931	小乘修多羅失譯第二	禪法經，1卷	小乘修多羅藏錄・別生	禪法經，1卷
932	小乘修多羅失譯第二	阿那律念復生經，1卷	小乘修多羅藏錄・別生	阿那律念復生經，1卷
933	小乘修多羅失譯第二	阿那律七念章經，1卷	小乘修多羅藏錄・別生	阿那律七念章經，1卷
934	小乘修多羅失譯第二	禪數經，1卷	小乘修多羅藏錄・別生	禪數經，1卷
935	小乘修多羅失譯第二	治禪鬼魅不安經，1卷	小乘修多羅藏錄・別生	治禪鬼魅不安經，1卷
936	小乘修多羅失譯第二	禪定方便次第法經，1卷	小乘修多羅藏錄・別生	禪定方便次第法經，1卷
937	小乘修多羅失譯第二	小道地經，1卷	小乘修多羅藏錄・別生	小道地經，1卷
938	小乘修多羅失譯第二	數息事經，1卷	小乘修多羅藏錄・別生	數息事經，1卷
939	小乘修多羅失譯第二	深自知身偈經，1卷（無事字）	小乘修多羅藏錄・別生	深自知身事偈經，1卷
940	小乘修多羅失譯第二	禪經偈，1卷	小乘修多羅藏錄・別生	禪經偈，1卷
941	小乘修多羅失譯第二	內身觀章經，1卷	小乘修多羅藏錄・別生	內身觀章經，1卷

942	小乘修多羅失譯第二	數練意章經，1卷	小乘修多羅藏錄・別生	數練意章經，1卷
943	小乘修多羅失譯第二	受食思惟經，1卷	小乘修多羅藏錄・別生	受食思惟經，1卷
944	小乘修多羅失譯第二	內禪波羅蜜經，1卷	小乘修多羅藏錄・別生	內禪波羅蜜經，1卷
945	小乘修多羅失譯第二	十二門禪經，1卷	小乘修多羅藏錄・別生	十二門禪經，1卷
946	小乘修多羅失譯第二	形疾三品風經，1卷	小乘修多羅藏錄・別生	形疾三品風經，1卷
947	小乘修多羅失譯第二	佛治意經，1卷	小乘修多羅藏錄・別生	佛治意經，1卷
948	小乘修多羅失譯第二	佛治身經，1卷	小乘修多羅藏錄・別生	佛治身經，1卷
949	小乘修多羅失譯第二	身相經，1卷	小乘修多羅藏錄・別生	身相經，1卷
950	小乘修多羅失譯第二	禪要訶欲品經，1卷（或為禪要經訶慾品）	小乘修多羅藏錄・別生	禪要經訶慾品，1卷
951	小乘修多羅失譯第二	明識諦觀經，1卷	小乘修多羅藏錄・別生	明識諦觀經，1卷
952	小乘修多羅失譯第二	五苦章句經，1卷	小乘修多羅藏錄・眾經疑惑	五苦章句經，1卷
953	小乘修多羅失譯第二	五濁經，1卷	小乘修多羅藏錄・眾經疑惑	五濁經，1卷
954	小乘修多羅失譯第二	胸有萬字經，1卷	小乘修多羅藏錄・眾經疑惑	胸有萬字經，1卷
955	小乘修多羅失譯第二	法滅盡經，1卷	小乘修多羅藏錄・眾經疑惑	法滅盡經，1卷
956	小乘修多羅失譯第二	貧女難陀經，1卷	小乘修多羅藏錄・眾經疑惑	貧女人經，1卷（一名貧女難陀經）
957	小乘修多羅失譯第二	定行三昧經，1卷	小乘修多羅藏錄・眾經疑惑	定行三昧經，1卷
958	小乘修多羅失譯第二	五龍悔過護法經，1卷	小乘修多羅藏錄・眾經疑惑	五龍悔過經，1卷（一名空慧悔過經，一名五龍悔過護法經）
959	小乘修多羅失譯第二	最妙勝定經，1卷	小乘修多羅藏錄・眾經疑惑	最妙勝定經，1卷
960	小乘修多羅失譯第二	相國阿羅呵經，1卷	小乘修多羅藏錄・眾經疑惑	相國阿羅呵經，1卷
961	小乘修多羅失譯第二	救護身命濟人病苦厄經，1卷	小乘修多羅藏錄・眾經疑惑	救護身命濟人病苦厄經，1卷
962	小乘修多羅失譯第二	阿秋那三昧經，1卷	小乘修多羅藏錄・眾經疑惑	阿秋那三昧經，1卷
963	小乘修多羅失譯第二	鑄金像經，1卷	小乘修多羅藏錄・眾經疑惑	鑄金像經，1卷

964	小乘修多羅失譯第二	四身經，1卷	小乘修多羅藏錄·眾經疑惑	四身經，1卷
965	小乘毘尼有譯第三	十誦律，61卷 十誦律，59卷 上二律同梵文別譯誦名異	小乘毘尼藏錄·眾律異譯	十誦律，59卷（後秦弘治年沙門佛若多羅共羅什於長安譯） 十誦律，61卷（晉世沙門卑摩羅叉於壽春重譯） 上二律同本異譯
966	小乘毘尼有譯第三	四分律，60卷	小乘毘尼藏錄·眾律一譯	四分律，60卷
967	小乘毘尼有譯第三	摩訶僧祇律，40卷	小乘毘尼藏錄·眾律一譯	僧祇律，40卷
968	小乘毘尼有譯第三	五分律，30卷	小乘毘尼藏錄·眾律一譯	彌沙塞律，30卷（亦云五分律見出三藏記集）
969	小乘毘尼有譯第三	解脫律，22卷	小乘毘尼藏錄·眾律一譯	律，22卷（宮本無解脫二字）
970	小乘毘尼有譯第三	善見律毘婆沙，18卷	小乘毘尼藏錄·眾律一譯	善見律毘婆沙，18卷
971	小乘毘尼有譯第三	鼻奈耶，10卷	小乘毘尼藏錄·眾律一譯	鼻奈耶，10卷
972	小乘毘尼有譯第三	摩德勒伽，10卷（或云薩婆多毘尼摩德勒伽）	小乘毘尼藏錄·眾律一譯	薩婆多毘尼摩德勒伽，10卷
973	小乘毘尼有譯第三	遺教法律三昧經，2卷	小乘毘尼藏錄·眾律疑惑	遺教法律三昧經，2卷
974	小乘毘尼有譯第三	十誦律釋雜事問，2卷	西方諸聖賢所撰集	十誦律釋雜事問，2卷
975	小乘毘尼有譯第三	決正諸部毘尼，2卷	此方諸德抄集	決正諸部毘尼，2卷
976	小乘毘尼有譯第三	十誦僧尼要事羯磨，2卷（亦名略要羯磨法）	小乘毘尼藏錄·眾律別生	十誦羯磨，1卷（一名略要羯磨法）
977	小乘毘尼有譯第三	雜問律事，2卷	拾遺補入	雜問律事，2卷（眾律要用，並見二秦錄）
978	小乘毘尼有譯第三	佛臨般涅槃略說遺教誡經，1卷		來源無考
979	小乘毘尼有譯第三	十誦僧戒本，1卷		來源無考
980	小乘毘尼有譯第三	十誦羯磨雜事并要，1卷，釋法穎依律撰出	小乘毘尼藏錄·眾律別生	十誦律羯磨雜事，1卷（釋法穎撰見祐錄）
981	小乘毘尼有譯第三	僧祇比丘戒本，1卷	出三藏記集·新集經論錄	僧祇比丘戒本，1卷（今闕）
982	小乘毘尼有譯第三	僧祇比丘尼戒本，1卷	拾遺補入	僧祇比丘尼戒本，1卷（亦出比丘尼波羅提木叉僧祇戒本，法顯共覺賢譯）
983	小乘毘尼有譯第三	僧祇雜羯磨法，1卷		來源無考

984	小乘毘尼有譯第三	四分僧戒本，1卷（或云曇無德戒本或無僧字）	小乘毘尼藏錄‧眾律一譯	四分戒本，1卷
985	小乘毘尼有譯第三	四分尼戒本，1卷	疑後人增列	四分比丘尼戒本，1卷（題云四分尼戒本）唐西太原寺沙門懷素依律集出，見開元釋教錄
986	小乘毘尼有譯第三	四分雜羯磨，1卷	拾遺補入	四分雜羯磨，1卷（以結戒場為首）東魏三藏康僧鎧譯
987	小乘毘尼有譯第三	五分僧戒本，1卷（或無僧字）	小乘毘尼藏錄‧眾律一譯	五分戒本，1卷
988	小乘毘尼有譯第三	五分尼戒本，1卷	疑後人增列	唐‧慧琳撰，五分尼戒本，1卷，見一切經音義
989	小乘毘尼有譯第三	五分羯磨法，1卷		來源無考
990	小乘毘尼有譯第三	解脫戒本，1卷	小乘毘尼藏錄‧眾律一譯	解脫戒本，1卷
991	小乘毘尼有譯第三	沙彌威儀，1卷	小乘毘尼藏錄‧眾律一譯	沙彌威儀，1卷
992	小乘毘尼有譯第三	三品悔過法，1卷	小乘毘尼藏錄‧眾律一譯	三品悔過法，1卷
993	小乘毘尼有譯第三	誡具經，1卷	小乘毘尼藏錄‧眾律一譯	誡具經，1卷
994	小乘毘尼有譯第三	優婆塞五戒相，1卷	小乘毘尼藏錄‧眾律一譯	優婆塞五戒相，1卷
995	小乘毘尼有譯第三	經律分異記，1卷	西方諸聖賢所撰集	經律分異記，1卷
996	小乘毘尼有譯第三	比丘二百六十戒三部合異，1卷	西方諸聖賢所撰集	比丘二百六十戒三部合異，1卷
997	小乘毘尼有譯第三	三乘無當律，1卷（無抄字）	此方諸德抄集	三乘無當律抄，1卷
998	小乘毘尼有譯第三	比丘諸禁律，1卷	此方諸德抄集	比丘諸禁律，1卷
999	小乘毘尼有譯第三	四部律所明輕重物名，1卷	此方諸德抄集	四部律所明輕重物名，1卷
1000	小乘毘尼有譯第三	比丘戒本所出本末，1卷	此方諸德抄集	比丘戒本所出本末，1卷
1001	小乘毘尼有譯第三	諸律解，1卷	此方諸德抄集	諸律解，1卷
1002	小乘毘尼有譯第三	二百五十戒經，1卷	小乘毘尼藏錄‧眾律疑惑	二百五十戒經，1卷
1003	小乘毘尼有譯第三	衣服制法，1卷	小乘毘尼藏錄‧眾律別生	衣服制法，1卷
1004	小乘毘尼有譯第三	揵稚法，1卷（出十誦律）	小乘毘尼藏錄‧眾律別生	揵稚法，1卷（出十誦律）
1005	小乘毘尼失譯第四	毘尼母，8卷	小乘毘尼藏錄‧眾律失譯	毘尼母，8卷

1006	小乘毘尼失譯第四	出律儀要，22卷		來源無考
1007	小乘毘尼失譯第四	薩婆多毘尼毘婆沙，8卷	小乘毘尼藏錄‧眾律失譯	薩婆多毘尼毘婆沙，8卷
1008	小乘毘尼失譯第四	大比丘威儀經，1卷	小乘毘尼藏錄‧眾律失譯	大比丘威儀經，1卷
1009	小乘毘尼失譯第四	大愛道比丘尼經，2卷	小乘毘尼藏錄‧眾律失譯	大愛道比丘尼經，2卷
1010	小乘毘尼失譯第四	摩訶比丘經，1卷	小乘毘尼藏錄‧眾律失譯	摩訶比丘經，1卷
1011	小乘毘尼失譯第四	迦葉禁戒經，1卷	小乘毘尼藏錄‧眾律失譯	迦葉禁戒經，1卷
1012	小乘毘尼失譯第四	舍利弗問經，1卷	小乘毘尼藏錄‧眾律失譯	舍利弗問經，1卷
1013	小乘毘尼失譯第四	優波離問經，1卷	小乘毘尼藏錄‧眾律失譯	優波離問佛經，1卷
1014	小乘毘尼失譯第四	應行律經，1卷	小乘毘尼藏錄‧眾律失譯	應行律經，1卷
1015	小乘毘尼失譯第四	戒消災經，1卷	小乘毘尼藏錄‧眾律失譯	戒消災經，1卷
1016	小乘毘尼失譯第四	犯戒罪報輕重經，1卷	小乘毘尼藏錄‧眾律失譯	犯戒罪報輕重經，1卷
1017	小乘毘尼失譯第四	大沙門羯磨，1卷	小乘毘尼藏錄‧眾律失譯	大沙門羯磨，1卷
1018	小乘毘尼失譯第四	大戒經，1卷	小乘毘尼藏錄‧眾律失譯	大戒經，1卷
1019	小乘毘尼失譯第四	比丘波羅提木叉，1卷	小乘毘尼藏錄‧眾律失譯	比丘波羅提木叉，1卷
1020	小乘毘尼失譯第四	異出比丘威儀經，1卷	小乘毘尼藏錄‧眾律失譯	異出比丘威儀經，1卷
1021	小乘毘尼失譯第四	沙彌威儀經，1卷	小乘毘尼藏錄‧眾律失譯	沙彌威儀經，1卷
1022	小乘毘尼失譯第四	沙彌尼十戒經，1卷	小乘毘尼藏錄‧眾律失譯	沙彌尼十戒經，1卷
1023	小乘毘尼失譯第四	沙彌離戒經，1卷	小乘毘尼藏錄‧眾律失譯	沙彌離戒經，1卷
1024	小乘毘尼失譯第四	沙彌離威儀經，1卷	小乘毘尼藏錄‧眾律失譯	沙彌離威儀經，1卷
1025	小乘毘尼失譯第四	五部威儀所服經，1卷	小乘毘尼藏錄‧眾律失譯	五部威儀所服經，1卷
1026	小乘毘尼失譯第四	威儀經，1卷	小乘毘尼藏錄‧眾律失譯	威儀經，1卷
1027	小乘毘尼失譯第四	優婆塞五戒經，1卷	小乘毘尼藏錄‧眾律失譯	優婆塞五戒經，1卷
1028	小乘毘尼失譯第四	優婆塞五法經，1卷	小乘毘尼藏錄‧眾律失譯	優婆塞五法經，1卷

1029	小乘毘尼失譯第四	優婆塞威儀經，1 卷	小乘毘尼藏錄‧眾律失譯	優婆塞威儀經，1 卷
1030	小乘毘尼失譯第四	道本五戒經，1 卷	小乘毘尼藏錄‧眾律失譯	道本五戒經，1 卷
1031	小乘毘尼失譯第四	六齋八戒經，1 卷	小乘毘尼藏錄‧眾律失譯	六齋八戒經，1 卷
1032	小乘毘尼失譯第四	五戒報應經，1 卷	小乘毘尼藏錄‧眾律失譯	五戒報應經，1 卷
1033	小乘毘尼失譯第四	賢者五戒經，1 卷	小乘毘尼藏錄‧眾律失譯	賢者五戒經，1 卷
1034	小乘毘尼失譯第四	賢者威儀經，1 卷	小乘毘尼藏錄‧眾律失譯	賢者威儀經，1 卷
1035	小乘阿毘曇有譯第五	阿毘曇毘婆沙，109 卷（或 60 卷或 84 卷）	小乘阿毘曇藏錄‧眾論一譯	阿毘曇毘婆沙論，84 卷（或無論字）
1036	小乘阿毘曇有譯第五	迦旃延阿毘曇八揵度，30 卷	小乘阿毘曇藏錄‧眾論一譯	阿毘曇論，30 卷（一名迦旃延阿毘曇，一名八揵度或 20 卷）
1037	小乘阿毘曇有譯第五	舍利弗阿毘曇，30 卷	小乘阿毘曇藏錄‧眾論一譯	舍利弗阿毘曇論，22 卷（或無論字或二十卷或三十卷）
1038	小乘阿毘曇有譯第五	成實論，24 卷	小乘阿毘曇藏錄‧眾論一譯	成實論，24 卷
1039	小乘阿毘曇有譯第五	俱舍釋論，22 卷（或無釋字）	小乘阿毘曇藏錄‧眾論一譯	俱舍論，22 卷
1040	小乘阿毘曇有譯第五	出曜論，19 卷	小乘阿毘曇藏錄‧眾論一譯	出曜論，19 卷
1041	小乘阿毘曇有譯第五	阿毘曇心論，16 卷	小乘阿毘曇藏錄‧眾論一譯	阿毘曇心論，16 卷
1042	小乘阿毘曇有譯第五	俱舍論本，16 卷	新增	陳天竺三藏真諦譯
1043	小乘阿毘曇有譯第五	毘婆沙阿毘曇，14 卷（亦云廣說）	小乘阿毘曇藏錄‧眾論一譯	毘婆沙阿毘曇論，14 卷（一名廣說）
1044	小乘阿毘曇有譯第五	雜阿毘曇毘婆沙，14 卷（或云阿毘曇心論） 雜阿毘曇心，13 卷 阿毘曇心，13 卷 雜心，11 卷 上四論同本別譯廣略異	小乘阿毘曇藏錄‧眾論異譯	雜阿毘曇毘婆沙論，14 卷 雜阿毘曇心論，13 卷（或無論字，宋元嘉年僧伽跋摩共寶雲於長干寺譯） 雜阿毘曇心論，13 卷（或無論字，宋世佛陀跋陀羅共法顯譯） 雜阿毘曇心論，11 卷（或無論字，宋元嘉年伊葉波羅共求那跋摩譯） 上四論同本異譯
1045	小乘阿毘曇有譯第五	解脫道，13 卷	小乘阿毘曇藏錄‧眾論一譯	解脫道論，13 卷
1046	小乘阿毘曇有譯第五	婆須蜜論，10 卷（或無所集字）	小乘阿毘曇藏錄‧眾論一譯	婆須蜜所集論，10 卷
1047	小乘阿毘曇有譯第五	立世阿毘曇，10 卷（或無論字）	小乘阿毘曇藏錄‧眾論一譯	立世阿毘曇論，10 卷
1048	小乘阿毘曇有譯第五	法勝阿毘曇，7 卷	小乘阿毘曇藏錄‧眾論一譯	法勝阿毘曇，7 卷

1049	小乘阿毘曇有譯第五	阿毘曇心，5卷（或無論字）阿毘曇心，4卷（或無論字）上二論同本別譯廣略異	小乘阿毘曇藏錄・眾論異譯	阿毘曇心論，5卷（前秦建元年僧伽提婆共道安等於長安譯）阿毘曇心論，4卷（晉太元年僧伽提婆共惠遠於廬山譯）上二論同本異譯
1050	小乘阿毘曇有譯第五	四諦論，4卷	小乘阿毘曇藏錄・眾論一譯	四諦論，4卷
1051	小乘阿毘曇有譯第五	三法度論，3卷	小乘阿毘曇藏錄・眾論異譯	三法度論，3卷（前秦建元年僧伽提婆共道安等於長安譯）三法度論，3卷（晉太元年僧伽提婆共惠遠於廬山譯）上二論同本異譯
1052	小乘阿毘曇有譯第五	金七十論，2卷	新增	陳天竺三藏眞諦譯（單本）金七十論，3卷（亦名僧佉論或2卷）二目俱存之誤，見開元釋教錄
1053	小乘阿毘曇有譯第五	俱舍論偈，1卷	新增	陳天竺三藏眞諦譯，俱舍論偈，1卷
1054	小乘阿毘曇有譯第五	明了論，1卷	小乘阿毘曇藏錄・眾論一譯	明了論，1卷
1055	小乘阿毘曇有譯第五	遺教論，1卷	小乘阿毘曇藏錄・眾論疑惑	遺教論，1卷
1056	小乘阿毘曇失譯第六	眾事分阿毘曇，12卷	小乘阿毘曇藏錄・眾論失譯	眾事分阿毘曇，12卷
1057	小乘阿毘曇失譯第六	三彌底論，4卷	小乘阿毘曇藏錄・眾論失譯	三彌底論，4卷
1058	小乘阿毘曇失譯第六	甘露味阿毘曇，2卷	小乘阿毘曇藏錄・眾論失譯	甘露味阿毘曇2卷
1059	小乘阿毘曇失譯第六	分別功德論，3卷	小乘阿毘曇藏錄・眾論失譯	分別功德論，3卷
1060	小乘阿毘曇失譯第六	辟支佛因緣論，1卷	小乘阿毘曇藏錄・眾論失譯	辟支佛因緣論，1卷
1061	小乘阿毘曇失譯第六	六足阿毘曇，1卷	小乘阿毘曇藏錄・眾論別生	六足阿毘曇，1卷
1062	小乘阿毘曇失譯第六	十六無漏心解，1卷（解或為經字）	小乘阿毘曇藏錄・眾論別生	十六無漏心經，1卷
1063	小乘阿毘曇失譯第六	十報法三統略，1卷	小乘阿毘曇藏錄・眾論別生	十報法三統略，1卷
1064	小乘阿毘曇失譯第六	斷十二因緣解，1卷（解或為經字）	小乘阿毘曇藏錄・眾論別生	斷十二因緣經，1卷
1065	小乘阿毘曇失譯第六	旨解，1卷（或無經字）	小乘阿毘曇藏錄・眾論別生	旨解經，1卷